U0814966

情商中国

徐彦平/著

復旦大學出版社

目 录

序　一

《情商中国》是一本颇有点特殊的书：它试图讨论情感和利益两者之间的关系，并由此出发讨论商业运营、企业管理的规则；它好像兼有社会学、文化学和企业管理学的多方面性质，但同时又是作者人生经验的总结。

我们静心一想，立刻会明白：情感和利益，其实就是每个人在世间最根本的需求。一般做学问的人不会拿这两个话题来写一本书，但徐彦平的学问别有性格。他生于酉阳武陵山区，那地方位于川、鄂、湘、黔四省的接壤处（现划归重庆市），峰高林深，与世相隔。一个穷孩子，走出大山去当兵，而后爱上文学，一心要成为有成就的诗人，又因为哀悯母亲生活的艰辛去寻求财富，成为资产不菲的商人，如今更探寻国际商界，欲有更大的施展。一路走来，波回路折，世道人心，所见多矣！而在他看来，一切是是非非，成败得失，归根到底的问题是如何看待、处理情感与利益。所以，他会写这样一本书；所以，这本书不仅可以作为企业家的借鉴，也可以成为普通人观察社会、审视人生的参照；所以，这本书读起来很是生动。

情感和道义是诗歌的源头，利益与财富是商业的动力。在中国文化传统里历来有一种偏见，将这两者视为对立的存在。西晋名士王衍“口不言钱”，好像说了一个“钱”字便贬损了自己的高贵与清雅；白居易作《琵琶行》，感觉一个名妓“老大嫁作商人妇”也是令他心疼的事情，因为“商人重利轻别离”。徐彦平不这样看。他梳理儒者对于“义”、“利”两者关系的看法，从孔门高足而兼为大富豪的子贡，说到宋朝永嘉之学，明、清的儒商，证明儒门不仅讲义也不废利；若是优秀的商人，更应该把牟利和行义结合为一体。《周易》“厚德载物”一语，历来是士子自励的格言，也被用作清华大学的校训。徐彦平则将它延伸为一种商业逻辑：商人坚持道义、情义，既以此获取更多的利益，亦以此能够对社会做出更多的回报。

因为中国领导人将要访问瑞士，《新苏黎世报》最近的一篇文章写道：“中国人享受的物质水平高于任何一个历史时期，不过，巨大贫富鸿沟制造的紧张正在侵蚀着社会结构。”这确实是中国社会面临的重大问题。一般人可能认为只有在社会中处于劣势地位的人才会对这一现象产生强烈的感受，它不是富有者的话题。但徐彦平的书里，却对此表现了极大的关注。他提出两个基本规则并展开阐发，曰：“不公平产生情绪”，“不平等产生情感”。

“公平”是利益交换的原则。尽管人们对“如何才是公平”持有不同尺度，但只要自觉受到了不公平的待遇，就会产生不满、怨愤。如果社会中普遍存在由不公平所产生的情绪，又得不到消解，持续积累，就有可能激化成强烈的仇恨——由此便导致重大的社会危机。

但人和人之间不仅存在利益交换，还存在情感交换——它与利益交换相反，是以“不平等”为特征的。这里的“不平等”一语与常规的用法不同，但徐彦平对它作了很好的解释：“在人际互动中，自觉把彼置于我之上，侧重于彼，倾斜于彼，形成我低而彼高的态势，情感如此产生于彼心中。”在人际交往中，如果能够更多地考虑对方的需要、对方的感受，对付出的一切并不要求“平等”的回报，就会产生美好的情感，它使双方都感受到生命的愉悦。而“情感”也会成为消解“情绪”的力量，降低它的负面作用。

在徐彦平看来，从企业管理的角度来说，利益交换的“公平”机制当然很重要，因为它是企业正常运行的基础。但光有公平还是不够的。不仅“公平”是一种计较和冷漠的现象，它的尺度也并不能总是定得很精准，你以为“公平”的，对方不一定认为“公平”。所以还需要“不平等”的、非等价的情感交换，需要关联的双方彼此理解，将对方的需求置于优先地位，才有可能造就和谐而温馨的环境和氛围，它将提高幸福指数。徐彦平的公司有一个诗意的名称，叫做“高山流水”；他把自己的管理理论称为“知音文化管理”，就是着眼于此。

我们回到书名——《情商中国》。从事商业活动的人应该是有情有义的，情义当先的，从亲朋，到伙伴、员工，再到社会，他都负有责任；“情商”又是一种情感能力，对管理者来说，徐彦平认为这是一种“最重要、最核心、最必需”的能力。而面对改革开放以来随着财富增长带来的社会矛盾，他还想说到整个中国，因为如何在如此局面中更好地成全利益和情义，正是对人们的情商的挑战。

最近，国家领导人习近平在天津和高校毕业生、失业人员等座谈时，问村官杨代显“情商重要还是智商重要”，杨代显回答“都重要”。习近平说，做实际工作情商很重要，更多需要的是做群众工作和解决问题的能力，也就是适应社会的能力。这一报道让人觉得《情商中国》的写作和出版确实很适时。

二十多年前，彦平在复旦中文系读书，常到我这里聊天。一次说到他们山村里有个洞穴状的“喊泉”，你对它大声喊叫“老天爷，给我喝口水吧”，就会有甘甜的泉水冒出来。他这些年的努力，老让我想起这件事。他是一个重情感而又有能力的人，也许能从“老天爷”那儿喊出更多的水来，惠及更多的人。

骆玉明

序　二

癸巳年的一个春日下午，陕西省政协委员、高山流水集团董事长徐彦平拿着他的书稿《情商中国》的清样找到我，希望我能给写个序。我与徐彦平过去在工作上有过接触，对他有一定了解。他是两届省政协委员，从不以备位自居，而是积极履行政协委员参政议政的职责，在广泛调研的基础上为陕西社会经济发展建言献策，几年来有多项提案引起过较大范围的反响。尤其是在2009年省政协会议上，他首度提出建立以陕西、四川、重庆三地为核心的“西三角”经济圈概念，得到省内外相关人士以及新闻媒体的高度关注。此外，徐彦平还兼任陕西省总商会副会长、陕西省川渝商会会长，在慈善、公益事业社会关怀上也贡献良多。

徐彦平的社会责任感以及参政议政能力，与他的学识和志向密切相关。他与一般的商人似乎不大相同，喜欢读书，勤于思考，爱探研理论，但又不是消闲遣兴、纯为书海之游，而是希望吸收新知，借此缕析和整理他本人的管理思路，为企业的发展奠定一个比较坚实的基础。这是我与他接触后所留下的一个鲜明的印象。

前年，徐彦平就在复旦大学出版社出过一本讲企业管理的书，书名是《知音文化管理五讲》。我读后对他很是钦佩。相对于一些浮躁而功利的人，作为市场经济大潮里的弄潮儿，徐彦平应酬频繁，事务缠身，难有闲暇，可居然能沉下心来挤出时间写出这样一部管理著作，需要多大的决心啊。但这同时又说明了他的兴趣之所在，他平素读书思考的沉淀之多，以及他多年经商的体悟之深。

徐彦平曾告诉我，在《知音文化管理五讲》出版后，本想暂时搁笔，全心全意经营企业。但发觉该书没有把积压在心里想说的话表达清晰、透彻和完整，所以再接再厉，把思想彻头彻尾好好清理一遍，其成果便是这本《情商中国》。徐彦平还说这本书内容牵涉较广，属于“大文化、泛管理”范畴，因此溢出了企业管理，拓展到了社会这块儿，他觉得我作为一名资深的法律工作者，经验丰富，就想让我从社会管理这方面为他的书提提意见。

说实话，乍一听这个书名，再一看那厚厚一摞书稿，我想怎么也得找一个专家学者写个序。而我这样既非专家又非学者的，要接这活儿，实在难以胜任，唯恐辜负了他的精神劳动成果。但徐彦平认为这本书与我的工作还有关联，而我也想通过读他的书来看看一个有思想的民营企业家如何看待我们这个社会，这对我们法律工作者的工作也大有裨益。

我用了几个晚上的时间，读完了这本近二十万字的论著。掩卷回想，总有一种感觉，像是在听一个情感与社会问题的系列讲座，像是在与一个思想者对话。我隐约揣摩到，徐彦平耗时一年多写成的这本书，正是基于自己的人生追求，立足于自己的人生经历，将“情感”这一人类社会生活的基本命题放在中国改革开放时代背景下的大视角中来考量，运用古今中外先哲们的思想精髓进行比较分析，揭示了情感与人际关系、事业发展乃至社会和谐的内在联系，并形成了“不公平产生情绪”、“不平等产生情感”的两个基本结论。

这两个结论给我们观察和解析社会现象提供了一个颇为新颖的视角。时下促进公平已成全社会的共识，但公平的目的是什么？照徐彦平的看法，是化解情绪。公平与情绪的关系，不是没有人注意到，可少有像徐彦平说得这样简洁明快的，少有像徐彦平这样把情绪视作考虑问题的根本出发点。

情商就本质而言，就是管理情绪的能力。人的情绪失控就会导致诸多麻烦。徐彦平在书中把情绪理解成影响人际和谐、损害社会安定的“负能量”，是必欲消除掉的东西。不公平引发情绪，情绪累积为仇恨，仇恨促成了人与人、阶层与阶层之间的对立，对立的结果是矛盾的难以调和，矛盾难以调和直接影响到社会的和谐与稳定。作为法律工作者，我深知这个逻辑线条确实在现实社会中广泛地留下它的踪迹。

在徐彦平看来，情绪化的后果相当严重，不容忽视。书中提到2012年9月在西安发生的抗议日本妄图“国有化”我钓鱼岛的事，在情绪化的浪潮中事情逐渐失控，有位开着日系车的无辜车主被人击破头颅。徐彦平就此分析：“这些车主们不再是同胞、市民，而是日本仇人的‘替身’。在目的合理性——爱国——的名目下，手段也有了正当性。于是，砸车，砸得大义凛然；伤人，伤得义正词严。当目的的正当性确证了手段的正当性，手段便取代了目的，摇身一变，成为当下的直接的目的，而真实的目的反倒消失。从而，针对无辜者的打砸等暴力行径，肆虐开来。”这个分析确实精当，对我们法律工作者正视情绪化的后果也是很好的启示。当前许多群体性事件所引发的案件，事实上也正是按这一逻辑而演化。

公平正义是我们这个社会人们共同追寻的价值取向。但在现实生活中，围绕实现这一社会理想，仍有许多不尽如人意的地方，有些深层次的问题如果解决不好，直接影响着社会的和谐稳定。作者在书中对这一问题进行了深入的思考：

国家之所以出现，很大程度上是以组织化的力量，承担着维护社会公平、主持正义的职能。

如社会制度尤其是最为核心的法律无法保证公正的立场，以至于使得某些利益主体有强烈的受挫感、不公感，自然凝结成仇恨，针对不当受益者的仇恨。

当一个社会法律失去了权威性，发挥不了维护公平的功能，那些觉得受到不公平待遇的人，不会再走法律的途径了，他会找非正常渠道来得到本应属于他的东西。

……

以上这些思想观点，为我们更加重视法治在国家治理中的重要作用、确保严格执法、维护公平正义提供了十分有益的理论支持。特别是最后一章中，作者引用法国政治家托克维尔所著的《旧制度与大革命》一书中“何以繁荣反而加速了大革命的到来”的思想，阐明社会不公对社会变革的影响，既体现了作者关注重大社会问题的忧患意识，又从防范社会风险的角度为读者提供了一个很好的思路。

纵观全书，我认为《情商中国》是一部关注当前社会热点问题，凝聚“正能量”，既有思想深度，又有文化传承的理论著作。作者以其丰厚的知识储备、严谨的治学精神、缜密的逻辑思维酣畅淋漓地表达了自己对一系列社会问题的看法和见解，相信会对读者产生有益的启迪。当然，书中的诸多观点毕竟是一家之言，正确与否还有待于读者去品鉴和思辨。写到这里，我想起印度诗哲泰戈尔说过的一段话：

> 检验真理的工作也没有被过去某一个时代的一批学者一劳永逸地完成；真理必须通过它在各个时代受到的反对和打击被人重新发展。

我想，这或许也是徐彦平认同的吧！

读罢此书令我认识了另一个徐彦平，一个充满忧患意识和探索精神、有传统士人情怀的徐彦平。这一点，在书里、在思想领域与他做纯粹的精神碰撞才能深切感受；同时，我也强烈感受到他作为一个曾经的军人，在他身上体现的使命感以及弘扬传统文化价值观的坚定信仰。

基于此，我衷心希望徐彦平把他的企业经营得更好，为我们陕西的社会经济发展继续做出贡献；另一方面也希望徐彦平不要搁下他的思考和写作，为我们提供更多富于启发性的精神产品。

是为序。

程紫平

导　言

先解释一下书名，书名交代了本书的主旨。

本书叫《情商中国》。“情”，好说，指情感；至于“商”，有两个意思：一是商数，所以“情商”指的是人的情感能力，我一向认为，对管理者——无论是企业的还是其余领域的——来说，情感能力是最重要、最核心、最必需的能力；二是商业，所以“情商”指的是商业中利益与情感的关系。这两层意思，在逻辑上有延续性。因为，对情商的挑战，就是如何在利害纠结中与情感保持必要的均衡，成全利益和情义。至于在“情商”后加上“中国”二字，是试图回溯传统中国社会在情商问题上有何种认识和尝试，以及探讨情商在当下的中国社会生活中的位置。

一

写作这本书的一个重要动因，要归到梁扶摇小朋友身上。梁扶摇是我的老乡、同学，现公司副董事长梁鹏的儿子。我和梁鹏有二十多年的交情了，每每忆及当初在复旦一起求学的岁月，如在眼前，令人感怀。那个时候，我和梁鹏经常就某个抽象的议题展开论辩，争个脸红脖子粗，谁也说服不了谁，僵持住，很正常。他是哲学系的高材生，还是当年复旦大学辩论队的助理教练，思想敏锐，逻辑严谨，擅长分析，好讲道理，富于怀疑和批判精神。这一点上，梁扶摇小朋友似乎继承了他的基因，从小就表现出好学深思的性格。梁鹏的夫人是四川的才女，大学时当过学生会干部，后来下海经商。为了孩子甘愿放弃她自己的事业，在家全力教导梁扶摇。

梁鹏夫妇很注重孩子的传统文化教育，梁扶摇从小就被要求学习国学经典。当背诵《增广贤文》里“仁义值千金”、“金钱如粪土”这两句话时，这孩子的怀疑精神出来了，觉得这两句话自相矛盾：既然“仁义值千金”,为什么又说“金钱如粪土”呢？按照这个逻辑，仁义当如粪土呀。很多人都知道，著名的哲学家金岳霖先生，在十几岁时曾指出“金钱如粪土，朋友值千金”这句话在逻辑上不成立。前提既是“金钱如粪土”，那么结论只能是——朋友如粪土。早慧的梁扶摇像金岳霖先生一样对逻辑有敏锐性。

他向父母求解，而梁鹏夫妇对他们儿子的困惑解答不上来。后来我无意中得知此事，大感兴趣，但也无从说出个所以然来，不过觉得这是一个很值得深究的问题。从逻辑上，两句话当然有矛盾了。可这两句话，富于生活的质感，各有各的合理性，毋庸多言。问题是：这两句话是否有内在的联系呢？还是造句者仅就各自的经验观察以及价值观所得出的结论？我百思不得其解。不过我还是和梁扶摇立下约定：我决定用一本书来回答他提出的问题，他则以考上北大、清华这样的名校或者留学海外作为条件。为了郑重其事，我俩还击掌为誓。

如今我有点头绪了，可以尝试着回答梁扶摇。就像马克思在《资本论》里所说的：“资本不能从流通中产生，又不能不从流通中产生。它必须既在流通中又不在流通中产生。”① 我要说的是：仁义作为道德情感，不能等同于经济交换，又不能不从经济交换中产生。它必须既在经济交换中又不在经济交换中产生。道德，从实际效用来

---

① 《资本论》第1卷，人民出版社，2002年，第188页。

说，无非是利他，予人以利，这就是“仁义值千金”；另一个方面，如果把仁义完全看成金钱的来往、利益的交换，那么仁义的道德属性无从表现。所以，当说“金钱如粪土”时，是有意以夸张的修辞来否认交换的单一经济性而突出其中所蕴含的情感意味、道德意味，即注重人际交往、交换的情感性。所以，这两句话很鲜明地点出了仁义道德的二重性格：既与功利相关，同时又是非功利的；既依托于功利，同时又超越于功利。

这两个命题，实际上揭示了人们在社会交往中的两种不同性质的交换关系：利益交换和情感交换。

二

如果说人们的利益交换，尊崇的是“公平”法则；那么，人们的情感交换，则要在一定程度上脱离“公平”的尺度，从而表现出“不平等”的特征。前者，就是人们常说的“公平交易，童叟无欺”。开个玩笑，即使是干违法乱纪的事，如有的官员坚持收钱办事、办不成事就退钱的原则，也容易在他们那个“圈子”里落下个好口碑，因为他公道嘛。这种情形，当然是异化的公平了，“盗亦有道”，只是另一种“公平”。即使如此，它还是坚持着抽象的价值对等性。至于最平常、最普通的商业领域内的利益交换，更须以公平为导向，绝无可虑。由此，假若一个人的利益需求没有得到公平的对待和满足，他必有情绪产生。诸如不满、怨恨、怒气、牢骚等种种情态，都是不良情绪的发泄，都是不公平感在作祟。

而在情感领域内，吊诡的是，情感交换的原则与“公平”相悖。

首先，我们必须明确，人和人之间的情感也必须由交换而得以培养、巩固、加深、趋厚。这也就是人们常说的“以心换心”、“用我心，换你心”。很多人，明明有丰富的、真挚的情感，但情感表达不出来，或者表达的方式不恰当，不能激起对方的认同和共鸣，甚至还引发误解和反感，由此造成关系的疏离，就在于不清楚情感交换的性质。

再者，情感交换与利益交换不同，它不以寻求公平为目的。试想，男女恋爱，或者朋友之间的来往，如果一方内心中有本账簿，把己方的付出一笔笔算清楚，随时与对方的回报相比较，要求对等、相称，这样的关系肯定是维持不下去的。情感是个无形、无相的东西，惚惚恍恍，若有若无，它只能通过某种具体的物表达出来。如果一个人明了情感交换的本性，他必能自然而然地忽略交换中的物而领略到其后所蕴含的情。也就是说，作为“物”之交换原则的公平性被有意暂时悬置，如此则“情”方才凸显出来。合乎逻辑的是，情感交换所遵循的原则乃“不平等”。这就是为什么人多付出而不计回报或者少计回报，往往能赢得他人好感、赢得他人情感认同的原因之所在。往大处来说，我们的传统文化为什么推崇谦让、不争、忠恕等价值观呢？就源于我们尊重情感的生命关怀。我在本书的第二章里将作详细解说，此处不再赘述。

所以，我们得出两个基本结论：

其一，**不公平产生情绪**；

其二，**不平等产生情感**[①]。

“**不公平产生情绪**”，针对的是利益交换。一个人的利益必须得到足够的尊重，得到公平的满足。如若不然，其人自生情绪，心有

① 在平等意识深入人心的现代社会，讲“不平等产生情感”，很容易造成误解，好像我们在宣扬“不平等”。实际上，“平等”这个概念内涵很复杂，有各种指向。我们所说的能产生情感的“不平等”，并非指人格、身份、权利等伦理、政治、法律上的不平等。关于这一点的详细解释，我放在第二章。

不满。情绪要是得不到有效的排遣和消解，不断累积，终成怨恨。

“不平等产生情感”，针对的是情感交换。情感免不了和利益纠缠在一起，如果更看重情感的传达与交换，更愿意彼此情感的联络与维持，显然，对于利益采取比较宽宏的态度，甚至于造成不大对称的结果，是在所难免的。

顺带我们可以说说“智商”与“情商”的问题：“智商”，表现为处理利益交换的精明、精细，而对他人的情感一定程度上不甚敏感、不甚在意；而“情商”，则是交换情感的能力。

生活空间广阔无边，但基本结构还是利益和情感的关系。人们在社会的生活中所产生的很多问题，推原论始，未尝不可以追究到利益交换或者情感交换的失宜，混淆了两种交换的性质、原则，做出了不当的反应，造成了不必要的失误。

我们试图使用上述这两个判断作为审视和解析各类社会现象的工具，澄清人们情绪、情感产生之所由，从而自觉地消除不良情绪，更好地增进与他人的情感，在社会交往中形成良性互动，妥善地管理我们的生活、生命。

这其中当然包括企业管理。而在此之前，我们有必要先回顾一下中国的商业史，看看传统中国商人在处理情感和利益的关系中有哪些可贵的认识和探索。

三

尽管“重农抑商”是我国历史上大多数王朝的基本政策，但商业还是在顽强地发展着，尤其是在社会发生显著变动之时。如从春秋战国到秦汉的社会转型期内，商业非常发达，全国性的市场网络逐渐形成，大商人也不断涌现，他们几乎成为后世商人追慕与效仿的“原型”。至于明清商业之盛、商帮之众、经营范围之广、资产财富之巨，现今已是耳熟能详的话题了，毋庸多言。

商业，从最微观的层面来说，是买卖双方的物质交换活动。当然，这种交换若能普遍性地自由进行、开展，一则须有宏观上的社会政治、法律等相关制度的配合和保护；二则须交易者有意识、观念上的基础。而这种意识、观念很自然地要受其所处之时代的文化精神影响和制约。在传统中国社会中，能提供经济交换所需的意识、观念资源的，毫无疑问主要是儒家伦理。

明清留下的关于商人活动的文献资料比较丰富，从中我们可以看到明清商人与儒家伦理有密切的接触，以至于产生“儒贾”（儒商）之类的称呼。儒家伦理对明清商人的影响有很多，我们暂时说说最常见、也是最关键的“义利之辨”。这个话题最终归结到义与利的统一。重义，是儒家思想中的核心观念；而“义”，指的是道义、情义。

我们看看明清一些成功商人的传记、墓志铭等文献资料，就能发现他们的经营大多有共性，都比较好地坚持了义与利的统一。一方面，立身公道，处事平允，讲究诚信，重视承诺；另一方面，厚道，慷慨，大度，好与，乐于施济，疏求回报。因之树立了信誉，结好了人缘，赢得了认同，拓宽了发展渠道。考其经验，其实皆是贯彻了“**不公平产生情绪**”、“**不平等产生情感**”这两条原则。

儒家有“厚德载物”的说法。“厚德载物”出自《周易·象传》，原文是“地势坤，君子以厚德载物”[①]。君子取法大地，以宽厚的德行承担起各类事务。此种类型的德性，若是放在商业环境下来谈，

① “厚德载物”本来是儒家对作为社会中坚分子的士人在道德修养上的要求：以宏厚的德行承载起济世的重任。但这句话有普遍意义，我们不妨引申到商业领域中，可视为义利关系的一种新的阐释。

那么就是商人坚持道义、情义的导向，自能获得更多利益上的回报。“利”作为“物”，是由“义”承载着的；进一步，还可理解成：财富是由修养承载着的。通俗的说法是“和气生财”，“和气”无非心境平和、没有情绪，这是修养出来的状态。所以，“和气生财”就是“厚德载物”的逻辑在传统社会商业领域中的延伸和表述。

以传统商人的经验为依据，我们接着谈一谈文化管理。

四

我们公司以“高山流水”命名。很多人戏言这个名称太风雅，太过于诗化，不大像家企业，特别是一家以房地产为主体的企业。这么说，当然也有他们的道理。其实，我们是借“高山流水”这个名字来表达我们所崇尚的企业文化。众所周知，“高山流水”源自伯牙和子期以琴结缘的传说，两人象征着莫逆于心的“知音”。“知音”，是我们推崇的价值观，也是我们处理问题的基本方法。

说价值观，好理解，我们希望和我们的员工，和我们的合作伙伴，和我们的客户以及我们的一切利益相关者，都能建立和保持“知音式”的和谐、亲密的关系；那么，作为处理问题的基本方法，该如何理解、该如何着手呢？这就和上面所总结的那两个结论有关了。

知音，实际上，是知人的“心声”。“心声”，乃比喻性的说法，究竟何指？指的是人内心的需求。知音，即知需求。人内心的需求有两种：一是利益；一是情感。无论哪种，都要以交换的方式来满足和实现。

对于利益，作为知音文化的践行者，当注意其交换的公平性。公平，包括平等和公正两层含义（**公平＝平等＋公正**）。“平等”，指机会的平等；“公正”，指规则的公正。在企业管理中，予人以均等的机会，依靠公正的秩序、规则、制度和程序来分配资源，尽量避免和排除人情、私利因素的干扰，建立起公平、公道的形象，自能令人诚服；否则，如果机会不等，或者制度不公，资源分配失衡，人的利益需求得不到公平满足，必有情绪——不公平是要产生情绪的。有情绪，意味着人心不稳，意味着风险和危机。

对于情感，作为知音文化的践行者，当注意其交换的不平等性。如何增加人际关系的情感含量呢？对他人抱以一份善意、一份诚意、一份真挚的关怀，是先决条件。情感只能用情感来交换。金钱可以换来婚姻，但换不来爱情；待遇可以换来跳槽，但换不来忠诚。正如马克思所言，人“只能用爱来交换爱，用信任来交换信任”[①]。从实践方面来说，情感交换的不平等性，可以转化成一些具体修养和方法：如不计较吃亏，做得比承诺多一点、好一点，能放下、会取舍、知进退、多包容等等[②]。

在此我要特别提提修养，注重修养、修身，是中国文化的一大显著特色。归根结底，修身就是化解情绪于无形中，既包括自己，同时也指向他人。化解情绪，一是养生的需要，二是做事的需要，三是维护人际关系的需要。心浮气躁，衔怨抱恨，满怀情绪，备觉委屈，不仅有害身体健康，还难以冷静、客观地面对和处理问题，更破坏人际关系的和谐，到处树对立面，把自我孤立，把生命变得狭隘而孤僻。儒家讲“内圣外王”，“外王”不谈，就“内圣”来说：是自觉修炼到不生情绪、心境平和的境界。

总之，用知音文化来引导企业管理，尽量减少人的情绪而增进与人的情感，把彼此关系持久化、稳定化，是可行的。尽管知音情

① 马克思《1844年经济学哲学手稿》，人民出版社，2000年，第146页。

② 我在一本讲文化管理的小书中将其概括、提炼为“知音思维”，见《知音文化管理五讲》，复旦大学出版社，2011年。

结可能会很浪漫，但知音文化管理绝对立足于实际，而非虚想。

五

如果我们把视野再扩大一点，关注社会层面的问题，社会不公所导致的情绪将激化成强烈的仇恨——**不公平产生仇恨**。仇恨，是情绪的极端化表现。

时下社会中弥漫着仇恨之气，有所谓“仇官”、“仇富”的说法。官员、富人，似乎站到了普罗大众的对立面上，成为大众情绪宣泄的对象。我不想举事例来佐证或否证这一说法，我只是想指出“仇恨”和“不公平”之间的有机关联。

市场经济孕育着不同的利益主体，不同的利益主体有不同的利益诉求，各种诉求发生对立和冲突，是常态。问题不在于强行压制诉求，而在于疏导。疏导的原则，只能是公平。如果某些利益主体的诉求，得不到公平对待，如不给予机会或者机会渠道过窄，如社会制度，尤其是最为核心的法律无法保证公正的立场，致使某些利益主体有强烈的受挫感、不公感，自然凝结成仇恨——针对不当受益者的仇恨。如果存在着“仇官”、“仇富”的现象，那也是说明官员与富人，已被视作不当受益的符号。既为符号，那么仇恨者的仇恨，不是针对具体某个人，而是针对造成这一不公平局面的机会和制度。所以，仇恨的背后，实际上还暗含着对于机会平等和制度公正的诉求。

如果社会不能平和地扭转不公平的态势，上述诉求无法实现，那么旧的“不公平”将被新的“不公平”所纠正，或者说旧的“不公平”将会被仇恨者回报以新的“不公平”——而这又被仇恨者视作真正的“公平”。暴力于是乎兴，革命于是乎起。暴力借助于革命而获得正义的话语，革命借助于暴力而燃起熊熊烈火。暴力与革命的联姻将使社会付出惨痛的代价。

所以，社会各阶层、各利益主体的和解是应有之义。和解之道，即妥协之道。妥协是什么？不是不讲原则，不顾是非；而是强势者的不为已甚，是弱势者的不走极端。社会应当形成这样的共识：尽力建立公正的制度、提供均等的机会，以此协调和满足各阶层的利益，趋于多赢。

前些时央视四处采访，询问各类人等是否幸福。我想幸福就是上面所提到的状态吧。幸福，照我们的看法，就是这样一个模型：情感与情绪之比——幸福＝情感/情绪。作为分子的情感若不断增加，作为分母的情绪若不断缩小，幸福指数则呈现出递升之势。

六

本书的写作宗旨，依我的设想，应属于“大文化”、“泛管理”。抱着这样的写作宗旨，我征引了许多历史故事、名人轶闻、经典话语，还有影视作品里的情节，乃至日常生活中的许多琐细现象，以见文化之“大”，以明管理之“泛”。正因为如此，该书东扯西拉，旁搜远绍，“胡子眉毛一把抓”，可能会给读者造成跳跃、凌乱和驳杂的印象，其咎在我。

孔子说：“五十而知天命。”我本人也五十好几了，如果要问我对“天命”的理解，我想是利益和情感的逻辑吧。回顾这些年我所走过的路程，大致经历了身份的三重转变：先是军人，后为诗人，如今则是商人。从军，训练的是硬朗的作风，再艰苦也得熬着，挺住，磨出耐性；作诗，熏陶的是重情的态度，以及对纤细而多变的人心的敏感与体察，于是乎培养出永远活泼泼的心灵；至于经商，似乎是前两者的综合：一方面，它需要坚硬的意志，必须张大理智的作用；另一方面，它也有许多柔软的遐想，贯穿着情感的成分。

我可不敢自夸，说自己兼具二长。但我可以肯定，青年时代所走出的多重轨迹，给如今我的经营、管理提供了决策追踪的线索。我必须让自己明确地知道，什么是正确的，什么是极有可能产生不可控的风险的，从而以坚定的态度推进前者而回避后者。

凡能够产生情感的做法，即为正确的轨道；而对于情绪，则要尽量避免它的产生，否则种下隐患，因为情绪是仇恨的开始，仇恨是情绪的凝结。对于已生的情绪，万万不可等闲视之、放过去，必须提高警惕，用心化解、消除。不管怎样，情感和情绪，都可联系、还原、归结到公平的运作机制上。

那么，就让我们首先从“公平”说起吧。

第一章

公平之道

世界上没有无缘无故的爱，也没有无缘无故的恨。爱和恨、情感和情绪，是在人们交往的过程中产生的。交往的态势，决定了人们的感受。

一个人之所以同另一个人交往，建立联系，很大程度上是能从对方获取所需。《论语》上有句话，讲的是孔子的交友之道，“无友不如己者”，历来引发争议。不要和不如自己的人交朋友，圣人怎么也如此功利、如此势利？所以卫道的注释家们想方设法来合理化圣人的言论。依我看大可不必，真理是对现实生活的逻辑的表述。本来，一个人能和他的朋友保持长期性的情谊，的确是对方有帮助他之处，对方也作如此理解，所以情谊才能持续下来。即使是在纯粹的精神交往上，双方也都须有足够的能力为彼此提供精神的充分交流和沟通，以形成共鸣之势，这样才能不断巩固与深化交谊。一个人只从朋友那里汲取而无所付出，关系很难持续下去。当然，关系仍有可能存在，不过要发生转化，由平等的朋友关系变成一方对另一方的依附。

我们不能单方面理解关系，如果把关系看成是互动的、交互的，许多问题就可迎刃而解。交往的长期性与稳定性，取决于这一交往能否使双方各取所需、各足所需。所以，交往本身有它自己的规则，这就是交往之道。交往之道，交往的逻辑，简言之，为公平。

公平，我们认为是支配人际交往的“元规则”[①]。

---

① “元规则”不等于唯一的规则。“元规则”之“元”，是社会交往的起点，但不是终点；可以被超越，但不可被绕过。

一、社会交往中的公平因素

德国社会学家齐美尔说："人的一切交往都是建立在付出奉献和等值补偿的模式之上的。"[①] 这话说得很决绝，抓住了一项最为根本的社会事实——人的付出与回报必须等值。

或许有人不这么认为，比如基督教的教义说：别人打你的左脸，要把右脸伸过去。基督教并不主张一报还一报，以眼还眼、以牙还牙；而如果按照给予和回报等值的逻辑，人敬我一尺，我至少也应敬人一尺才对呀。其实，基督教的教义也并未否决这一逻辑。基督教的原则是爱，无条件的爱。持此立场，人即使遭怨遇辱，也要宽谅。而且正是在宽谅中，爱才更好地显现出来。然而这与给予和回报等值的逻辑有什么关系？普通人，奉行一报还一报的原则；基督教要人从这逻辑中超越出来，不去回报怨恨，如此则有爱。不去恨人，才是爱人。其境界确乎很高，非一般人所能达到，但它还是从这一逻辑起步。总之，它只是超越这一逻辑，并未取消这一逻辑。

给予和回报、付出与获取的等值，是公平的基本内涵，是一项最根本的社会事实，是大众先验的心理结构。

---

① 《齐美尔社会学文选》，林荣远编译，广西师范大学出版社，2002年，第258页。

（一）公平影响人心

关注公平，好像是人的本能。每个人内心中都有把无形的天平：一头是他对于人或者他所属的群体的贡献，一头是他从人或者他所属的群体中所得到的回报。两者大致对等，则被评判为公平，他的心态就平稳、平衡；如果两者不对称，发生偏差，不公平感便油然而生，心态于是乎不稳、失衡。我们说人皆有理性，如果从实践、从人的行为来考察人的理性，说到底，是指人皆有计算得失、利弊、贡献与回报的能力。

1.作为等值的公平

前面说了，贡献与回报的等值性，是公平的最基本含义。人对公平的敏感和关切，说到底，是对自己所付出的最终结果的关切，即对自身利益的关切。这么说，是否意味着人是自私主义者了？自私，先不说好不好，首先是个关于人性的事实描述，是人的动物性的一面。动物皆自私，维护自己的生存。我去过非洲，到肯尼亚的野生动物园旅游之后，了解到动物皆有领地意识，凡有他者侵入它的领地，它会发起攻击。人亦是如此。在公共汽车上，如果一个乘客被旁人挤着了，通常的反应是不高兴、不耐烦。聪明人懂得适当保持与他人的间距，防止过于亲密的接触。因为站着的人，都需要有个自我舒张的空间，如果这一空间遭致外力的挤压和侵入，将令他紧张、不快，很自然地催生强烈的反弹，摩擦和冲突由此而成。为什么公共汽车上乘客们极易吵架呢？就是不同人的自我舒张空间交叉、重叠、冲突所致。

人的自私和动物毕竟不同。人是有理智的，能以理智的方式付出，也能以理智的方式争取和保护他的既得。这就是“公平”的原则。

也就是说，人下意识地选择、要求的是他自认为所当得的。所当得，即与他的付出相匹配的回报、大致相等的回报。

前两年有部搞笑的国产电影《夜店》。徐铮饰演一个叫何三水的彩迷，他在一家便利店买彩票，而老板娘不小心打错了他精心挑选的号码，令他痛失三等奖，一共九千五百块钱。他愤然不平，找老板娘理论，要求赔偿，遭到拒绝，并被羞辱。于是等了个机会，他决定抢劫便利店。不过盗亦有道，他自己立了个规矩，只拿九千五百块，除此之外，多一分也不要。当然，少一分也不答应。在他看来，这绝对公平，他只是拿回本应属于他的钱而已。

这个故事极其有趣，把现实社会生活中的公平因素都展示出来了。

其一，公平的道理在于:该他所得，从原则上讲，少一分也是少；不该他所得，多一分也是多。英国近代功利主义思想家穆勒也有此观点:“人公认每人得到他应得的东西为公道；也认为每人得到他不应得的福利或遭受不应得的祸害为不公道。”[①] 钱，本来就是个量化价值的工具，用钱计量，比较容易。有的东西，不容易量化，也不适合量化，但不妨碍我们在意识中给予它一定的价位。

其二，当失去公平而又缺乏一个主持公平、裁量正义的客观力量时，利益受损者将毫不客气地直接出手。电影里的彩迷何三水，多次找老板娘索赔、交涉未果，不得已铤而走险，抢劫便利店。用古希腊哲学家亚里士多德的理论，这种行为，属于“矫正的正义”。当然,个人自己去维护公平,弊端极多。因为个人容易放大他的委屈，上升为“不公”,而究竟是否真正属于不公的范畴,难以确定。这样，往往陷入“公说公有理、婆说婆有理”的困境；而且，个人之间的

① 穆勒《功用主义》，商务印书馆，1957年，第48页。

大打出手，冤冤相报，没个了局。我们中国古代盛出侠客，就是法制不健全、民众权利得不到公权力的有效尊重和保护，民间于是自发涌现出主持正义的私人力量。所谓“路见不平，拔刀相助”，就是这个意思。

其三，国家之所以出现，很大程度上是以组织化的力量，承担着维护社会公平、主持正义的职能。若是国家异化——凭借它所掌握的巨大的权力、能量成为更大的不公的制造者，如要求它的国民仅尽义务而无实质性的权利可享，如不断从民间汲取资源而未能切实保障民间的自由发展，那么以公平为诉求目标的革命很可能就要发生了。在中国传统文化的语境中，“革命”是革除天命的意思。国家政权的合法性，来自天的授命，所以秦始皇的玉玺上刻的字是“受命于天，既寿永昌”。天道公平，而当国家政权的运作严重背离公平的轨道后，民间力量起来反抗，其行为是“起义”，其性质即“革命”。

2. 回报

人在社会交往中自然而然地寻求等值的回报，既然如此，那无私奉献是怎么回事呢？

无私奉献，本意是无所谓回报，不期待回报，甘愿付出。譬如爱，常有人讲：爱，就是对所爱之人好，而不强求对方的回爱。又如慈善家，慷慨捐赠大笔钱财，却不要求受益者对他们感恩戴德。许多发达国家都有青年志愿者，他们拿出私人时间，为社会弱势群体、为社会公益活动提供义务服务，却不领薪。种种情况，都是付出远多于回报，其中的道理何在呢？

有时候，我们的付出这种行为本身，便意味着回报。有的慈善家之所以大做善事，是因为他们认为事业有成、功成名就，除了个人的天分与努力之外，还有社会于无形中所给予的机会和助力，所以他们的行善、捐赠、付出，纯粹是想对社会有所回报，而不必再寻求诸如名声之类的回报。

另外，回报的形式有多种，不一定全是物质性的。我们看美国总统竞选，竞选者的团队，有大量志愿者加入，仅有少量人领取报酬，更多的人，纯是义务性的，而且工作量还不轻。我们看到 2012 年奥巴马的竞选团队，志愿者每天都要给选民打电话，为奥巴马拉票，游说他们捐款，以及加入志愿者行列。奥巴马的竞选对手罗姆尼也是如此，在罗姆尼获得共和党总统候选人提名后，美国大约有 10.8 万名共和党志愿者进行了 4000 万次的“选民联系”，敲开了 750 万户人家的门[①]。像此类为他人作嫁衣裳的事，初看起来不可思议，太不划算了。但志愿者们也有他们自己的考虑，有人想为个人简历添上一笔，有人想借此扩大交际圈，有人因认同理念、信仰以及爱而加入。动机不尽一致，也不尽纯粹，各有各的倾向，可有一点是共同的：自愿加入，无悔付出，各取所需，公道合理。比如汶川、芦山地震中的志愿者。

在金钱、机遇、职位、经历等较为切实的报酬之外，还有一个常见的社会报酬类型也值得说说，这就是“认同”。人们渴望他人、社会，对于自己的行为、观点、思想、个人才华以及贡献表示真诚的欣赏和认可。这种认同，较少关乎实际利益，更多是一种倾向、看法和态度。

人们渴求认同，亦即在意他人的态度、在意在他人心目中的分量，这关系到他的存在价值，于是他的付出便成为一种证明。有的父母对子女要求严格，不轻易赞许，好强的子女可能异常发奋，非要做出一番不同寻常的成绩出来，以证明自己配得上父母的称赞。当今社会有的富豪之所以发达，可能就是因为从前饱受轻视，不服

① 见《“草根”志愿者推动美国大选》，载于2012年11月2日《新京报》。

气，下决心要混出个人模人样来，以证明自己。当初我刚转业进入北京，震惊于我们首都的宏大。我和战友张绍伦立誓都要出一本书才谈恋爱、结婚。最后我的确是出了诗集才结婚的，张绍伦虽没有出书，也成了一名医生。我们从立誓到践行花了十年的时间。现在看来，当时心态其实就是为了获得认同。

换个方向来看，我们若是对他人怀有善意的期待，而受期待者不想负他所望，自会加倍用心、努力，于是认同便转化为一种激励。当给人以善意的期待时，相当于事先兑现了他所需要的回报——认同，他们唯有自加鞭策，以实际表现来与这期待、这认同匹配，如此才是“公平”。所谓批评的艺术,也源于此。有些领导者擅长此道，能以期待的语气、态度批评做事不得力的下属，其效果是：批评越严厉，下属越感奋，越有上进心，越愿意付出。

3.心态与“气”

公平与否，直接影响着人的心态。公平让人信服，有踏实感；不公平则有“气”。我们着重要说的是后者。

付出、投入多于回报、收获，人自有不满，有牢骚，有怨言，有恨意。一旦人意识到或者判断他受到了不公平待遇，浑身便充满着“气”。这种“气”是恶劣的情绪。像怨恨呀，不满呀，偏激呀，悲愤呀，牢骚呀，诉苦呀，都是有“气”的表现。这种气是“浊气”，中医认为对人的身体没有任何好处，对人的工作起着负面作用。

这样的情况在日常生活与工作里是很多的。比如一个员工，若是感觉企业给予的平台过小，自身价值不足以充分发挥；或者自认为做出了较大贡献，而企业没有给予相匹配的待遇、位置，自然产生埋没感，不平衡，怨言满腹。

当年号称烟草大王的褚时健，在他的职业生涯晚期大肆贪污索贿，最后落马。诸如此类，他们都是因为心态不平衡，有气，自认为功绩卓著，为企业、为单位付出那么多心血，其个人所得与贡献太不相称了，所以趁着手上还有权力时，捞上几票，同时还认为本是自己所当得，用以发泄怨气，恢复心理平衡。官场上有所谓“59岁现象”，究其实质是官员感觉不公、心态失衡所致。

“59岁”，当然不一定实指59岁，它象征的是某些即将引爆的临界点。像褚时健这样类型的人，可能在物质上离他的预期较远，不公感强烈，怨气不小，当权时至少大权在握，或者自感有更上一层楼的希望，因此还可以稍许弥补，压住怨气。一旦退位在即，升迁无望，失去平衡的条件，怨气顺势发作，贪腐就一发而不可收了。

在怨气中，还埋藏着离叛的种子，离叛就是一种报复。东晋名将刘牢之，是北府兵的开创者，战功赫赫。当时却有人看准他的性格是“怨而好叛”[①]，预测他不会有好结果。果然，刘牢之游走在不同的政治势力之间，反复无常。一觉得谁对不住他便生怨恨，继而背叛，改换门庭，另附他人。他的反复无常造成了他最后自杀的悲剧性结局。普通人当然不可能经历像刘牢之那样复杂多变的政治局面，但“怨而好叛”的性格所在多是。

随便说个常见的现象：一些刚毕业的大学生，特别是那些名校出身的，通常眼高于顶，志高气盛。人还没经过足够的打磨，尚不成熟，却斤斤计较于位置和待遇，总觉得与他的才华不称，对不住他，于是内生怨意。我们都有这样的感受——在怨意的支配下，人通常不容易看到自己的短处与欠缺。人的心既然沉潜不下来，不想坚持，碰上机会，必然跳槽而去。如果轻易对待个人去留，结果很可能是在反复的跳槽中，一次次从头开始。年轻人缺

① 《三十国春秋辑本》，吴振清辑，天津古籍出版社，2009年，第3页。

乏必要的积累和磨炼，要想走得远，比较困难。我并不是反对跳槽，也不是反对他人去纠正和反抗不公平的处境；抛开具体情境，分析当事者的心态，这里面就暗含着一条从不公平到怨恨、从怨恨到背叛的逻辑线索。

（二）不公平的形成[①]

人与人相处很难，所以有的人就宁愿选择退避，不愿陷入人际关系的漩涡中。但合群毕竟是人的基本生存方式，这就要求我们注意到公平作为交往之道对人际关系的支配作用，积极运用和管理好公平因素，协调好社会交往的平衡性，避免情绪的发生。那是什么导致公平在交往中的失位呢？原因大致有三。

1.不明需求：人所不欲，施于人

有个所谓的伦理金规则“己所不欲，勿施于人”，这被认为是处理人际关系乃至国际关系的基础伦理。各个文明系统都有类似的表述。中国的儒家不用谈，上面这句话就是儒家的“恕道”。犹太教的拉比西勒尔告诉异教徒，“己所不欲，勿施于人”，是犹太教律法的全部，其余只不过是这句话的引申和评述。《新约 · 马太福音》也有类似的话：“无论何事，你们愿意人怎样待你们，你们也要怎样待人。”这些表述的细微差异暂且不论，总之都在强调一点：须以别人的接受来交换自己的接受。

这些规则当然不错了，最起码从表面上超越了自我中心主义，能够把他人的需求作为考虑的出发点。可是，我们要说，这种超越

① 此处参考《管理与运用公平因素》第三章，〔美〕理查德·C·休士曼、约翰·哈特菲尔德著，喻春生、陆军译，北京经济学院出版社，1989年，第36—49页。

是有限的，还在把自我当成判断他人需求的标准。而这，在实践中可能行不通。周瑜打黄盖，一个想打，一个想被打，双方有默契，配合成功。现实生活里像这种协同一致的情形，恐怕较少，更多的是：我所想要的，极有可能是他人不要的；我所不想要的，恰有可能是他人想要的。父母们想要孩子学个好专业，找个好职业，人生就能幸福，于是代子女做各种专业抉择；而作为子女，更有可能认为人生的幸福在学想学的知识、做想做的事。这种把自我作为他人需求的判断者，结果往往是矛盾突出，每个家庭都搞得乌烟瘴气。“己所不欲，勿施于人”，“己欲立而立人”，造成了需求与供给的错位、不合拍，出现“得非所愿”的结果，不公平感自然就产生了。父母们都不想子女再受苦，重走他们自认为已经走过，且证明价值不高的老路，安排子女走他们认定的幸福之路，但是这样费尽心血，付出良多，往往还不被子女理解和认同，甚至招致反感和抗拒。父母们反过来很容易失望，又觉得委屈，有怨气——为子女考虑这么周到、付出这么多，反倒没落下个好结果。

所以我们有必要修改一下交往的金规则，换成“人所不欲，勿施于人”。

2．“成见”的影响

成见作为暗藏的期待也于无形中支配着我们对利害得失的判断，引导着人的公平观，而且还视作理所当然。这里所说的“成见”，是些习以为常的认识。正因为习以为常，不大容易察觉和反思，所以潜伏在我们的意识深处，常在不经意间被唤醒。

不是有这么一个笑话么：某人每天上班，会随手给街边乞丐两块钱；若干时后，变成一块；再后来又降低到五角。乞丐纳闷了，询问递减的原因。此人说，从前他是单身，手头宽裕，所以给两块；结婚后，手头紧张，所以只给了一块；前些时又添了一个孩子，手头更紧了，所以就给了五角。乞丐叫嚷起来，这也太不公平了，你怎么能用我的钱养家糊口呢？

还有一则叫《扣除二两一夜》的古代笑话，与上面的类似。

> 一翁慈善好施，因大雪，见一人避于门檐，怜而延入，暖酒敌寒，遂留一宿。次日雪大，又留之。如是三日，天晴。此人将别去，因向翁借刀，翁取刀出。
>
> 其人持刀谓翁曰："素不相识，承此厚情，唯有杀此身以报。"
>
> 翁惊，止之曰："如此则害我矣。"
>
> 其人曰："何所害？"
>
> 翁曰："家中死了一个人，一切无事，烧埋钱也得十三两，零碎尚多使费。"
>
> 其人曰："承翁好意，不好算这许多使费，竟拿烧埋银钱十三两与我去罢。"
>
> 翁大怒，喧嚷惊动邻里为之解劝，处其半，以六两与之。
>
> 临去，翁叹息曰："谁想遇着这等没良心的人。"
>
> 其人曰："不说自己没良心，倒说我没良心。"
>
> 翁曰："如何说我没良心？"
>
> 其人曰："你说有良心，止不过留得我三夜，就不该扣除二两一夜了。"①

这两则笑话，通常在民间被用来感叹好事难做、善门难开。如果分析一下笑话中的乞丐和那个被留宿三夜的人，他们更觉不公，因为属于他们的"奶酪"被动了。至于那"奶酪"是否是他们的，

---

① 石成金《传家宝》，喻岳衡校订，岳麓书社，2002年，第482页。

在他们看来，绝无问题。这就是想当然的“成见”。

这样的情形不会只在虚构的故事中发生。上世纪九十年代中期，我在北京开广告公司，手头刚有了几个钱，曾到重庆出差，找老乡瞿扬一聚，他那时在重庆《少年先锋报》任总编辑。因久别重逢，和他言谈甚欢。这个时候，他小女儿从房间里出来，见她乖巧，我忙发了个五百块的红包。当然有个拉扯，举动颇大，又从房间里惊出了个小孩，是他妹妹的孩子。先例既开，下面等同，我给了个同样的红包。谁知接连又出来了两个小孩，原来今天是他们家的聚会，小孩子们都在，没办法，接着给了。到第五个时，我的钱也快完了，剩下的全掏出来，只有四百五。最后一个小孩子不服了，理直气壮地质问瞿扬：“叔叔，为什么他们都是五百，我只有四百五，我少了五十。”我在一旁尴尬无比，感觉很对不住这个小孩子。本来早就忘记这事了，后来瞿扬拿出来说笑，我才记得。这当然是生活中琐碎的事了，本没有多少叙述的价值，可恰好能为“公平”做个注脚——即使未受过多少教育、理智尚不发达的小孩子，也紧要地关注他的所得是否公平。“平等”就是这个小孩子心中自然涌现出来的“成见”：既然大家一个样，为什么唯独他钱少了些呢？他当然就觉得这对他很不公平。

3．“情绪账簿”

人的怨气，情绪，往往都有个累积的过程，在有其他平衡条件的前提下，一般能容忍和克制，较少立即发作。我们对某个人不满，正想破口训斥的时候，转念一想他的优点或者可爱的地方，不满的力度就减弱了几分，发作不起来了。还有，热恋中的年轻男女耍性子、吵吵闹闹平常之极，假设女方埋怨起男方，而男方没有顶回去，嬉皮笑脸，嘻嘻哈哈，即使女方有满腔恨意，此时此刻大概也恨不起来。恨不起来，不等于彻底消失，只是转存于心中，作为曾经对我不好、不公的例证储存着。

所以怨气和情绪的发作，是积累后越过临界点溢出的结果。心灵像个账簿，生命中遭遇的不满、不平，都记在上面。1994 年我父亲过世，当时我正在京九铁路采访，得讯后风尘仆仆赶回酉阳老家，抵达时父亲已经埋了三天，我只好在父亲坟头痛哭一场。当天晚上我们兄弟姐妹围在一起座谈，就有埋怨母亲的声音，说父亲重病在床时母亲照顾不周。我当即表态：母亲就只一个，我们身为子女的更应孝敬她。其实我知道，父母几十年生活在一起，日常生活里的摩擦和情绪极多，这些情绪都放进了心里，记在“账”上。到一定时候要算“账”了，要发泄情绪是很自然的事。

婚姻中像这种情况极为普遍。刚结婚时，情人眼里出西施，分外对眼，什么都好。住在一起久了，新鲜感过去，琐碎的细节成为生活的主题，原本可以忽略的行为、习惯成了“眼中钉”。这些我们都体会过了。当然，作为一生守候的伴侣，宽容是第一位的，不会太过于计较。但是，不悦、不满，已经永久性地刻在心上。等到这样的事多了，诸如“忘记生日”、“忘记结婚纪念日”、“顶撞我妈”、“不懂节俭过日子、胡乱花钱”等等，差不多塞满了整个心灵空间，再也容纳不下。终于有一天，一件不起眼的小事，点燃了怒火，所有的情绪喷薄而出。曾经记录在账上的那些陈年旧事，一件件地数落出来，证明对方的薄情寡义，以及自己的委曲求全。最后的愤怒是：“我为你以及这个家付出这么多，而你却这样……”

人之所以幸灾乐祸，并不意味着人天生是“小人”，心理阴暗，乐于见到他人出丑闯祸；很大一部分原因是觉得对不住他，长久以来把不满装在心里，忍着；等暗中痛恨的那个人出了洋相，或者遭灾遇难，忍不住拍手称快，这叫“解气”、“解恨”。从社会心理的角度来看，也有类似情况。近些年许多腐败官员不断被揭露出来，反复刺激民众，导致民众对官员群体的普遍不信任，而民众又缺乏必要的监督、问责能力，这些不满于是全都记在账上。凡有官员落马、出事，大众便以幸灾乐祸的态度尽情地嘲弄。

我听我新华社的兄弟税立讲过这样一件事：前两年云南有个比较开明的宣传部副部长伍皓，曾是其新华社的同事。伍皓开有微博，想以对话、沟通的姿态与公众打交道，不无诚意。想不到的是，他为自己开辟了一个“讨伐”他自己的基地。那些时，围绕着他身上的热点事件很多。他到一所大学讲演，却被听众用五毛钱作象征性的攻击，讥讽他是个“五毛党”。照我看伍皓的现场表现理性而平和，控制住了情绪，较有风度，应该赢得同情和尊重。可网上还是有许多幸灾乐祸的声音，乐于见他受到挑衅。为什么发生这样的事呢？显然，大众长期以来在“账簿”上记了针对官员的许多情绪，于是把伍皓作为一个发泄情绪的“靶子”，用他来“出气”。

（三）找 平 衡

俗话说“心安理得”，如果这里的“理”是“公平”的话，那么，在获得公平的前提下人的心态是稳定的。人要让自己心态稳定，从怨气中解脱出来，往往会寻求自认为公平的方式，而且还自我合理化，即会“找平衡”。

1.减少投入

人一旦察觉他的回报过少，而且短期内无法改变这一事实，他会自觉减少付出，以便与他的回报对称。人若不能控制他的回报，他就只能改变他自己的付出额度。

企业里有种类型的员工对薪酬或者福利待遇不满，于是抱定“给多少钱做多少事”的宗旨，工作拖拉，粗心大意，敷衍塞责。这一情形，自然引发领导者的不满，更加坚定了“做多少事给多少钱”的原则，对员工的要求暂时搁置。

如果分析一下员工们偷懒、出工不出力的行为，可能有部分原因是性格所致，有的人就是不思进取、得过且过，不愿出力流汗；还有部分原因，则与我们所讨论的主题相关了，即当其人自觉不公平时，他自然选择减少付出、偷工减料，以与他的报酬相匹配，尽量合乎他内心的等值标准，恢复他的公平感。从这里也可看出，平均主义为什么效率低下，为什么造就不出人才？在平均主义大行其道的情况下，干多干少一个样，干好干坏一个样。牛骥同槽，必使英雄齿冷。有能力的人，得不到应有的回报，这对他不公平。他可能倾向于减少投入。在低度竞争的环境中，效率自然低下，人才也无必要脱颖而出。

2.增加回报

还有一种情况就是提要求，以增加收入，达到付出与回报的相对平衡。员工有不公感了，向他的上司提出涨薪或者升职要求，这种情况很普遍。做上司的，对此信号不能等闲视之，因为公平感关系到员工对企业的认同。如果怠慢了员工的不平，如上面所说的，将在他内心的“情绪账簿”上记上一笔，于是乎情绪便在累积。积极地与有怨气的员工进行沟通，消除他们的怨气是很有必要的。

当人循正常途径提出的要求得不到满足时，他自会采用他认为合理的方式自行实现他的期待，这自然就是非正常途径了。前面我们举过电影《夜店》的例子，彩迷何三水向老板娘多次索赔未果，于是决定打劫。打劫是不法的,可在何三水看来,却是挽回他的损失、维护他权益的正当之举。又如，当社会法律失去了权威性、发挥不了维护公平的功能，那些觉得受到不公平待遇的人，不会再走法律的途径了，他会找非正常渠道来得到本应属于他的东西。

2011年的时候，郑州有个“天价手机”失窃的事件，闹得沸沸扬扬。郑州有个保姆，顺手拿走了主人家的手机，没想到那手机价值六万多，由此被重判。事情的起因是保姆在这家工作了四十多天，工钱一个子儿也没见着，很是不满，越想越气，看到门口鞋柜上有部手机，就藏在微波炉里。她的打算是：如果拿到工钱就还，否则自己留用[①]。最后她自己留用了，她当然认为这是在补偿她的损失而不是有意偷窃。

所以，当人觉得不公时，他会自己动手，增加收入，以与他的付出等值。

3.结束关系

当人觉得付出与回报不对等的时候，还有一种更直接、单纯的方式来恢复心理平衡，这就是终结彼此的关系。所以，员工会跳槽，另攀高枝；老板会解雇不称职的员工，再找合适人选；夫妻会离婚，各奔前程；子女会离家出走，逃离窒息的家庭；朋友会绝交，不再来往；亲戚会反目，视如路人。

总之，由于人的认识差异，期待以及隐含在意识中的某些价值观、成见的影响和作用，形成了人关于自身利害、得失是否公平合理的判断，进而影响到主观的好恶。如果一个人自认为受到不公待遇，又没有得到及时、有效的消解，他就会对人际关系产生不信任感，觉得这种关系没有继续维持的必要。

反过来，一段关系为什么能持续下去，甚至会不断巩固与深化呢？也是它的公平性。如商家若是信誉卓著，产品质量过硬，服务水平很高，对它的客户从未欺瞒和诓骗，自然能赢得客户的认同，而客户也愿意与之打交道。所谓品牌，其实是个信誉的符号，是公

① 文章网址：http://news.sina.com.cn/s/2012-06-30/043924685978.shtml

道的符号。

4.实施报复

“找平衡”还有一种方式——报复。不公平会引发报复性的反应。报复有广义和狭义之分，广义的报复就是回报，是“以彼之道还施彼身”，无论是正面的还是负面的；狭义的报复专指负面性的回报，就是:你既对我不仁，我也要对你不义。你既负我，我也要对不住你。我们在这里所指的报复是后者。

可见报复也遵循公平的逻辑。对不公同样还以不公，这才具有公平性，才能换回内心的平衡感。我们看吵架，尤其是夫妻之间的吵架，相互太熟悉了，双方的缺点尽在眼底，尽在“账”上；一旦吵架，不公感作祟，情绪上来，互不相容。你既不体谅，我也不示弱，越是令对方难受的话越是要说，越是令对方不堪的事越是要提，这就是在相互报复。不报复，情绪就得不到宣泄，架也难以吵得激烈。

自杀是报复的极端形式。托尔斯泰的名著《安娜·卡列尼娜》描写了一个关于报复的爱情故事。贵妇人安娜为了与沃伦斯基的爱，牺牲了一切，牺牲了她的名誉，她的家庭，她的儿子。牺牲意味着付出，意味着无对等回报的付出。而安娜最终发现她根本得不到沃伦斯基，她的牺牲毫无意义，于是自杀。自杀就是一种报复——以自己的不想活来让对方活得不好受。

感情生活中发生报复比较常见。因爱生恨，容易走向报复。为什么会出现因爱生恨的事情呢？简单地说，爱也需要交换，关于这一点在本书第二章我们要重点论述，这里只简单提一下。爱，论性质属于情感交换。通过交换，通过共鸣，爱情便走向深入，关系变得坚实。如果不理解情感交换的性质而把情感“物”化，情的交换就在不自觉中转变成物的交换。既然是物的交换，自然而然地要求有公平性。我对你有付出，你必须对我有同等的回报，如此才是公平的。一旦对方没有回报，或者回报比不上付出，又或者移情别恋而辜负了付出，往往因爱而生恨了。被辜负者如果个性刚硬，受不了委屈，那就倾向于报复，好采用极端方式，不看到对方的内疚、痛苦和悔恨不罢休，只有这样才有平衡感，自己心里才好受。

二、公平与道德意识

人的社会行为蕴含着付出与回报必须对等与平衡的内在要求，在该要求的作用下，进而产生、形成人的道德意识。道德意识，无非是有践行和维护公平的自发性、自觉性。这些基本的道德意识，包括责任、信任和承诺。

（一）男儿肩上两个字：责任

我们从公平的角度来看责任。做该做的事，这是责任，或者说，这样的责任才算是公平的。责任也有个公平与否的问题。

明末清初的思想家顾炎武说过："天下兴亡，匹夫有责；国家兴亡，匹夫无责。"[①] 这句话的前半部分很有名，后半部分常被忽略。在顾炎武看来，天下是个文化概念，国家是个政治概念。人，可以不是政治人，但不能不是文化人。所以人必须对天下的兴亡负有

① 顾炎武《日知录·正始》原文是："有亡国，有亡天下。亡国与亡天下奚辨？曰：易姓改号，谓之亡国；仁义充塞，而至于率兽食人，人将相食，谓之亡天下……保国者，其君其臣肉食者谋之；保天下者，匹夫之贱与有责焉耳矣。"没有"天下兴亡，匹夫有责；国家兴亡，匹夫无责"的提法，据说是经梁启超简化、改成这样的，并通行至今。我们不详究这话的来历，借此简单来谈责任与公平。

责任；至于一朝一代的更迭，那就不必承担责任。可见要人对某个朝代担有绝对的义务，是不公平的。不公平的责任，同样让人产生情绪。

1.责任心

我对“责任”有实实在在的感触，是在上个世纪八十年代末。当时我在铁道工程指挥部（现在改成中国铁道建筑总公司）工作，刚从铁道兵转业到地方，尚未成家。那是诗歌的时代，我们成天都忙于写诗，与一帮子文艺青年谈诗论艺。我们还成立了一个“破土文学社”，社长梅梓祥如今还在《中国铁道建筑报》任文艺副刊部主任。

有一天我突然接到父母从重庆酉阳老家来的信，说起家里一件事，要以我的意见定夺。接到这封信，我一下子失声痛哭。不仅仅是为家里有事而难过，我更是敏锐地意识到，从此我不再是一个只能顾着自己个人兴趣的小青年，不仅是父母的儿子，还是一个男人，要开始成为家里依赖的支柱了，我必须开始承担起这个生我养我的家庭的“责任”。在我的父母看来，我工作在首都，虽未成家，但已立业，见过世面，有了阅历，当然要撑起这个家庭了，所以对我寄予厚望。而我还未曾做好足够的心理准备和物质准备去承担起家庭的责任。于是有一股莫名的悲楚，一下子从心底涌出，不禁大哭起来。哭完了，开始思索，想起家里的贫穷，想起父母的面孔，特别是想起母亲是多么不容易，随即写了一首小诗《爱，给母亲》表白，才得以止住。这首小诗后来还在《北京文学》上获了个新人奖。

对父母的厚望，我不能退却，不能辜负，只能咬牙挺起。一般人的厚望尚不能轻易辜负，何况是自己的亲生父母！其中道理又何在呢？真诚寄予希望，即是付出，若得不到回应，则有失望，失望之极，是怨气，是伤心透顶。作为人子，既然不想要父母伤心，就要更好地实现父母的期待，是为责任之起。责任，就是必须对他人为自己的付出有所回报。它内化于心，变成随时随地自警、自省、自律的意识。

或许有人说，这与现代人的责任观念相违。现代责任观念，建立在权利本位的基础之上。权利与义务对等，有权利，则有相应义务；有义务在，则有责任在。这道理没错。可是权利与义务也须对等。人之享受某些权利，是以尽一定义务为前提的；人之尽某些义务，是以享受一定权利为依据的。我们也可以说，我们是以权利来交换义务。

2.责任能力

光有责任心不够，还须有一定的责任能力。小孩子不必为他所做的事负法律上的责任，因为他尚不具备完全的责任能力。古代有些读书人“平时袖手谈心性，临危一死报君王”，遭尽非议。不是他们不够坚勇、忠贞，而是他们的坚勇、忠贞，无济于事，无补于国；不是他们的责任心不够，而是他们的责任能力不足。为什么我们特别反对空谈，认为“空谈误国”，也是因为单单尽心还不够，还必须尽力。谈责任，绝不能忽略应有的责任能力。

当我意识到我对家庭的责任时，我是无责任能力的。那个时候存折上仅有十几块钱，还是我的转业费的剩余。我大哥身患重病，缺钱医治，不得已，我四处筹钱，历尽艰辛，这才真切感受到袖手优游，写写画画，看似清闲、风雅，实则是在不负任何责任时才会有的状态。

邓小平老人家南巡之后的九十年代初，市场经济的大潮席卷整个九州大地，许多人坚决从体制中走出来，我也下海了。我曾多次对人开玩笑，说自己下海的动机就是太在意钱了。这是真话，的的确确是太在意钱了。在我看来，有钱，才意味着拥有现实的责任能力（我绝无拜金的意思，也不是说责任全靠钱来推动和履行）。有钱才好办事，才方便助人。司马迁在《史记·游侠列传》里引用当时民间的一句俗语“何知仁义，已飨其利者为有德”，在那个年代老百姓的心目中，是怎么判断一个人是否仁义呢？无非是从他那里得到实实在在的利益。这很庸俗，很鄙陋，很摆不上台面，但在那个年代很真实。我去西安郊外的楼观台游访，相传那是老子讲《道德经》的地方，里面有块精心保护的古碑，上书老子的“上善若水”四个大字，而在旁边，有口干涸的井，满是游客投的钱。这幅场景太有趣了，简直是对老子哲学最绝妙的通俗化解释。什么叫“上善若水”，什么是最好的德性？就是源源不断地投钱。

有些企业家用人往往忽略了责任心与责任能力的区别，把责任心等同于责任。有的企业家喜欢用自己人、有关系的人，因为情感摆在那里，尽责用事，是毋庸置疑的。确乎如此，但有责任心不一定有责任能力；想履行责任与能履行责任，其间大有区别；能做什么和能做好什么也有区别。我自己也常出错，也常自警，要求把责任能力这一项作为信任授权以及选择合作伙伴的重要考核指标。想干活是好事，但能不能把活干好，则是首要的。

有了责任心以及相应的责任能力，人才能成为一个真正的责任主体。

3.责任主体

市场经济能教育人。我这么说，绝非指领会到赚钱的重要性和必要性；而是说，只有在市场经济中，人才能真正树立起责任意识，成为责任主体。

我下海前在报社里负责广告部，有许多朋友和资源。所以我的下海，不是盲目的，是带着部分资源以及朋友们的承诺下去的。可真正单干起来，自己办了广告公司，脱离了体制的背景和平台之后，才发现资源、关系、承诺，皆为虚妄。因为许多资源，对于特定的平台有依附性和寄生性。不是朋友们不认人、不帮忙了，是想帮也帮不上，而这又是打死我也没有预料到的。如果当初料到了，就是打死我也不下海。我宁愿还是当我的文艺副刊编辑，有空写写诗，改改诗，与诗友们聊一聊。下海仅半年，我头发就白了一半，心焦如焚，压力极大。说来可笑，那个时候，我常开着自己从河北刚买的走私来的蓝鸟车，到原单位请老同事们喝酒。他们看我架势不凡，自然啧啧称羡，不住地恭维，我也很得意。如今想起这事，才明白那个时候是有意无意地要用他们的"恭维"来缓解压力，来激励我自己，明天好继续上路。

事物的辩证法，总是在人慌乱至极的时候，转而变得坦然。事已至此，我反倒无所畏惧了。就像初下水游泳，不明深浅，心慌意乱一阵子，突然脚碰着水底反倒踏实下来。当谁也指望不上的时候，就触到了市场的底。一明究底就好办,于是硬着头皮顶上去,扛起来，彻底按市场经济的"应然"行事，拒绝"想当然"。

市场经济带来的最大教训是：责任的最终承担主体只能是自己，舍此之外，再无别人。当人一旦明确到自己是责任主体时，便有了责任的意识，同时自然要去寻求、去具备必要的责任能力。

有了责任，同时也就有了信任，信任通过责任才能建立起来。

（二）信任的力量

责任是自己对他人付出的自觉而恰当的回报；换个角度，对于他人的责任意识，应给予信任。信任，就是确认、相信他人有履行责任的自觉性。

1.人格信任

信任，最基本的，是对具体的人的信任。当我们信任某个人的时候，意指相信他的行为将符合我们对他的一贯认识。所以，一个人之所以值得信任，是因他的行为具有可预测性。而那种反复无常、变化不定、翻手为云覆手为雨的人，则较难让人相信，就在于对他的言行没把握，不知道何者为真，何者为假；何时为真，何时为假。

我们对一个人的认识，不是凭空而生，不是想当然而出，而是根据他过往的经历得出的。如果他在以往的大大小小事务上，表现出有责任、有担当、不畏缩、不诿过的性格和作风，为人公道，处事合理，我们自然认定其人值得信任。

经商，尤其是处在草创阶段，从某种意义上来说，经营的其实还是个人。这个时候，实力不强，信誉未立，品牌待创，唯有经营者本人的人格让客户、让合作伙伴认同，才有可能赢得发展的契机。

一个企业的价值点，在我看来有两个：一是企业产品；一是企业家。做企业，有时候增加企业价值，有时候增加企业家价值。企业价值，反映的是市场对企业产品的信任；企业家价值，反映的是利益相关方对企业家本人的信任。

2.一报还一报

朋友或者熟人之间的信任，是常事、常态。而敌人之间的互信，也并非天方夜谭，也是存在的。所谓敌人之间的互信，是说：我如何待你，我相信你也必定，也应当如此待我。也就是说，敌对双方共同遵守“一报还一报”的“潜规则”。

第一次世界大战时，英、德两国军队对峙于近在咫尺的堑壕中。照理说，双方均应绷紧神经，集中精力，把握稍纵即逝的机会，射杀敌人。这不仅是取胜的需要，也是自保的需要。不先杀敌人，就可能被敌人所杀。可战场上实际发生的情形非但不遵照这个逻辑，还恰好相反。即使德军士兵在来复枪射程内走动着，英军士兵也根本不予理睬。双方还形成了某种默契：在一个防区中早上8点到9

点被认为是不可侵犯的个人时间。一些地方插上旗帜，被认为是双方狙击手不能打扰的范围。一个英国士兵说：敌人堑壕后挤满了运送补给的车辆，把它炸个血肉横飞很容易。但局面相当平静，如果你不让你的敌人得到他的食物，他的补救办法很简单，同样让你得不到你的食物。甚至不小心擦枪走火，有德国士兵还跳出来，向英方表示歉意。显然，双方奉行的是“自己活也让别人活”的策略。与人方便，亦即与己方便；让人舒适，同时也是让自己舒适。合作，就这样以令人意想不到的方式，在互以生命相搏的战场上也发生[①]。

当然，双方默契性的克制，是一定条件之下的暂时性的产物，这种默契随时都有可能随着条件的变化而被破坏。不过，那并非我要追究的。我感兴趣的是，信任之所以能在敌对者之间产生，因为在某个特殊的时间间歇内，在双方拥有对等的报复能力的情况下，于双方而言，信任是共同的最佳选择。敌对，本与失信相关；奇妙的是，即使敌对，某些情形下还是需要互信。这更能说明，信任是维护人际关系的基石。

因为信任是以较低的成本促成人们的互惠。

3.互惠

市场经济的竞争性自不待言，但随着市场的细分、细化，不断强化企业的专业性，也就促成、深化了企业之间的合作。现在大家都爱谈合作，讲合作，顺势就要讲双赢。没有双赢的结果，合作绝难持续化、长期化。而双赢，实际上，就是互惠。一锤子的买卖，有赔有赚；而长期性的买卖，必须是互利互惠。互惠，是信任的一个环节，是信任的应有之义。

信任的结构是：我如此待你，我相信你也会如此待我。因此，

---

① 见罗伯特·艾克斯罗德《对策中的制胜之道——合作中的进化》中第四章，吴坚忠译，上海人民出版社，1996年。

我敬人一尺，我相信人至少也将敬我一尺；我与人便利，我相信人亦将与我同等的便利；我“报”人，我相信人也将对我有所回报。

我们假设这样的情形：某人素来待人厚道，结果被信任的人所背叛。发觉后，他不免寻思，我待他不错，他怎么如此待我呢？其实，这种想法，就已经是按照建立在信任基础之上的互惠逻辑思考了。如果这件事传扬出去，舆论也会谴责背叛者。这说明，社会心理也是承认这一逻辑的。原因很简单：互惠，强化了信任，使得人与人的社会关系越来越稳定；而背叛的行为，直接否定了互惠的逻辑，造成人与人之间的猜忌、防范，从而破坏了群体、组织、社会的稳定性。

（三）生命中不能承受之“诺”

2012年12月，王岐山副总理率中国政府代表团访问美国，他发表主题为“承诺”和“期盼”的演讲，讲我们党的最高层对中国人民乃至世界，有许多庄严承诺，现在所有人都把这种承诺变成期盼，而这种期盼对承诺者而言，是“生命不能承受之重”①。从这番感叹中，可见承诺作为承诺的分量之重。承诺以信任为前提。一个人若不被他人信任，他的承诺是没有意义的；一个政府若不为它的人民所信任，它的承诺也只能沦为笑柄。能赢得人信任的承诺，不得撤回，不是作秀，最重要的，是不可轻言。

1. 话不得撤回

俗话说：说出去的话，泼出去的水。覆水难收，做出的承诺同样无法收回。承诺，发端于人的自由意志。取消承诺，意味着其人意志的相互矛盾、冲突；取消承诺，意味着其人并无一以贯之的“人

① 文章网址：http://pic.people.com.cn/n/2012/1220/c1016-19964088.html

格”，由此表明其人不足信、不可取。所以，自尊感很强烈的人，从来都视收回承诺为无法洗刷的耻辱。

中国古代有个“尾生守信”的传说。尾生和一个姑娘约定，在桥下会面。尾生在等候时，不料天降暴雨，河水不断在涨。他却始终不肯移步，换个地方躲避，而紧紧抱着桥柱，直至被水完全吞没。此事是否属实，我们暂且不管。这个故事之所以流传下来，表明大众心中的一种价值观念：约定，承诺，是无条件的东西，做出了便应当履行，不可更改。

这个故事说的是某种极端情况，死亡也不可阻止承诺的完全履行。日常生活中更常见的是利益与承诺的冲突：当人做出承诺后，情况突变，发现履行承诺对他不利而撤销承诺对他更有利，此时承诺便面临着利害得失的冲击。像此类情形在商业领域时常发生。一个有道德的商人，在这种情况下往往宁愿承担损失也要履行承诺，选择“义”而非“利”。这不仅仅是着眼于将来的回报，着眼于保护信誉可带来长远的利益——因为很可能履行承诺是以一蹶不振为代价的，更在于承诺和信义是人格的本质。商业的成功开展离不开道德的基础，承诺便是其中一个关键的环节。

2.人不能作秀

承诺建立在信任的基础上，用以实行、巩固和加强彼此的交谊，而非作秀。政治家则不这么认为，他们意识到获得大众好感、支持、信任对于施政的重要性，而在信任相对不足的情形下，往往采用表演承诺的策略，建立威信。

商鞅的“徙木立信”，是个很好的例子。据说商鞅在秦孝公的支持下，准备在落后的秦国搞改革。由于改革的幅度、动作较大，为表示改革的决心，商鞅搞了一个现场“承诺秀”。他在秦国都城栎阳（遗址在今天西安市阎良区武屯镇官庄村与古城屯村之间）南门立下一根三丈高的木杆，并做承诺：能把木杆移到北门的人，立获五十金。开始时，老百姓惊异，议论纷纷，不敢尝试。后有个人不信邪，试了一回，商鞅照约付金。这场承诺秀很成功，老百姓于是相信商鞅这个人说的话当真、不是闹着玩的。

既然效果很好，老百姓也相信，为什么还要说是作秀呢？是不是作秀，不以效果好坏而论。政治家对民众的承诺，要以民众拥有对政治家的问责能力为前提。即，当政治家无法履行承诺时，民众可以问责，可以追究到底。显然在秦国那个时代，老百姓只是受治者，只有参与和欣赏表演的资格，而无权在政治家“演砸了”的情况下追究责任、纠正偏差。所以说，这充其量只是场表演秀而已。

即使放到普通人身上，也有这种情况。当一个人真心诚意对人有所承诺，如果完成不到位，辜负所望，内心会不断反省、自责——自己对自己问责，因而有内疚和不安。现代的父母们，应多有体会吧。答应了假日时和孩子一起去玩，但临时有事而爽约，假设孩子懂事，能理解这是意外，而看到孩子失望的神情，还是不禁内疚，减轻不了自责的压力。

承诺既不能回收，也不是作秀，这就意味着做出承诺是无比郑重的事，意味着承诺不可轻言。

3.嘴不可轻言

有个成语，叫“一言九鼎”，讲的是一个人的话很有分量，很重，但凡做出的承诺一定能履行。《水浒传》里的宋江，很得人心，其中最重要的一个原因是说话算数、从不空言，所以赢得一帮子兄弟们的信任。宋江在清风山，允诺为好色成性的矮脚虎王英搭成一门令他满意的亲事。隔了很久，待打下了祝家庄后，才物色到了合适人选，即武艺与容貌俱佳的扈三娘。宋江自知王英配不上扈三娘，无奈他的情面大，扈三娘只得答应了。从王英的角度来看，宋江当大哥的，说到做到，怎不感奋与折服呢！

但要注意了，正因为一言有九鼎的分量，有必须兑现的责任，所以承诺就不可轻易做出。真正有责任、有信誉的人，绝不随意承诺、轻言承诺。

我们公司编过《高山流水——历史上的知音故事》一书，顾名思义，收集的都是中国历史上一些比较有名的知音故事，其中有一篇《季札挂剑》说的是朋友之间的承诺：吴国公子季札，出使途中经过徐国，徐国国君看上了季札的佩剑，季札拟赠与他，但考虑到出使任务尚未完成，剑还用得着，所以没有明言，待返归时送上。孰料季札再经徐国，徐国国君已抱憾而终。季札很感伤，把剑挂在徐国国君的坟墓上。季札为什么不把心意先告知徐国国君呢？像季札这样具有深厚修养的人，不会贸然做出承诺，这也不是要为自己留下转圜的余地。对于君子来说，信义比什么都重要，承诺不仅仅是面向他人的，更是针对自己的。所以季札不随便承诺还未做成的事，也不随便更改内心已认定的事。这是季札不事先明言献剑的原因，也是季札最后慨然挂剑的原因。

有的人心热，很愿意帮人忙，但凡别人有要求，不假思索，满口答应。一个人既然表示为难，开口求助了，他便有所付出。付出了信任，甚至一定程度上还付出了自尊。而对方既然答应了，承诺帮忙，自然有所期待。如果承诺最后没有兑现，或者打了折扣，那求助者失望不说，还有羞辱感，甚至认为对方未尽心尽力，有敷衍和轻视他的意思了。

三、道德意识和修养

中国传统文化很重要的一个特点，是注重人的自我修养。这绝不是说别的文化就不注重自我修养了，而是说我们的文化把人的自我修养上升到很高的位置。儒家经典《大学》里有句话："自天子以至于庶人，一是皆以修身为本。"从理论上说，修养是对所有人——请注意：并非缩减到社会精英阶层的范围——的要求。当然，不容否认的是，作为社会精英，在修养上应有更高的自觉性，起着更大的表率作用。直至近现代，马克思主义传入中国，改造着中国社会和我们中国人的思想，而在实践中还是要不可避免地与中国传统相结合。刘少奇有著名的《论共产党员的修养》，足见修养仍然绕不开。

在日常生活中，修养已经成为我们习用的概念。说一个人没有修养，这是很大的贬语；而说一个人有涵养，意味着其人成熟、稳重，值得信赖。

我们在这里讲修养，绝不是漫无边界的，而是放进人际公平的框架内。我们讲修养，是为了更好地履行我们的责任、增加信任、完成承诺，一言以蔽之，是消除我们心中恶劣的不公感。

（一）素　养

道德凝聚于心，便内化人的基本素养。这些素养、品性，如宽容、忍耐和倾听，有必要来说说。

1.宽容

有种管理障碍，值得我们注意，在企业，尤其是带有家族性质的民营企业中，有的人比较忠诚、敬业。可忠诚与敬业容易走向反面：忠诚到自私、敬业到狭隘的地步。这种类型的忠诚是，“我”既然为企业、为“你”负责，那么“你”就要听“我”的；这种类型的敬业是，既然“我”兢兢业业为“你”做事，所以就要“我”说了算。

像此类情况，在老板的亲属以及一起创业的老资格员工身上比较常见。他们对企业怀有深厚的情感，所以做事情容易逾越职责的边界，甚至触及老板、股东们的核心利益。很明显，言行越界后，不和谐的事在所难免，情绪也就自然产生。

我们怎样处理这类问题呢？如果对他们有非议，他们会觉得不公、委屈。因为他们所作所为，都认为是立足于企业的整体利益，如此尽责，还遭非议，那可真就寒心了。此时，宽容很有必要。宽容，不是纵容，而是保护，保护他们的感受。

2.忍耐

忍耐，就是能“熬”，能“守”。“熬”得了，“守”得住。

1942年，陈毅在新四军内部遇到一些纠纷，被调往延安。毛泽东劝陈毅：“作为一个政治家，必须锻炼忍耐，现在你又不能回去，横直搞不清楚。这个事情容易解决，将来你回去是可以解决的，主要是人家对你有误会，你有什么办法？越解释，误会越大。”① 人的修养程度的高低，一个重要的观察指标是怎样面对不公。在一时半会难以完全澄清真相、解决问题的时候，能够泰然处之，不肆意发泄不满和牢骚，控制住情绪，这种表现，可称得上能忍耐。

① 苏维民《杨尚昆谈新中国若干历史问题》，四川人民出版社，2010年，第52页。

我们看到，有的人被冤枉时，抱的态度是“清者自清，浊者自浊”，不去投诉、申辩、解释。这不是说，他们懵懵懂懂，对不白之冤浑然不觉，不去捍卫公平，而是从另一个角度看待公平问题：急不可耐地澄清，有时候非但不足以达到澄清的效果，反而加深误解，坐实了被强加的罪过，乃至显出自己的浮躁与浅薄。

“日久见人心”，这句老话说的是公平终究会在时间中显现出来，不急于一时。最重要的是忍耐、坚守，维护自己选择、主张、人格的一贯性。忍耐的价值，即在于此。

3.倾听

有素养，还表现在善于“倾听”。我们公司当初在建立企业文化时，大家在讨论“用心倾听，用心创造”还是“用心创造，用心倾听”时吵得一塌糊涂。最后我说，不管怎么表述，倾听是第一位的。某种条件下，我们的企业文化——知音文化，就是倾听文化。我们深刻地认识到倾听的重要性。

倾听，不仅仅是让别人说话、听别人说话这么简单。首先，是尊重人的权利。每个人都有发表意见的权利，这个不容剥夺。越是地位较低的人，越是重视自己意见的表达。不听人说话，是不尊重他的权利，也是抹杀他的价值。

还有，当人认为不公，抱怨的时候，倾听是恢复他公平感的渠道。他不满，是为贡献多而回报少，且这一点还不为人所知，而后者更令他气愤。这种情况下，仅仅耐心倾听，便足以改善他的心情，最起码他知道人们对他的贡献不再一无所知。

再者，倾听意味着愿意沟通、倾向和解的态度。客户、业主，有不满，带着情绪找上门来，如果拒而不见，只能是火上浇油，促成更大的情绪。事情，推是推不了的，躲是躲不掉的。做地产开发的，碰上有情绪的业主，极为正常。我自己就曾多次主动到我们的业主家里，倾听他们的心声，设法化解，消除他们的不满。

为什么说“倾听”是人的可贵的素养呢？有时候再难听的话，也得听着，而且是平心静气地听着。因不善于倾听被激怒、生气而造成恶劣后果的事情，实在是太多。

有如上素养为前提，我们便能更好控制心态，尽量避免盲目的不公感给我们造成的潜在风险。

（二）清除不公的盲区

前面说过，不公平感的形成，有三个原因：不明需求，有成见及内心中有情绪账簿。对于修养来说，首要的是积极清除这三个不公盲区，如此则能少受情绪支配，避免树立交往的壁垒。

1.人所不欲，勿施于人

人所不欲，勿施于人，是一种克制的态度。克制，便可以冷静下来，防止好心办坏事。

我的好朋友、复旦作家班的同学张秉毅，现在是鄂尔多斯市文联主席、一级作家。他一直走的是文学道路，没有改行。这么多年都坚守下来了，实属不易。

当初我们一起求学时，他还年轻，情感丰富，热情冲动。文学青年嘛，在人生道路上肯定比普通人多些浪漫和使命。有一次想不通，邀我到复旦南区七号宿舍楼的天台上喝啤酒。他喝着喝着不知不觉间走到楼沿，要跳下去，非常认真。当时只有我在场，我的考虑很简单：他要跳，是他的选择，强行阻止不行，他还不乐意。我要是去拉他,反而是促成他跳楼。所以,我冷冰冰地对他说:“你要跳，是你的事，我不管你。但是你的后事，你的老婆和女儿我可以负责照料。”他听我这么一说，一愣，大叫:“徐彦平，原来你是这么冷血的人。”索性不跳了，我们又开始喝酒。

这事儿，成为我们二三十年友谊中间的一个有趣话题，我总是拿出来“奚落”他。奚落归奚落，有一点是肯定的：对于他人不乐意的事、不想要的东西，去勉强他，很有可能适得其反，而且还会带着情绪。有时候退后一步，表面上是在迁就，却可使事情自行转弯。

2.消除成见的影响

成见，作为隐藏着的视角，指引着我们看待自身是否处于公平状态的方向。在涉及利益分配时，人总是倾向于认同自己的付出对总体成效的重要贡献，不容易看到旁人的作用，因此理所当然要求占有较大的分配份额。如果不遂其愿，发生冲突，一般归咎于他人而较少从自己身上找原因。比如，过去打下江山的人，认为由他们以及子弟们来坐江山是公平的，因为他们曾经出生入死过，付出了血的代价，坐江山是对他们付出的必要回报。如果有人发出异议，他们认为这对他们极不公平。

从提升自身修养的角度来说，应能自觉意识到并努力清除隐蔽的成见的影响，从而以客观的立场来看待利害与得失，这就能回到真正公平的轨道上来。

3.清零

我们内心都有个情绪账簿，当自认遭受不公时，由于各种因素暂时忍住、不便发作，而全登记在“账簿”上。“账簿”涂满之日，便是情绪爆发之时。为什么我们喜欢翻旧账，为什么常说“新账老账一起算”，为什么总是不自觉地把过去的事反复唠叨，皆因为心理累积着怨恨和不满。人之所以不能轻易忘怀过去，是过去欠账太多。

由此，修养所欲修、所欲养的，是随时能清零、归零的心态，以防止情绪的无限累积和弥漫。

佛家讲“无念”。“无念”，是让自己自觉不起念、不动念，不去动那些不好的念头，不去动那些令人烦忧的想法。因为一起念、一动念，便存放于心、淤积于心，“情绪账簿”上又增添了一笔。但凡记上了账，就有要求索赔的时候。

话说回来，心态清零，不是主张精神上的“麻木”、遭遇不公也不去抗争，而是说，对于生命中的种种说不清、道不明的琐事，发生了就发生了，不必耿耿于怀，含怨于心，久久不释。

（三）提升境界

我们分析不公平对于心态的影响，讲消除不公的盲区，讲增强修养，其目的是希望人不被盲目的情绪所影响和左右，是希望人不要落入褊狭的状态中，变得好怨，变得愤激。修养有方向，这个方向就是提升境界，提升生命的宽度和高度。

1.达人

儒家讲“己欲立而立人，己欲达而达人”，即推己及人，像成全自己一样去成全他人。大乘佛教讲“普度众生”，也是这个意思。通过“立人”与“达人”，乐于多奉献一点而不去算计回报，人与人之间则可以建立起互动，彼此不再有隔阂与对立，所以说这是很高尚的境界。但是，若想真正做到“达人”、“度人”，首先还是要消除由不公而带来的恶劣情绪。

我本人有过亲身经历，可为佐证。没有哪个文学青年对自己的第一本书不怀有特殊的期待，正因为是这个样子，就很容易产生情绪。

我人生的第一本诗集是在我的恩师冉淮舟先生的帮助下出版的，全程都由他关照下来，我没出一分钱。那已经是二十多年前的事了，照理说，像我这样只能混个温饱且无任何社会关系的无名小卒，能够出版个人诗集，应是多么值得庆幸的事啊！可事实上我的心态很复杂。当时冉老师策划了一套丛书，共八本，分成两批。一批使用的是国内出版社的书号，一批使用的是香港出版社的书号。我的诗集被置于后者，这令我的喜悦打了折扣。用香港书号，严格说来在内地还算不上是正式出版物，这一念头闪现出来，我心里就有不大舒服的感觉，感到不公，觉得这样子出书带给我的不是成就。现在回想这件事儿，当时我是对全心全意扶助我的冉老师产生情绪了，不然怎么在“情绪账簿”上记着呢！该书出版后，获得好多诗友的羡慕和好评，在改变我的人生命运上是一块厚厚的砖石。想起有好多年我没见过冉老师了，以前没见，多多少少可能有些许情绪在；后来完全是愧疚，不敢见面了。我为我心念中不正确的态度而后悔不已。

这事儿我一直记着，反复提醒我自己注意：“达人”、“度人”的情意很可能被情绪所抵消。

2.无累

身体上的累，休息即可恢复，但心累就没这么简单了。情绪多了，难免心累。修养所要达到的境界，就是获得心灵的充实与愉悦，没有负累。

前面我们谈到过责任。说实在的，意识到自我得肩负着某种不容推卸的责任，并不构成负累。造成负累的，不是责任，而是履行责任却不获理解和认同。当人带着情绪去履行责任时，那就很累了。

我从小耳濡目染母亲的处世方式，受她老人家影响很大。那时尽管家里穷，母亲还是想方设法把一大家子人照顾得很好。我大姐是父亲的前妻所生，其他兄弟姐妹六个才是母亲亲生的。大姐出嫁早，当时家里穷，陪嫁也寒酸。到我大妹出嫁时家里境况已经很好了，嫁妆自然丰厚。在家庭会议上，母亲力主要按大妹的陪嫁标准给予大姐补偿，大姐感动得大哭一场。我下海十多年了，来西安扎下根基后,我就把酉阳老家的亲戚们尽量接到西安,好生安顿。亲戚一多，浓郁的亲情散发出来，其乐融融，这是好处；问题是大家相处紧密，间距消失了，不再有缓冲地带，又各有想法，难以达成共识，想法间开始不免有些碰撞和冲突，结果是误解有之，埋怨有之，各人的情绪顺势滋生、蔓延。于是，对家族的责任就异化成了我本人的一大负累。有时候往泄气的地方想，如果当初我不主动去承担起这些责任，自然也不必面临这样的后果。但是，对中国人而言，有些传统的责任毕竟是不能取消的，那就只能先把着力点放在修养上，积极化解情绪，调适心态，拓宽视野，从更开阔的背景来看待一时的得失。

另外，心累还可来自愧疚。愧疚也是心态失衡的一种表现。我们说过，当觉得别人对不住自己的时候，是有怨恨的情绪产生的；换个方面，当自己觉得对不住别人时，同样导致心态的失衡，有愧疚的情绪产生。情绪会推动人采取行动去寻求平衡，就愧疚来说，是促人主动致歉、补偿、救赎等等。总之，以公平为尺度来权衡和称量，可能产生不平感；愧疚也是不平的一种，只不过与怨恨相反，是对不住他人；一觉得对不住，心便难安；不安则不免于累。

正确认识人际交往中的公平逻辑，通过提升修养来稳定我们的心态，不使其失衡，自然没有了负累沉重、不堪承受的感觉。

3.心安

在本章开始时我们说过“公平影响人心”，这一点也得到科学研究的验证，公平有其生理上的基础。2009年日本玉川大学脑科学研究所研究员春野雅彦等人在《自然·神经科学》网络版上发表文章称，他们发现当人们感到自己被不公平对待时，大脑的“杏仁核”将会活跃起来。“杏仁核”位于大脑颞叶的前部、海马的末端，呈杏仁状，它记忆和处理人的情绪[1]。

该项研究表明：只要人感觉他受到不公对待的时候，情绪便将下意识地发作，而且情绪还有记忆和存储能力，这就是情绪能不断累积的原因。前面我们就讨论了“情绪账簿”的问题，当然“情绪账簿”是个比喻性的说法了，说明情绪可以不断增生和积累、难以消除。

公平既有生理上的基础，便直接影响到内心的安宁。换言之，内心的安宁需要人为的努力，以克服和控制生理性的情绪反应，即安宁是修养出来的境界。当人交织在情绪中，他的内心实际上是不安的，他受制于生理反应而不能控制生理反应，许多正常状态下人所不为的非理性的行为就自然而然地发生，于是乎失态，这就是我们所说的缺乏修养。

俗话说“心安理得”，其实心安与理得不平行、不一致。不是说理得就能心安了，而是说心安了才能理得。心安定下来，不带情绪，才好接受道理。否则，心若不安，情绪强烈，道理很难入耳，甚至越有道理的话越是反感和抵触。心若不安，则蛮不讲理，这也是我们所说的缺乏修养。

晚清翁同龢有一著名的对联：每临大事有静气；不信今时无古贤。所谓“静气”指的是心境的安宁，不为事情之大、之急、之险所动。反过来，如果心绪难宁，躁动不安，慌张失措，手忙脚乱，发脾气，泄私恨，不能宽容，丧失耐性，这同样是我们所说的缺乏修养。

---

① 新华网2009年12月21日文章《日本研究人员找到大脑厌恶不公平的部位》，网址：http://news.xinhuanet.com/world/2009-12/21/content_12682525.htm

从以上所做的分析中可见，处在现实的社会关系中的人们，其意识有一共同倾向：随时计算投入与回报的对称性。这是公平的基本意义。公平直接影响着人的心态，当不公平被认定时，人心失衡，自此就有“气”了,就有情绪了。这是仇与怨的开始,是矛盾的萌芽,是失和的助推器。情绪的后果如此之严，危害性如此之大，于是就有必要控制和化解情绪，学会“消气”。“消气”，是修养的工夫。

公平是我们处理人际关系的尺度，但不是唯一的尺度。减少人们在社会交往过程中的情绪摩擦固然重要，而增加彼此关系的情感厚度更不容忽视。对于后者，必须明确情感的性质与产生的缘由。所以在接下来的一章中，我们再着重谈谈情感生成的逻辑。

第　二　章

不平等产生情感

有人说，中国文化是情性文化，与西方人的理性文化相对。这么大的一个判断是否正确，是否合乎历史实际，我不敢下定论。但中国人普遍表现出重视情感的价值取向，在日常生活里随处可见，毋庸多议。比如，我们说某人有情有义，那是很高的评价了。相反，若说某人冷酷无情，那可是一大“恶谥”。

情感并非无故而生，它与人际关系中的不平等态势密切相关。我认为，是“**不平等产生情感**”。

一、关系与人情

情感很具体，很实在。我们说“事情”，有“事”则有“情”。而唯人能“来事”，所以“事情”也就是“人情”。我们先从人情与关系讲起。

（一）讲关系，重人情

在中国社会中，分外重视人际关系，看重关系的价值，是一个非常显著的社会现象。1919 年，留学哈佛的陈寅恪，在与友人吴宓比较中印欧三大文化时，曾经说过：“中国古人，素擅长政治及实践伦理学……国家如个人然，苟其性专重实事，则处世一切必周备，而研究人群中关系之学必发达。”①

一旦进行中西文化比较时，中国社会的这种现象就异常明显。鸦片战争后，清朝政府被迫放下了天朝上国的架子，与西方列强打起交道。有擅长办交涉的官场能员，按照平时在本土屡试不爽的套路与西方人搞外交，先从培养私人关系着手。发现老外也接受吃请，该笑纳的同样笑纳。可一旦进入公事范畴，丁是丁，卯是卯，毫无通融可言，原则性极强。中国人就不理解了，觉得老外“不近人情”。

① 《吴宓日记》（1917—1924），三联书店，1998年，第100页。

举这个例子，是要通过中西文明的一个粗略比较，来说明中国社会看重关系的特性。

1.有没有关系，大有关系

汉语中称谓最是丰富，和英语决然不同。英语中，舅舅、叔叔、伯伯统统就一个“uncle”。唯独汉语，把人在不同关系中的不同位置，均加以定位。过去，一个成年中国男性，除了名以外，还有字，有号。西方文化里就没有这种情形。电影《开国大典》中，斯大林的代表米高扬到西柏坡和中共领导人会谈，他问毛泽东那个“毛润之”怎么没看见，是不是被清洗掉了。毛泽东哈哈大笑，说“毛润之”即是他本人，对他解释一番，米高扬方才恍然大悟。

把称谓复杂化、细密化，说明了中国人想准确辨认、定位关系的心理态势。可以说，关系的概念渗透进中国人的集体无意识中，成为我们这个民族文化心理结构的一部分。大凡比较成熟的中国人，都懂得要在社会上立足，建立必要的人际关系是不可缺少的一步。同事、同学、同乡……都是搭建关系的便利渠道。小说《围城》里，钱锺书先生还调侃出一个“同情”的概念。赵辛楣称方鸿渐为“同情兄”，理由是：两个人共同爱慕苏文纨，拥有同一个情人。从这莫名其妙的共同点上引申出两人理应同病相怜。总之，通过某种共同的东西作为基础，以拉近彼此的距离、建立亲密的关系，是我们扩大社交范围的习惯性做法。比如，应酬场合，相互介绍，如何进一步消除隔阂、避免冷场呢？找共同的熟人是首选。谈起某某，对方说：啊，我们是老熟人了。趁着兴致还掏出手机拨打其电话，做一番寒暄，关系就此搭建起来。

自然，关系学也就成为最重要的学问。《红楼梦》里不是有这么一句话么：“世事洞明皆学问，人情练达即文章。”人情练达，其实质便是懂得恰当地处理各种人际关系。所以有民谣说：“文学、医学、经济学，数学、化学、物理学……这学那学不用学，最最实用关系学；老乡、老友、老上级，七姑、八姨、舅子哥，四面八方拉关系，关系越多好处多……”

改革开放三十多年，中国现代化的程度与日俱增，与国际接轨的幅度也日益加大，可是重视关系的传统价值导向似乎没怎么变化；相反，还愈演愈烈。时下大学毕业生找工作比较困难，个人的努力起不了太大的作用，很多时候要“拼爹”。“拼爹”，实际上拼的是家族积攒下来的社会关系。

讲社会关系，就是讲“人脉资源”。这种资源，可能是中国人最为看重的资源。现在各著名大学争相开办高级总裁班、研修班之类的培训，其兴奋点不在于传播前沿知识，而是提供丰厚的同学资源。相当于大学扮演了搭建平台的角色，整合关系，便于共享。我就曾接到过这样一个招生短信：某大学开办的顶尖政企合读班（党政学员 70% 为各部委司局级干部。企业家学员中企业资产超过 100 亿的占 50%，据统计前两期企业家学员，累加各自企业产值总量超过 8000 亿，两个班级的经济总量已接近省区的 GDP），讲师多是中央政治局集体学习授课人。从学员和教师两个方面同时强调该班所蕴藏的人脉资源的优势性。

所以，一个人能不能做事，能不能做成事，与有没有关系实在大有关系。我这么说，绝非主张大家从此一门心思拉关系，把精力和智慧耗在这上面；也不是因为它在现实生活中的作用，就宣扬它是一个值得追求和努力的方向。我纯粹是从历史和现实的体味中，指出中国社会一直存在着的重视人际关系的价值导向。这种价值导向，在它的传播过程以及实际操作中，与其本来意义发生了分离。

因此，我们有必要简单追溯一下它的来源，明确它本来的意义。

2.关系本位

现代新儒家的代表人物之一梁漱溟先生，曾用了“关系本位”这个概念来定义中国人重视关系的现象。在《中国文化要义》一书中，梁先生做了分析。他说：“人一生下来，便有与他相关系之人（父母、兄弟等），人生且将始终在与人相关系而生活（不能离社会），如此则知，人生实存于各种关系之上。此种种关系即是种种伦理。”又说：“中国之伦理只看见此一人与彼一人之互相关系，而忽视社会与个人相互间的关系……不把重点固定在任何一方，而从乎其关系，彼此交换，其重点实在放在关系上了。伦理本位者，关系本位也。”[①]

关系本位，一言以蔽之，是在一定人际关系中定位自我，找准个人的位置以便采取合理的待人方式。

生命，是个很麻烦的东西。它必须拥有某种确定的形式，如作为国家的公民，作为妻子的丈夫，作为属下的领导……但同时它又一无所有，本来一无所有，什么也不是。婴儿来到这个世间，他未来将是什么样子，从事什么职业，没有人能够安排和设计。我们对他可以有期许，但绝不能预设，他的成长总会逃离我们对他的预设。如同马克思所说的：“人来到世间，既没有带着镜子，也不像费希特派的哲学家那样，说什么我就是我，所以人起初是以别人来反映着自己的。”[②]我的意思是：人要在一定的关系中才有自己的定位，才有自我；反过来，脱离了关系，真的无有“我”。这也印证了马克思的名言：人的本质，在现实上是一切社会关系的总和。

在关系本位的文化系统中，人们并没有处理关系的确定不移的原则。一事当前，首先明确的是相关者之间的关系，关系不同，处理方式即不同。有个前苏联的政治冷笑话，可以帮助我们明白这一

① 梁漱溟《中国文化要义》，上海人民出版社，2003年，第94页。

② 马克思《资本论》（第1卷），人民出版社，2002年，第67页。

点。前苏联“肃反”期间，社会空气比较严峻，人都很敏感，小心翼翼的，怕招来无妄之灾。公共汽车上，一个乘客突然问邻近者：“你有亲戚在中央委员会么？”那人说没有；又问：“有亲戚在契卡（主管‘肃反’的谍报机构，克格勃的前身）么？”回答还是没有，此人长舒了一口气，说：“对不起，你把我的脚踩了，麻烦你移开。”这则笑话，反映的是“肃反”所造成的肃杀的社会气氛，令人投鼠忌器，噤若寒蝉。抛开具体的社会历史背景，单看故事本身，在重视关系的文化中，恰如那个脚被踩着的人，厘清关系，明确身份，是优先考虑的因素，是处理问题的前提。

就说法律吧。现代法律把人看成是无任何差异性的人，人在法律面前一律平等，有同等的权利、义务。事实上做不做得到或者做到什么程度，另当别论，至少在立法精神上是不容否认的。但是古代的中国法律——如大明律，一案发生，首先要明确涉案人员之间的关系，然后再来考虑如何审判。明代著名清官海瑞，审理案件有个基本原则：大凡官司可疑的时候，与其委屈兄长，宁可委屈弟弟；与其委屈叔伯，宁可委屈侄子。海瑞要保护的是基本的伦理关系，所以在事情纠结不清的时候，弟弟为兄长受点委屈，在他看来理应如此。

还有，中国人喜欢看“人”说话、行事。明确了双方关系、各自身份，才能拿捏说话的分寸、边界以及采取恰如其分的交往方式。还可以举出个古代的笑话：有个庙的大和尚为人势利，某官员微服来访，和尚不明身份，随便叫声“坐”，对身边的小和尚喊声“茶”；与他聊天，见其人言语不凡，热情了些，叫“请坐”，又叫小和尚“上茶”；后来得知他的真实身份，态度大变，巴结了，连忙说“请上座”，又催促小和尚“上好茶”。很明显，故事是在讽刺大和尚的势利。不过，我又要做翻案文章了。大和尚的举动，未免局促了点，故而显得巴结，可思路还是正确的。本来就应该“见人说人话、见鬼说鬼话”。试想,见“人”说“鬼”话,“人”不乐意;见“鬼”说“人”话,“鬼”听不懂。合乎身份，即为妥当。

待人接物时，把双方关系作为大前提，按照自我的身份、位置来决定恰当的言行方式，此为“得体”，在传统文化里称这样的人为懂得人情世故。

3.关系本位下的人情世故

人情、世故，这两个词通常连用。如果说一个人不懂人情世故，在中国人的价值体系中，那是很负面的评价，意味着这个人不成熟，不懂得处理人和人之间的关系。准确地说，不懂得从情感的角度来处理人际关系。人情世故不通，后果很严重，是要得罪人的。

得罪人，相当麻烦，意味着“关系本位”遭到破坏，被得罪者不再承认他和你之间有“关系”。既然双方无关了，交往便“公事公办”，也就是照规定来，凡事往“原则”上靠。问题是：一方面是信息不对称，你也不知道具体“原则”是什么；另一方面，“原则”的解释权和执行权掌控在他手上。所以说很麻烦。

现实总是教育碰壁之后的人从此“懂事”点。什么是“懂事”呢？就是懂人事。而人事,不外乎人情。《西游记》里,有句话颇妙,“有人事则通”。唐僧师徒一行好不容易到了西天，他们可是奉佛祖钦点来取经的，硬得很咧！即使佛祖交代下来，他们在藏经阁还是受到具体承办的阿傩、伽叶两大尊者的卡要，讨要“人事”。我们会觉得堂堂西天庄严佛土,居然有如此污垢之事,实在不像话。但,换一个角度说,唐僧一行从东土来西天,求取至珍至贵的大乘佛经,连大唐的土特产也不顺便捎带、分送，“诚意”又何在呢？不是目中无佛，就是心里糊涂。我当然是说个玩笑话了，我的意思是，在中国人的交往中,不喜欢人际关系过于生分、过于冰冷。所谓人情、人事，是想在具体的事中添点情味。我们在送礼于人时，即使很贵重的礼物，也惯于说“区区薄礼，不成敬意”，这可不仅仅是表谦虚，内中蕴有深刻的文化心理：有意贬低物的价值，来凸显情的意义。

但人情和世故还是有区别的。冯友兰先生做过说明：“一个人来看我，在普通的情形中，我必须回看他。一个人送礼物与我，在普通的情形中，我必回礼与他。这是人情。‘匿怨而友其人，一个人与我有怨，但我因特别的原因，虽心中怨他，而仍在表面上与他为友，这是世故。’”[①] 人情，是对人持一份真诚的敬意；至于世故，那是因为人情已成为社会上公认的、通行的法则，不得不表面上遵从并加以利用。人情，有原则；世故，仅仅是懂得不得罪人的好好先生。对于世故，我们是防备的；而人情，是我们称许的。

关系，对我们中国人的社会交往很重要。关系，最主要的，靠人情来搭建和维护；反过来，建立关系，其目的在于增加彼此的情感。这是最根本的相处之道，但要是过分运用，那就是世故，而非人情。

（二）情感是建立关系的目的

上面说了关系靠情感建立。没有情感的关系，或者说，缺乏情感充实和支撑的关系，断然不能长久，仅是一时的苟合而已。所以，人际关系，亦可说成是“人情”。有关系在，就是有情在。大致说来，人以自我为起点，由家庭而至于社会、自然，所建立的种种关系，皆以情感为纽带。因此，上面所说的“关系本位”，论本质，应该是“情

① 冯友兰《三松堂全集》第4卷（《新世训·行忠恕》），河南人民出版社，2001年，第364页。

本位”。

1.人与自我

人与自我能否构成一种关系呢？我认为是可以的。最明显的例子是：我们都有自省、反省的心理能力。在自省的时候，人实际上把自己所扮演的角色一分为二，化作审查者和被审查者。小孩子，就因为反省能力欠缺，所以老要家长们提醒、纠偏乃至惩罚，才能改正它不好的习性，而逐渐社会化。所以，人和自我事实上也构成关系。

中国文化的价值系统中，在人和自我的关系上，期望的处理方式是“修身”。关于修身，在后面讲“情绪”时，我要展开谈，本处仅从与自己的关系的角度来谈一谈。

我们的文化从来都比较欣赏冷静、稳重的人，不太喜欢人过于夸张、激动，不喜欢人一惊一乍，大呼小叫。稳定的人，宠辱不惊，从容淡定。做到这一点，当然不容易。我想说的是，这种人格态势，究其实质，来自人对待自我有一个稳定的设计和预期，不受环境的影响和支配。所谓“自知者明”，彻底了解自己，知道自己想要什么以及能要什么，在什么条件下能选择什么以及底线、边界在何处，心智便可谓成熟，能按照自己设定的轨道前行。

修身的目的，是尽量让人臻于此境，我们只要读读宋明理学家的语录、日记等文献，就可发现让自己能够完全地、彻底地“静”下来，是理学家们共同的追求，他们探索、设计出各种有针对性的方式来修养己身，力求从容。我曾多次去王阳明在余姚的故居以及龙泉山讲学处，了解到王阳明有一段非常典型的说法，他在与友人的书信中说：“变化气质，居常无所见，惟当利害、经变故、遭屈辱，平时愤怒者到此能不愤怒、忧惶失措者到此能不忧惶失措，始是能有得力处。"[①] 在经历重大的人生挫折、磨难时，在巨大的不公平面前，也能够保持心境的安稳与平定，没有怨天尤人的情绪，这就是变化气质、修养自身的关键之所在。

儒家还推崇"慎独"，即在一个人独处的时候，都不起私心杂念，而有内心的澄净、无纷扰。这是通过克制自我的欲念，降低需求，来摆脱对于外界的依赖，以避免不必要的情绪产生，扰乱人应有的平静。

很明显，这样的自我状态，乃是一种无任何情绪性反应的宁静心境。也就是说：中国传统文化中的自己与自己的关系，是以减少、乃至泯除让人心灵不安的情绪为追求的。

为什么有此目标呢？我想，还是与前面所说的"关系本位"有关吧。当把人与人的关系放在第一位时，无论如何，不能过于伸张个人意志、意愿，而要观察、照顾到对方的心理需要、反应、情绪；否则，相互冲突的意志拥挤不堪，极容易产生矛盾，从而破坏关系。关系，就是"大局"。我们常说有大局观、从大局着眼，无非要维持关系的长期化、稳定化、和谐化。在此目标下，通过修身，自觉克制自我情绪，调整心态，是顺理成章的事。

把自我修养到位，无疑，有助于人与他人建立良好的关系。

2. 人与他人

儒家认为人与他人的关系，其基本原则是"和谐"。和谐，即彼此无冲突地相容。人与人的相处能做到融洽、祥和，这当然就是情感状态了。

和谐的理念，首先体现在家庭中。家庭以浓缩的形式体现出了社会上可能的种种关系。家庭中，有上下辈的父母和子女关系，有

① 《王阳明全集》，上海古籍出版社，2011年，第173页。

平行的兄弟关系，有结二姓之好、化异姓为同姓的夫妻关系。家庭的原则是和睦，所以有“家和万事兴”的俗语。显然，和，只能靠情感、靠家庭成员的情感互动实现出来。和，是情感融洽的结果。朱桐庐著名的《治家格言》有十六个字说得好：“刻薄成家，理无久享。伦常乖舛，立见消亡。”如果家族的气氛、性格是刻薄的，是严苛的，那么家庭不睦，不睦则无法久长。刻薄、严苛的对面，就是厚道与温情。

当人走出家庭，踏入社会，加入某个单位，就发生了上下级关系。就西方人来说，上下级之间，平等相处，下级直呼上级的名字，也无不妥。放在中国人身上，估计没哪个下级敢于如此，这叫做“没大没小”。也就是说，上下级是个有大有小、必须分出大小的关系。以下犯上固然不对，以大欺小也不对。以下犯上，叫“目无尊长”；以上欺下，叫“恃势凌人”。

社会组织中有上下关系，虽然地位不平等，但也要有情。中国人所主张的，是上级对下级超出工作范围的关怀和照顾，是下级对上级的信任与忠诚。比如，楚汉相持不下的时候，韩信的作用凸现出来，他倒向哪一边，哪边则可取胜。项羽派人游说韩信，韩信没有动摇。他的理由是，当初在项羽阵营时，项羽不重视他；转投刘邦后，刘邦没什么不能与他分享，把他视作一尊人物。韩信不背叛，念情，原因是刘邦有情于他。

以上种种，都是发生在熟人之间。至于对待陌生人，中国文化也推崇的是情感化。西方文化则不同，如《圣经》中，耶稣说：“我来，并不是叫地上太平，乃是叫地上动刀兵。因为我来，是叫人与父亲生疏，女儿与母亲生疏，媳妇与婆婆生疏，人的仇敌，就是自己家里的人。”基督教的教义，要人打破血缘关系的狭隘性，转以上帝为中介，在平等的基础上重建人和人之间的关系。所以，经过基督教一千多年的教化，西方文化中，对陌生人关系的处理并无什么滞碍难通之处。中国文化则不然，不是把陌生人视作和我平等者，而是把陌生人“熟人化”，即通过建立情感联系来消除彼此心灵上的陌生感、疏离感和异己感。《论语》有言：“四海之内皆兄弟。”把血缘关系向外推，将天下纳入到血缘的脉络里，其情感意味更浓厚。天下如一家，这是以内心的情感为中介，在情感的基础上重建人和人之间的关系。北宋理学家张载，在他著名的《西铭》中说得更加明确：“民吾同胞，物吾与也。”整个宇宙在他的眼里，就是以情感为架构支撑起来的。

像旅店、宾馆之类的场所，人来人往，人聚人散，流动性大，是最不容易产生情感的，也最不必产生情感的。但如果问从业人员他们的营业理念、服务理念是什么，多半会说力争做到“宾至如归”，让客人虽然出门在外却有回家的感觉。换言之，宾馆应能给予客人温馨的情意。可见，把陌生关系情感化，变成熟人关系，变成回头客、老客户，是我们文化的下意识的选择。

3.人与自然

人与自然（天，异化的形式为神）的关系是情感关系，即所谓“天人合一”。只有在情感中，天人合一才成立，究其实质，就是人和自然亲密无间的融合感。

天人合一的命题，最开始是西汉大儒董仲舒提出来的。在他的理论系统中，天界（自然）和人界存在着互动的关系，两者是同一的。他说：“美事召美类，恶事召恶类。类之相应而起也，如马鸣则马应之。”有鸣则有应，此起则彼伏。在互动的模式下，人的行为应当配合着天。这种思想，当然没什么严格意义上的科学根据，确切地说，还不是科学的思维方式。但它对中国文化的塑造作用是巨大的，直到今天，中医、养生、风水等，其理论基础还在此。

如果清洗掉“天”的人格痕迹，把“天”看成人生活于其中的自然环境，那么两者关系的情感基础则更清晰了。

我们看陶渊明一首著名的诗：“结庐在人境，而无车马喧。问君何能尔？心远地自偏。采菊东篱下，悠然见南山。山气日夕佳，飞鸟相与还。此中有真意，欲辨已忘言。”诗中传达的情感很平和，也很澄净。自然（环境），并未带给诗人生存压力；相反，诗人在此中有自足的归宿感。人与自然是合一的，而这种合一不是现成的，而首先是诗人心境的转变。当以超脱的态度去审视包括自我在内的自然时，自然便是我，我同时也是自然。

再看辛弃疾同样一句著名的词：“我见青山多妩媚，料青山见我应如是。”青山何曾能够见人之妩媚呢，但词人觉得理应如此。准确地说，是词人觉得情应如此。情感也有着自身的逻辑，它在要求对方（即使是无情之物）对它做出对等的回应。《文心雕龙》说：“情往似赠，兴来如答。”情投射过去，好像是赠送；回应过来，好像是报答。这句话很准确地交代了情感运作的逻辑。在一赠一答中，情感便得到了确证，确证强化了认同，认同则是人与自然的融合。

看来，我们中国人不大喜欢把自然看成是无情之物，或者看成科学意义上的纯客观的自然；毋宁说，把自然看成是有情的，能够与人的心情相互呼应，能时刻与之共鸣。龚自珍有诗：“落红不是无情物，化作春泥更护花。”落花本无情感可言，但是龚自珍相信，它是有意落在泥中，更来护花。

在人与自我、人与他人、人与自然的关系中，情感都作为最后的取向支配着各种关系的建立，因此可以说情感关系乃是关系的本质；那么，建立和维系关系的最佳方式是增进彼此的情感。用中国人通常的说法，这个工夫叫：做人情，送人情。

（三）做人情与送人情

人情，可不是现成摆在那里的，要做，要送；是做出来的，是送出来的。究竟该如何“做”和“送”呢？

1.给面子

中国人好讲面子，这个尽人皆知。其实，面子无非是个人尊严的通俗说法，应该说，对尊严的讲究无分中外。但中国人格外重视面子，与我们以关系为本位的民族心理相关。社会关系多，路路皆通，说得上话，本身就是有面子的表现。

面子很重要，它是露在外面给人看的，所以要求光鲜、亮丽。如果把里子露出来，那就难看，没了面子。给面子，目的是让人好看，所以又叫做“面上过得去”；不给面子，人就难堪，所以又叫做“撕破脸”。

过去中国是大家族社会。大凡大家族的当家人，有个治家心得叫“不聋不哑，不能当家”。意思是说：有的事情，有的话，有的行为，要视而不见，听而不闻。看见了当没看见，听见了当没听见，能忽略过去就忽略过去。有人认为：这种装聋作哑、和稀泥的做法，办事不彻底，弊病良多。当然不否认确实如此，但很多情况下，人事纷繁复杂，有快刀不一定能斩乱麻，还有可能快刀都要被乱麻弄钝了，刀刃疲软。装聋作哑，实际上，其用意在于给人保存“体面”。没体面，没面子，有的人可能破罐子破摔，自己放弃自己。儒家主张对人存一份忠厚之心，道家主张做事留有余地，两者虽视角不同，但都可简单归结为“给面子”。

因为要“给面子”，所以我们在批评人时，惯用的做法绝非当面直说、劈头盖脸地训斥一通；而总是采用间接的、婉曲的方式，如“指桑骂槐”。比如，两个小孩子玩在一起，发生矛盾了，一个欺负另一个。

被欺负者的父母一般不会直接维护自己的孩子，而是反过来呵斥他，叫他安静点，和小朋友好好玩。对方的家长自然会意，连忙把自家的孩子拉过来骂一顿，叫他老实点。

如果两个人有冲突，并且都下不了场，僵持住了。为了避免事态恶化，必须引入第三方进行调解。但调解人本身必须有足够的分量，他的面子要大。他一出场，双方就有理由撤退，都会说是给调解人的面子。经过此事，调解人的调解有成效，他的面子增值了，效力更大。而当事人由此化干戈为玉帛，非但没损伤，还多了几个朋友，关系圈扩大了。这就叫做“花花轿子人抬人”。

有个有趣的故事，很能见面子的逻辑：二三十年代上海滩的大亨黄金荣，曾经当众殴打了浙江军阀卢永祥的儿子卢筱嘉。这卢筱嘉来头可不小，与袁世凯的二儿子袁克定、张作霖的儿子张学良、张謇的儿子张孝若并称当世四大公子。他当众受辱，当然很没面子。而且他爹卢永祥控制着浙江全境及上海的大部分，势力只在法租界的黄金荣无论如何开罪不起。但叫他主动道歉，赔卢筱嘉一个面子，让他这个上海滩大亨又没面子，所以事情很棘手，无法转弯。这个时候，必须有“和事佬”出“面”。“和事佬”，顾名思义，他的任务是讲“和”，所谓“以和为贵”。而他要能够讲和，自身须够格，他的面子要足够大;最好平素不轻易出面。这样,一旦他出来,拉拢双方握手,双方觉得分外有面子。因为居然连他老人家都惊动了,多有面子啊!两个人都有面子，那以前发生的事是“误会”而已，只不过是大水冲了龙王庙。所以杜月笙替黄金荣出面，请出了青帮中高辈分的张镜湖，由他居中调解，终于化解了冲突，三方都满意，皆大欢喜。

2.留余地

关系也是有生命力的，犹如植物，需要精心培育。开始的时候，双方打得火热，亲热无比，最后无法维持下去，不欢而散，形同陌路，乃至反目成仇的，这样的事例在日常生活中常见。

友情是如此，爱情同样如此。我的老师骆玉明先生，为我们解读白居易的《长恨歌》时，另立新说："诗中写杨贵妃与唐明皇享尽人间之福，富贵尊荣已无可复加，情爱深绵亦是帝王的婚姻中所罕见，仍不肯有所节制，一味沉溺于欢爱享乐，甚至犹不觉满足，企望世世为恩爱夫妻，便违逆了天地间万物消长之理，所以有安史之乱、马嵬之变，落得个'此恨绵绵无绝期'的结局。"其实可以说唐明皇和杨贵妃没有为他俩的爱情留下余地，享尽了这一爱情中所蕴含的所有潜力，以至于缺乏继续伸张的空间，所以容易走到尽头。

《周易·乾卦》："亢龙有悔，盈不可久也。"说的也是这个理。盈，是满，满则溢，没有继续容积的空间。完满，在中国人的人生哲学中，是走向消亡的开始。留余地，就是自我节制，切忌自我膨胀。一些流传于民间的处事经验、智慧也多有此类告诫，如"话不可说尽，事不可做绝"、"莫扯满篷风，常留转身地"、"弓太满则折，月太满则缺"等等。

反映到人际关系的处理上，便是把握节奏，适时进退。关系固然靠感情来维系和巩固；但是，培养情感，不要过分，不要过度。

留余地，是退让的工夫。一般人对退让有所误解，认为在示弱，吃亏。其实，退让，要分清楚：积极的让和消极的退；主动的让和被动的退。积极的让，主动的让，空间就出来了，情感也就出来了。

廉颇和蔺相如"将相和"的故事，是最著名的例子。蔺相如上升速度快，引起了老资格的廉颇的不满和敌视，处处排挤蔺相如。蔺相如一忍再忍，一让再让，避免与廉颇发生正面冲突。蔺相如的退让幅度较大，甚至连他的门客都无法接受，认为此人无血性，被欺负成这个样子还不反击，懦弱无能，莫此为甚，不值得追随，纷纷离他而去。但是，蔺相如始终认为，两人作为国家的中流砥柱，如果把矛盾公开化，正中敌国下怀，对国家不利，所以宁愿在面子上难堪些。终于，蔺相如的深意被廉颇认同和理解了，他为蔺相如的气度所折服，同时也为自己的狭隘而羞愧，于是负荆请罪，两人就此恩怨尽消，化敌为友。我们公司编著的《高山流水：历史上的知音故事》一书，就选择了这个故事，作为展现知音情怀的一个历史实例。

很多时候，选择退让，是选择生长和增进情感的余地。

3.有取舍

学会取舍，也有利于增加关系的情感浓度。说简单点，取舍的问题，主要的不是取，而是舍。舍，从表面上看，是放弃，是不争；从情感的一面来说，是给予，是好施。

老子对取舍的问题谈得很透。他说："夫唯不争，故天下莫能与之争。"又说："既以为人，己愈有；既以与人，己愈多。"老子的思想对中国文化影响很大，对中国人的思维方式、行为方式塑造很深。因为大，因为深，所以产生各种层次的认知。就像深海大洋里，各种生物吸收不同资源、生长于不同层面。一部《老子》，既可看到谋术，也可看到大道。

我的理解是：老子立足于大道，认为事物必然发生奇妙的逆转。比如，不与人争，其结果反倒变成没人能与争；多多予人，其结果反倒变成自己得到更多。这一反转、这一逻辑的基础在什么地方呢？就在于情感。

先说不争。争，会出现什么局面呢？刺激他人的争竞之心。你争，他也争，结果很可能演变成恶性的，引发情绪性反应，意气用事——既然我争不到，也不能让你好生得到。官场上这种情形比较常见，为一个位置，各派发力角逐，谁都不肯放弃，相互攻击，缠斗，最后几败俱伤。至于争是非、争真理，那是另外一回事，如电影《秋菊打官司》中，秋菊为求一个说法，不断争取，这让人感动和敬佩。最不可争的是蝇头小利，把自己弄得很“脏”、很“小”不说，还有风险。所以，不争，放弃，把满足的机会给人，反而容易赢得别人的认同和亲近，情感便油然而生了。

再说好施。与，把好处、把利益能够给更想要、更合适的人。很明显的一个例子，《水浒传》里的宋江，其貌不扬，没有英雄的风姿；武艺不高，不能驰骋疆场，冲锋陷阵。他的特点是乐善好施，舍得，所以人称“及时雨”。他躲到柴进的庄子里，遇到桀骜不驯的武松。连素来好客的柴进都不足以折服武松，宋江却让武松由衷信服。没别的缘故，就是能“给”。宋江被发配到江州，结识李逵，本无交情，见他缺钱，也是大把地给，自此李逵成了宋江的铁杆兄弟。是不是武松、李逵过不了金钱关，容易被小恩小惠收买呢？也不尽然。像宋江那样，对素不相识的人，舍得花钱，显示出非同一般的气概。是这种气概产生的魅力让人心折、认同与信服，让人有乐于接近、交结的情感产生。

赢得别人的认同，自然巩固了彼此的关系，赢得了更多的资源和发展的机遇，自己当然最终得到更多。

必须指出，“舍得”是以“诚”为基础的。否则，“舍得”仅仅是一种策略性的步骤，一种利益博弈的手段，一种权宜之计，这只能苟合于一时，而无法取信于长远。拿昔日上海的著名大亨杜月笙来说：他滋长于租界这一特殊的土壤，又承袭了传统的侠义精神，是应运而生的人物。杜月笙真正是交游满天下，上可至国家政要、文化名流、工商精英，下可达贩夫走卒。杜月笙常告诫门人子弟为人“诚”是第一义，他说：“我的处世之道，尽在一个诚字，你们举一反三，方始可以谈论交友。”[1] 诚，除了自己情感真实，还指能真正照顾到对方的感受。据门人回忆：杜月笙对门人经济状况了如指掌，某人有困难，必能适时援助。而他的馈赠，从不假手于人，都是亲自相授，因此受惠者觉得分外温暖。之所以如此，不是要人铭恩；而是他出身贫寒，尝过求人的苦楚，将心比心，能以体贴的心态帮穷扶困。

做人情，送人情，其着眼点在“情”字。把人情做出去和送出去，其目的是期望对方能“领情”，能“认情”。如果不“领情”，表示他不承认或者不愿意把关系情感化。所以，送情是换情，是情感的交换，要让人“念情”，且能“回情”。经过情感的交换，人际关系的情感内涵就浓厚了。由此说来，人际关系事实上靠情感交换来建立和维持。

而要弄清楚情感交换，还须拿它与经济交换这种习见习闻的交换类型进行对照和比较。

---

① 章君毅《杜月笙传》，中国大百科全书出版社，2011年，第12页。

二、经济交换和情感交换

人与人的现实的社会联系靠“交换”来推动和实现，如儿童以交换玩具走到一起，合作者交换意见以达成相互信任，朋友之间交换帮助以巩固彼此的友谊，政客们交换妥协以取得各自所需，两个国家的领导人交换访问以拉近和加深两国间的外交联系等等。“交换”发生在社会的各个层次中。以上是具体交换的形式；若从交换的对象来说，人和人相互交换的，其实只有两类东西：一是非情感的利益，一是非利益的情感。前者，在市场中表现得最为充分，因此可称为经济交换；而后者，理所当然是情感交换。经济交换，交换的是物质利益；情感交换，交换的是真挚情感。

经济交换，以公平为原则。我们在第一章已经讨论过公平，认为公平是社会交往中付出与回报的等值，此处接着讲。在纯粹的经济交换中，付出与回报的等值性格表现得尤为充分。理想结果是双方都从交换中受益，得其所当得，此为公平合理。如果有一方吃了亏，觉得不公平，就有怨言，有情绪。情感交换恰好相反，如果双方都意识到交换的情感实质，都宁愿自己吃亏而把好处让给对方，即有意制造交换的“不平等”。

（一）市场经济语境下的公平：平等和公正

经济交换发生很早，初民时代，狩猎或采集有了剩余品，就和临近部落进行交换，这种以物易物的方式是经济交换、商品交换的萌芽。但是，商品交换，只有在市场经济下才发育到它的最完全、最成熟、最典型的程度。

1.经济交换的公平性

在以市场为主导的经济模式的社会中，从根本上讲，每个人都是“商人”，都是随时随地在与他人做交换，以满足自己生存需要。亚当·斯密说：“一切人都要依赖交换而生活。或者说，在一定程度上，一切人都成了商人，而社会本身，严格地说，也成为商业社会。”[①]任何时代都有商业，但不是每个时代都能称为商业社会。只有商业性的交换成为建立人际关系的主导模式，即每个人都成为商人的社会中，才可以说是商业社会。经济交换，非但是一种经济形态，也是一种人际关系的形态，是把经济交换的规则延伸、扩大到人际领域中，把经济交换所确立的规则用以处理社会事务。

经济交换，必须是公平的，也只能是公平的。在第一章中，我们简要论述了公平的基本含义，在这里再详细说一下经济公平。

公平交易，有三个层次的含义：

其一，交易取决于双方的自由意志，是双方你情我愿的事，不能搞强迫，不能搞欺诈。黑社会勒索商家，说：“你给我交保护费，我给你照场子，摆平麻烦，公平合理。”这是强盗逻辑，而非公平交易，因为靠暴力来恐吓。

其二，交易，从原则上讲，与私人情感无关。电视剧《潜伏》中，有个很有意思的情节，可以拿来佐证。党通局的特务谢若林，在国民党政权摇摇欲坠的大气候下，信仰尽丧，只想靠出卖情报换点钱。他对余则成说：“如果你一枪打不死我，我又活过来了，咱俩还能做

① 亚当·斯密《国民财富的性质和原因的研究》，商务印书馆，2008年，第20页。

生意，只要价格公道。”谢若林的话，再现了一个灵魂为金钱所完全占据者的典型形象，而如果抽象来看，倒也合乎经济交易的真正精神，只要有利可图，不必考虑个人情谊。当然，完全不讲情感，很难做到。每当民族主义高涨的时候，总有人大声疾呼，提倡国货而抵制外国货，就是民族大义在起主导作用，把民族情感置于经济利益之上。话说回来，讲求公平的经济交易，原则上是去情感化的，所以有“亲兄弟明算账”的说法，最重要的还是价格公道。

其三，也是最为关键的一点，公平之为公平，在于价格公道，在于价值相等。公平交换，即等价交换。众所周知，马克思对资本主义生产方式的批判是最严厉的，他有激烈、鲜明的价值倾向。但他的批判，绝非建立在道德义愤的基础上，尽管他的义愤溢于言表，不可遏止；而是以一个学者最严肃、最认真的态度详细剖析资本主义生产方式的运作机制，他从一个最基本的事实开始：市场上每天都以亿万次重复进行的交易活动——商品的等价交换。等价，是公平的基本含义。

经济交换以公平为原则，但若要推进与实现公平的交易，还需前提，这就是起点的平等与规则的公正。人们通过交换，使付出与收获等值，须有平等的起点与公正的规则。当公平的内涵展开时，就在要求着平等与公正。

我们可以总结出这么一个公式：**公平＝平等＋公正**。

2.起点平等

经济交换，以等价交换为核心内容。两种不同的商品进行交换，何以能在价值上相等呢？所以，经济交换事实上起着“化异为同”的作用，把性质上有差异的物品视作具有同一性，都看成是可以交换的商品。马克思说：“在商品生产者的社会里，一般的社会生产关系是这样的：生产者把他们的产品当作商品，从而当作价值来对待，而且通过这种物的形式，把他们的私人劳动当作等同的人类劳动来互相发生关系。”[①]

这句话很清晰地交代了在经济交换成为主导的交换方式的社会中，有个不言而喻的共识已经存在于人的意识中，这就是人的劳动具有等同性。不管是知识分子的脑力劳动，还是工农的体力劳动，从原则上讲，没有不能交换的，因为都是人的劳动创造物，都只有“量”的差别而无“质”的区分。而劳动的等同性，还有一个更深层次的前提：所有人，作为人，一律平等。人是平等的，所以人的劳动产品也是平等的。劳动产品是平等的，这才能把产品的价值折算成劳动所消耗的社会必要劳动时间，并以此为基础进行等价交换。

由此，公平的真实起点，乃人作为人的平等，此为人格平等。

有了人格平等，才有权利的平等，最主要的是财产所有权。交换，是甲方把甲方的东西与乙方、乙方把乙方的东西与甲方；互换若能成立，双方必须互相承认甲方的属于甲方、乙方的属于乙方，对方与己方有同等的权利。有如德国哲学家黑格尔所言：“契约以当事人双方互认为人和所有人为前提。”[②] 所以，有了人格平等，所有权上的平等便合乎逻辑地建立起来。

奴隶的劳动产品包括他自身在内，都属于奴隶主所有。他不可能与奴隶主平等，不可能与奴隶主发生经济交换的关系。他献出他的所有，然后被奴隶主“赏口饭吃”。清代，满人大臣称皇帝为主子，自称奴才，所以他只能谢主子赏赐。他即使积累下巨万身家，极可能说没了就没了。和珅受乾隆皇帝宠信，权倾朝野，连嗣皇帝嘉庆都对他侧目而视，如芒刺在背。等乾隆死去，嘉庆掌权，和珅便被抄家。所以民间说：“和珅跌倒，嘉庆吃饱。”这样讲不大公道，好

① 马克思《资本论》（节选本），人民出版社，1998年，第79页。

② 黑格尔《法哲学原理》，商务印书馆，1979年，第80页。

像嘉庆占和珅便宜似的。和珅本是皇家的家奴，把他的财产收回，在嘉庆看来，理无不妥。

在人格平等、权利平等的大前提下，经济交换才能大规模、跨地域地展开，近代资本主义如斯兴起。我们看看恩格斯是怎么说的，恩格斯讲:"大规模的贸易，特别是国际贸易，尤其是世界贸易，要求有自由的、在行动上不受限制的商品所有者，他们作为商品所有者是有平等权利的，他们根据对他们所有人来说都平等的（至少在当地是平等的）权利进行交换。"[①] 最终，由于经济交换所必需的人格平等以法律的形式固定下来，"而自由和平等也很自然地被宣布为人权。这种人权的特殊资产阶级性质的典型表现是美国宪法"[②]。

出于公平的需要，人们必将追求人格的平等，而那种禁锢人的等级制、身份制以及特权制，必然成为首当其冲的攻击目标。我们还可看看法国著名的政治学家托克维尔考察美国民主政治后是怎么说的。托克维尔讲:"身份平等的逐渐发展，是事所必至，天意使然。这种发展具有的主要特征是：它是普遍的和持久的，它时时刻刻都能摆脱人力的阻挠，所有的事和所有的人都在帮助它前进。"[③]

人作为人既然在权利上是平等的，必进一步要求着交往规则的公正性。

3.规则公正

人格、权利的平等，还是公平的起点；由起点出发，经济交换的公平性还需要公正的规则来规范和维护。

我们中国人似乎天生不爱死守规矩，喜欢变通，且以善于权变

① 恩格斯《反杜林论》，人民出版社，2005年，第108页。
② 恩格斯《反杜林论》，人民出版社，2005年，第110页。
③ 托克维尔《论美国的民主》，商务印书馆，1988年，第6页。

自诩，常常认为“规矩是死的，人是活的”，我们重庆人就把那种一成不变按规则来的人，叫“死脑壳”。从某些领域来讲:人大于规则，确有好处。写诗就属于这种情况。我与文学结缘有些年头了，写过一些诗，有些体会。我们中国古代诗学所推崇的最高境界是“无法之法”，“法”即规则，不讲规则的规则，是最好的。打仗也属这种情况。高明的军事家从不拘泥于某种固定的打法，总是根据战场的实际情况灵活调整作战策略。

但是在公平的交易中，在市场经济中，不注重形式，不讲规则，弊病极多。我们为了情感，喜欢讲彼此心照，喜欢讲君子之约，不在乎形式、契约，境界的确很高，然而操作起来，很容易滋生争执和纠纷，最终闹得不欢而散。最近，影视圈内一直被传为佳话的好搭档——张艺谋和张伟平，散伙了，动静还颇大，好像各有情绪。据媒体报道：原因很多，主要一点，是利益分配不平。起初合作时，二张相信交情，合同不签，只有口头的君子协议，每部电影，扣除成本开销，盈余再均分，而近两年的电影，由于亏本，张艺谋连导演费都没见着了。利益分配上的失衡，把平素潜伏着的各种矛盾激化出来，各自都觉不平，自然而然，选择分道扬镳。

所以说，经济交换若要公平，不能离开规则；规则若要人甘于接受，不能不公正。公正的规则，是对各自正当权益的清晰界定以及有力保护。前面我讲过很多文化的东西，这里有必要强调，规则的公正性，无关乎文化的差异，它是普世性的。像足球比赛，流行于整个世界。规则一样，基督教世界欢迎，伊斯兰世界热衷，儒家伦理影响下的东亚地区也乐意参与。

公正的规则，应无任何偏向性，对所有人一样。西方的司法女神形象，双眼蒙蔽，手执利剑和天平。这形象极富于象征性，利剑意谓有执行的权威力，天平意谓人世间的是非可以称量清楚（也应该称量清楚），绝不是“彼亦一是非，此亦一是非”。至于双眼蒙蔽，意谓法律对任何人无偏向性，所有人在法律面前一律平等，无有特权。

起点是平等的，规则是公正的，合乎逻辑的推论是“结果即为公平”。但是，结果公平，不等于结果平等。公平，是动态的，是一个过程。如一场球赛，在公平比赛后，有赢有输。赢者享受鲜花、荣誉和丰厚的奖金；输者一无所获。最终待遇，绝对是不平等的。但，这种不平等本身是公平的。否则，如果在结果上没有差别，赢球、输球一个样，比赛也就失去了意义。推开来说，在一个公平的社会中，大众在起点上相对平等，社会各阶层之间的相互流动自由，而且社会制度相对公正，结果当然还是有贫富之分。总有人的交易能力强，把握机遇的能力更高一筹。至于贫富差距的拉开，那要通过社会财富的二次分配来调节和纠正，不属于我们在这里所探讨的主题。总之，经济交换，以公平为主导原则，是予人以所当得。

但是，经济交换并非唯一的把不同的人联系起来的方式，还有另一种交换方式与它并行着，即情感交换。

（二）情感交换

人是有情的存在物。如果说理性、意志和情感组成了人之精神的内在结构，那么相对于其他两者，情感更能体现出人的本质特性。通常，我们说一个人没有人性，不是说他知识贫乏，意志薄弱，而是说他冷漠、无情。甚至一个道德意识强烈的人，即使他律己甚严，如果没有真挚的情感，也显得虚伪而刻板。

同样，我们说一个组织有问题，不是说它福利待遇不好、工作环境恶劣，而是说它缺乏对它的成员的必要的同情。前两年国内有一著名的台资企业，接连爆发员工跳楼的事件，惊动了整个社会。究其原因，也在于企业里情感关怀的缺位。没有最起码的同情心，或者说不敢表现出最起码的同情心，一个人、一个社会就会变得“面目全非”。

现代社会中，人的物质生活已经相当丰裕了，但普遍感到人际关系的疏离与冷淡——如社区里的邻里关系，从前我们说“远亲不如近邻”，因为近邻之间的守望相助很有温情，现在变成了“老死不相往来”。其原因在于情感从人与人的社会交往中被抽离出来。可以说情感缺位到什么程度，人的“非人化”就到了什么程度。

造成人际关系中情感缺位的因素很复杂，我也无能力进行深研细究。从我的观察角度来讲：是纯粹的经济交换取代了情感交换，构筑了市场经济条件下人际关系的主轴。

至于情感交换，有什么特性，有必要说一说。

1.礼：中国人的情感交换

辛弃疾有首词《木兰花慢》，说：“老来情味减，对别酒，怯流年。”人在老去之时，为什么觉得情味顿减呢？来日无多，朋友间的一次分别很可能再无相见之期了。没有了可供倾诉衷情的朋友，生命大概没剩多少滋味。所以，生命的情味，来自朋友间的情感交换。所谓“用我心，换你心，始知相忆深”，用心换心，以情换情，彼此的情感加厚、加深，这样的念忆才格外隽永。

情感的需要只能在人与人的情感交换中实现出来，正如马克思所说的：“我们现在假定人就是人，而人对世界的关系是一种人的关系，那么你就只能用爱来交换爱，只能用信任来交换信任。”[①] 一个人想获得他人的情感，只能用自己同样的情感去交换。

① 马克思《1844年经济学哲学手稿》，人民出版社，2000年，第146页。

（1）礼物

交换情感，首先要表现和传达情感。而情感又是一个比较微妙的东西，它无形，无相，无声，无味，无从把握，但又无时不在。所以，情感不能直接表现，只能寄托于某种可见、可琢磨的具体形象中。也就是说：情感若要交换，其前提是须得以“物化”。比如，我们说某人心思细腻、表情丰富，什么意思呢？这是说他善于利用丰富的面部表情来传达细致入微的情感，能够依靠面部的表情、动作把内心若有若无的隐衷传达出来，让他人了解和回应。如果没有这些面部表情,情感不能由此而“物化”出来。情感不成为“情感”，只会淤积于心中。

而情感若要在人与人之间不断传递、交换，那么这样的情感便是“礼物”。所谓“礼物”，即有“情”之物。特别是在情人之间，相互赠送的物品都是蕴含着爱意。《诗经·邶风》中有首诗《静女》：“自牧归荑，洵美且异。匪女之为美，美人之贻。”美丽的女孩从牧场归来，把荑草送给情人。在情人的眼中，那草儿确实很美，但不是它真的美，而是这草里饱含着她浓浓的爱意，是体验到的爱意让他觉得草格外美。如果这位男性把草仅仅看作草，那就大煞风景了。

许多热恋中的男性会让他们的另一半觉得“傻”，没“情趣”，或者是他们不善于把自己的情感传过去（“情”的“物”化），或者是不善于辨识对方传过来的情感（“物”的“情”化），即他们无法有效完成情感的交换。情感既然无法在两人之间顺畅交换，双方关系也就得不到情感的支撑而变得乏味、淡化。非但恋爱中的男女如此，其余人际关系亦是如此。如父母和子女的关系，父母把无私、无限的爱倾注在子女身上，子女感觉到无法承担的重压，或者逃避（逃避是无法回应），或者逆反（逆反是拒绝接受），无论哪种态度都让父母的情感期待落空，情感既然无法在父母和子女之间成功交换，双方关系必将貌合而神离。

“情”的“物”化与“物”的“情”化，构成了情感传达和交换的整个过程。在这个过程中，“情”始终未曾露面，而又始终在交换的过程中，“物”则充当了情感交换的媒介，好像货币充当了商品交换的媒介一样。没有“物”，人和人的情感难以便利交换。

（2）礼数

情感，必须“物化”，才能实现传达与交换，所以礼有其形式上的规定，这就是“礼数”。人类学家李亦园先生说：“中国人的生活中，不论是宗教的或非宗教的，神圣的或世俗的，随时随地都要举行仪式，借仪式行为以表达其对人际关系的肯定，所以对仪式的正确性与否甚至比实际行为还要讲究。”[①] 我们常讲，某个人很讲礼性，礼数总是很周到等等。也就是说，此人待人接物有规矩、有讲究，客客气气的，并非马马虎虎，随便将就。

孔子是礼学专家。当时鲁国有个权臣，叫阳虎，把持朝政，名声煊赫。他想请孔子出山，帮他点缀，为他树立声望，但是孔子不见他。阳虎老到，有办法，送给孔子一只小猪做礼物。他知道，孔子有礼数，照规矩，收人礼物应当回拜，这样双方就有见面的机会了。孔子也有办法，找个阳虎不在家的日子上门回礼，有意错过碰面。

举这个例子，我想说的是，礼有其必须践行的形式、仪式，是不可废弃和跳跃的。纵然礼数可能脱离真情、沦为虚文，但也不能成为不讲礼数的借口。孔子有个学生问孔子，为什么子女在父母逝世后，必须守丧三年？这礼仪繁琐而无意义，他认为一年足够。孔子说，父母死后一年，就去找自己的乐子，你心安吗？学生回答，心安呀。孔子批评他没良心。小孩子三岁才能离开父母的怀抱，守

① 李亦园《李亦园自选集》，上海教育出版社，2002年，第258页。

丧三年，是还报父母的恩情，人皆同此心。如此则对等，所以是公平的。

可见，人之所以应讲礼数，行礼如仪，其目的还是在于心安，既让对方心安，也让自己心安。那么守孝，父母都不在了，如何能让他们心安？其实礼本就是情感的作用，“事死如事生”，是把逝者想象成生者。所以我们说某种作为可以告慰父母、父母必将含笑九泉等，都是立足于情感的期待和假定。

情感的假定，就是通过特定的形式，期待如此。所以“礼”，从根本上讲，是交互的。礼尚往来，即是此意。

（3）礼尚往来

从这个角度，我们可以说一说中国人的“礼”。中国素称礼仪之邦，中国人也以崇尚和讲究礼仪而自诩。历史学家钱穆先生对一个美国学者曾经谈到过：“在西方语言中没有‘礼’的同义词。它是整个中国人世界里一切习俗行为的准则，标志着中国的特殊性。”[①] 我在北京生活二十多年，深感北京人身上遗留着传统中国人讲礼的流风余韵，这是多少代人积淀下来的。老舍先生的小说中也做了很好的描述，《四世同堂》第一章就提到“别管天下怎么乱，咱们北平人绝不能忘了礼节”。如果把“北平人”三个字换成“中国人”，我想这话大概也是可以成立的。

礼，当然很复杂，无暇多谈，其中有一点与我们的主题相关，它本质上就是人与人之间情感的互换。北宋理学家程颢讲：“族人每有吉凶嫁娶之类，更须相与为礼，使骨肉之亲意常相通。骨肉日疏者，只为不相见，情不相接耳。”[②] 婚丧嫁娶是亲族间相互走动的时

① 转引自彭林《儒家礼乐文明讲演录》，广西师范大学出版社，2008年，第25页。

② 《二程遗书》，上海古籍出版社，2000年，第57页。

机，为的是沟通情感。亲族间关系之所以疏远，是因为相见机会不多，情感无从交接。

所以，礼具有交互性。《礼记》说："礼尚往来。来而不往非礼也，往而不来非礼也。"往来，讲的是情感必须交换。"礼"就是情感交换的形式、规矩、尺度、原则。不同的身份、地位、年龄的人，交换的方式不一，而必须交换则是唯一的。人对我施礼，我必须回礼；人对我有德，我必须报恩。情感无从交换，关系便告破裂。

《诗经》中有首诗《木瓜》："投我以木桃，报之以琼瑶。匪报也，永以为好也。"人赠我以木桃，我回报以琼瑶，其实不是为回报木桃，而是希望彼此的友好关系能长久地保持下去。以琼瑶交换木桃，表面上是物与物的交换，事实上是要传达与确证彼此的情意，目的是加深双方的情感联系，使得关系更长久、更美好；如果领会不到其中蕴含的情意，而仅以琼瑶回报木桃，认为两清了，那是把情感交换等同于经济交换。

2.情感交换的特点

现代人类学的研究，为我们提供了许多材料，让我们更容易理解人类情感交换的普遍性以及它的特点。如安达曼群岛的俾格米人，热衷于赠送礼物，以表达情感。他们也有经济交换，在集市上以赭石和海产品来交换内陆居民的林产品。经济交换当然很重要了，但更重要的是他们的赠礼活动，其目的在于使参与交换的双方产生友好的感情；并且，要是交换活动没有达到增进情感的效果，那将被视作徒劳无功。

情感交换作为一种巩固人群关系的基本模式，我以为，它具有如下特点：

（1）情感交换是非即时性的

一般的经济交换是即时性的，俗话说"一手交钱，一手交货"，就是这个意思。不可否认，也有延时交货、付钱的情况，但那也须双方事先达成明确的约定。

情感交换则不同,它是非即时性的。非即时性不等于“延时”——因为它并不预设一个确定的时间。张三送李四一个礼，如果李四当即还报一个东西，这并非情感交换，它表示李四拒绝承认这个东西是“礼”，不接受这个东西有情感的含义；而是“适时”，在适当的时候完成和实现交换，还报给予者。

人类学家马林诺夫斯基的名著《西太平洋的航海者》，描述了他在1910年代调查新几内亚的特罗布里恩德群岛上土著居民的一种叫作“库拉”的情感性交换活动。库拉的具体交换规则主要是礼仪用品的赠与和回赠。赠与行为发生后，一般要隔段时间才回赠，绝不能是讨价还价和算计之后的即时等价交换。土著把库拉与常见的经济性的物物交换严格区分，后者在当地的土著语言中被称为gimwali[①],如果某人违反了库拉交换的规矩,他就会被批评为“他把库拉当成gimwali来做了”。库拉不能够当成gimwali来做，说明要使情感的互动不同于经济的互动，必须超越时间的限定。马林诺夫斯基可能没有意识到,情感交换,从根本上说是非时间性的。这么做,方能突出土著们意识中对人与人的情感联系长久化的本能的期待。

在中国，这种情感交换活动很好地延续下来，没有遭到多大的更变。逢年过节，提着礼物走亲戚、串门子，是加强情感联络的最好时机。年节，是民俗的主体内容，甚至可认为是社会专门腾出的空闲时段，以便于人们建立和巩固他们的社会关系。至于婚丧嫁娶、过生日、做寿等场合，更能表现出情感交换的非即时性特点。一个人在此类场合中送了礼，他只有在自己的同类场合中才会被对

① gimwali是当地土语，意指物物交换。

方回报。

（2）情感交换是非契约性的

情感交换并不要拿出书面的契约来规定双方的权利与义务，规定赠与还礼的期限等等条款，它不做出任何正式的规定。但是，不做出规定，不等于没有规定，没有约束。事实上，这样的规定约束，还异常严厉，其效力是我们今日法律的制裁所无法比拟的。

比如毛利人认为，被用于赠送、往还的礼物中有一种名为“hau”的灵力。如果甲把某物送给乙，而乙又把该物转送给丙，丙回赠了乙另外一物；如果乙不把此物转赠给甲，那么乙将心神不宁。他相信，这是蕴含于物中的 hau 在发挥着作用，促使他不得不把收到的礼物转送出去，让物回到它原来的主人那里。如果甲不这么做，私自留下来，那对甲是不公正的。用“公正”这个概念，还有现代人的意识。毛利人大概此等概念还未明确产生出来。他们只是觉得如果不如此，将有灾难降临于他们自身。在毛利人的意识中，礼物是活生生的，非只为“物”而已。所以，他们必须要对收到的礼物予以回报，必须有来有往。

所以这也算是一种契约，不过契约是由某种宗教神力来保证和执行的。它是非正式的，可比正式的契约更具有效力，让人不得不乐于为此而不敢稍有怠慢。我们认为，如果交换非要以契约的形式来呈现，那么它就是“心灵契约”，是由心灵生发出来的、互相默认的契约。

这当然是毛利人万物有灵论的信仰。我们不是要追究这种信仰的产生根源以及合理性，而是说明：促使毛利人不得不对别人馈赠予以回报的义务，表面上是对蕴含在礼物中的灵力 hau 的敬畏，实际上乃是人之情感的不自觉之所为。情感，在投放出去的同时要求着回应；如果得不到回应，人的内心将不安。所以，物的交换背后，是情的交换。物，不过充当着情感交换的载体。

（3）情感交换是非功利性的

经济交换，可以讨价还价，是彼此对各自合理利益的斤斤计较，此时感情暂时被放在一边。这种做法，更便于实现双方的互赢，都不吃亏。所以，它是“公平”的。

但情感交换不一样。讨价还价的情形绝难出现，这么做很伤感情。而且，在情感交换中，人们还竞相以慷慨的面目出现。比如一对现代男女相亲、约会，多半是男方采取积极、主动的姿态。男方如果表现得吝啬、小气，吃饭时去路边小摊、点便宜菜，或者不给女方买稍贵重点的礼物作为心意，女方心里必将有所不快。她们更希望对方表现出大方、慷慨的姿态，不是她们缺乏节俭意识，也不是虚荣心在作祟，而是觉得对方的慷慨能够表现出对她们的重视和爱慕。在这种特定情境中，慷慨意味着情感的真实，意味着交往的恳切。

这种心态在原始社会里更多。原始人献给神灵的礼物，往往是他们历尽艰苦制造、累积下来的，但在敬神时节，他们会毫不吝惜地把这些物品奉献出去。唯其如此，方能表现出对神灵的虔诚之情，并换回神的有心庇佑。法国著名人类学家莫斯在《论礼物》一书中介绍，西北美和东北亚都存在着毁坏珍贵物品的例子，人们杀掉奴隶，点燃珍贵的油膏，把铜器丢入大海，甚至放火烧掉豪宅，不仅仅是为了显示实力、富有和不加计较，同时也是为了献祭神灵。

情感交换的非即时性、非契约性、非功利性，决定了情感交换不同于经济交换的互利目的，它是通过情感的传达和共鸣，使双方关系更加亲密，而达到“默契”的境界。

3.默契：情感交换的境界

情感交换最终所要达成的境界，是“默契”。契，是契合；默，是说这种契合以不明言、非故意的方式而实现。人和人相交到极其深厚的时候，会产生很好的配合，有高度的协同性和一致性，甚至不必多说话——可不言而信；不必有约定——可不约而同，这就是“默契”。我们常说，“我心里有数”，这也是默契。什么叫做“心里有数”，什么是“心理契约”？是看在眼里、放在心里、适机表示、不必多言。

默契，绝不是在时间中自然而然地形成的。中国有句老话，说“有白头如新，倾盖如故”。有的人，认识了一辈子，还跟陌生人差不多；有的人，刚下车的一瞬间，便已相识如旧。默契与否，与时间多少无关，纯粹是人的情感得以充分交换的结果。因为默契，所要求的是双方均能会意；会意，即能领会各自心中那微妙而不易言传的情感活动，并以恰当的方式回应。显然，这就是情感交换。

这样看来，默契并无什么玄妙之处。但凡人和人之间发生情感的交换，即可形成一定程度的默契。如一支球队，队员之间感情很好，每个队员对于队友的位置及球风熟悉，比赛时不必教练过多提醒，自然知道应该如何配合，应该如何以易于接受的方式把球传给队友；上司和下属之间也可有默契。彼此知根知底，工作中会有很好的配合，下属知道以易于为上司所接受的方式来进言，上司也知道以易于为下属所接受的方式来发令，摩擦就少，彼此顺畅适意。工作中有默契感，少摩擦，少滞碍，沟通顺畅，效率也高，它的益处显而易见，它的存在也显而易见。默契的形成，工夫多在场外。许多企业喜欢组织拓展训练之类的活动，其用意也是培养人和人之间的默契感。

所以，默契以及情感交换，还是信任的源头。我们讲，人与人要充分信任。细究一下，“信”其实是“任”的前提，信一个人才能要他任职、给予任务。默契，又是信的前提。因为，信，总是作为某种不言而喻的情感状态存在于心中。如果刻意把“信”提出来加以强调，恰好是彼此情感不甚协调、心里有疙瘩的表现。这么说来，仅仅提倡信任是不够的，有必要的是在情感的交换中形成默契，信任就自然而然地产生了。

情感交换的非契约性、非即时性以及非功利性，以及情感交换所欲达成的默契境界，决定了情感交换根本不同于经济交换。固然，情感交换既为交换，一方在付出情感的同时肯定也在期待着对方的情感回应，但回应只能取决于对方的自觉、自愿。自觉自愿，即诚意。以诚意为基本，是情感交换困难之处，也是情感交换之所以为情感交换的缘由。否则，将只是以情感交换的形式所冒充的经济交换。当然，在现实中，人与人的经济交换和情感交换往往掺杂、混淆在一起。这个时候，如何生出情感来呢？

我们得出的结论，是“不平等产生情感”。

（三）情感发生的逻辑

我们所讲的“不平等产生情感”，是在人际互动中自觉把彼置于我之上，侧重于彼，倾斜于彼，形成我低而彼高的态势，情感如此产生于彼心中。如果说经济交换必须是“等价”的，那么情感交换则是“不等价”的。所以我们才说“不平等产生情感”。

在社会生活中，我们中国人总是不自觉地按照这条规律来处理人际关系，以增加彼此的情感联系，悠久漫长的历史为我们反复展示了各种例证。

1.攻心

成都武侯祠有对联“能攻心则反侧自消自古知兵非好战；不审势即宽严皆误后来治蜀要深思”。该联非常有名，是清人赵藩以诸葛亮治蜀为例来讽喻当时的四川总督岑春煊。对联的背景与其中的寓意我们不多讲，这里想借“攻心”来说“情”。

攻心，很简单，就是攻情——化怨恨为交情。中国人常讲“冤家宜解不宜结”，用武力打赢了不是什么值得夸耀的事，伤人不说，结怨不说，自己也未见得安稳。中国人喜欢从根子上解决问题。这是我们处理事情的一个思路。比如，我们喜欢用道德感化而不喜欢严刑峻法，认为严刑峻法是从外施加暴力，而道德感化则出自内心。所以有“礼禁未然之前，法施已然之后”的观点。再比如，中医治病，从来不主张头痛治头脚痛治脚，而是通盘观察、考虑，找出病根，对症下药，力争药到病除。所以《黄帝内经》有“上医治未病，中医治欲病，下医治已病”的说法。还有打仗，《孙子兵法》讲“上兵伐谋，其次伐交，其下攻城”，驱使士兵去猛攻城池，是迫不得已的法子，最好是“不战而屈人之兵”。上述种种，要做到当然很难很难，需要很大的智慧，但反映出中国人特有的出手解决问题的一种思路和方向，即尽量从根、从本上着眼入手。

人的事，从根本上说就是心的事；心的事，从根本上说就是情的事。《孙子兵法·九地》讲：“夫吴人与越人相恶也，当其同舟而济，遇风，其相救也如左右手。”春秋时代，吴越两国是世仇。但是同舟共济之时，互相援救如同左右手，亲如兄弟。但它们的情感只是在特定条件（同舟而遇风）下所为，是暂时性的。只有真正从心底里生发出来的情感，才可彻底消除怨恨。

《战国策·齐策》上有则故事：齐国的孟尝君位高权重，养士三千，开销甚大，为此在他的封地薛放高利贷，盘剥封地的人民。他让门客冯驩前去收债，讲好用收来的钱适当买点他家里欠缺的、必需的东西。冯驩抵达薛后，召集债务人，当众焚烧债券，免除债务，宣布这是孟尝君的意思，众人大悦。冯驩回去，把事情经过向孟尝君汇报，孟尝君很生气。冯驩则说：我看您家里什么都有，唯独欠缺的是“义”，所以为您“市义”——买了“义”回来。不久，孟尝君被齐王免职，回薛。薛人听说，扶老携幼，夹道欢迎，其情可感。孟尝君这才体会到他的群众基础，知道冯骥为他“市义”的价值之所在。

“市义”，就是“攻心”，就是让人生出情感来。“市”，是买卖、做交易的意思，借钱给人而不要人还，从经济交换的角度来说，绝对不划算，不合乎经济理性，是亏本买卖；但从情感交换的角度来说，相当值了。这里有个算“经济账”和“感情账”的问题。

中国历史上的许多带兵打仗的人都深谙此道。吴起当将军，为受伤的士兵亲吮脓包。西汉的窦婴，拜为大将军，受赐千金，他全放到走廊下，但凡军吏经过，令他们随便取用，金没有进自家里的。我们肯定会说，这是“收买人心”。确实，是收买。但收买不是个贬义词，应为中性的。买卖是交易，只不过其性质是情感交换。

让我们再把话题转回到诸葛亮“攻心”的事上。“攻心”的对象具体是谁，众说纷纭，难成定论。有人认为是以孟获为首的少数民族，有人认为是蜀汉内部长久积压下来的各派矛盾。对象是谁，暂且不管。重要的是，“攻心”其实是个情感问题，如何让有问题的人服气，自消反侧之心，而有拥戴和忠诚意识。当然，此类情感问题，绝非施点小小恩惠这么简单，关系到政策的调整、妥协、让步，让有异心者切实感受和认同作为政权的主导者调和彼此关系的诚意，并把接受以及回应诚意作为特定形势下的最佳选择等等；然而，把争取的焦点定位在情感上，建立互信、互重的关系，还是可行的。

再看一个例子。国共内战的时候，国民党方面大肆攻击共产党的军队采用人海战术，用极为严苛的、不人道的纪律强迫士兵踩着尸体冲锋。其实，仅从常识就可以得知，如果不是士兵自觉服从，甘愿牺牲，再严格的军纪都无法驱使人去送死，因为人总会想方设法去规避他不愿接受的命令。那么，是什么令共产党军队有甘于牺牲的精神呢？朝鲜战争时美军缴获的一批志愿军来不及销毁的档案一定程度上揭示了原因。

一个十五岁就加入国民党军队而后归入共产党军队的老兵，讲述了他内心的转变历程："在国民党中时，说解放军要杀人，心里有些怕，但是一解放过来，吃又吃得好，天天吃火腿，同志对我很好，又发衣服，发两双鞋，比老同志还多些，我就感觉优待俘虏就是不错。"[①]

身为俘虏，所发的鞋居然比共产党自己的老兵还多，这种"厚"彼而"薄"此的"不平等"做法，自然让他内心受到强烈震动而对共产党生出情感来，由此便有了信任感和归属感。对待投降过来的和自己的老兵，一视同仁，是公平；而待遇稍向降兵有所倾斜，"不平等"了，情感便产生出来。

所以，通常人们所说的"攻心"，就是"攻情"，通过某种程度上"不平等"的方式来表示己方的诚意，并换回对方同样的情感。就像在酒桌上，通常做法是自己"先干为敬"，而让对方"随意"；对方见状，自须"回敬"，很少真的"随意"，这也是情感交换典型的一幕。

2. 让利

什么是让利呢？让利，是把本属于我的正当利益让渡给人。让利，当然有多种原因了。如以让小利来赢得更大的、更多的利益，这是精明的计算。还有一种，则是基于纯粹情感的立场。我们要详细说说。

唐代的柳宗元曾为一个叫宋清的长安药材商人写过传记。传中提到，宋清在长安药市经营四十多年，他的药材质量好，长安的医生得到他的药材，药效颇佳。最奇特的是，有的人来宋清处求药没

① 转引自杨奎松《"共军"在战场上为何打"疯"了》，见《决策与较量——看国民党如何败亡大陆》，世界知识出版社，2012年。

带现钱，宋清不假以颜色，打个白条，照样给药。到年终该结账时，宋清估摸有人还不出钱，自个儿就把借条烧了，也不多说话。这样的事做多后，有人笑他是白痴，有人赞他是有道高人。宋清一概不承认，只说他是个赚钱养家的小商人。那么，宋清不按商人规则办事，专做些让自己吃亏的事，是否就败光了生意呢？柳宗元交代，受宋清恩惠的人不知凡几，其中有的飞黄腾达，特别感激，回赠宋清以厚礼，虽然有很多死账无法收回，但宋清还是获利不少，成为富商。

柳宗元这个人，青年时代春风得意过一阵子，政治上失败后贬谪地方，失意连连，对人情冷暖体会很深。他写宋清传，无疑有批评趋炎附势的世风的用意在内，特别表彰像宋清这样热情好义、不肯拒人千里的人。不过，这并不在我们讨论的范围，我所感兴趣的是，柳宗元正好为我们留下一个唐代成功的有情义的商人的范例。

做生意能做到公平交易、童叟无欺，已经相当不错了。不过这么做，有时候缺少点人情味儿，因为它以人我两利为预先设定的原则而排除了人情干扰。宋清恰恰注重到人情往来，所以面对无钱买药、只能赊账的客户，宁冒风险也不拒绝。当然，这个风险不小，数十年来积累的欠条不知多少，而他宽厚的名声也由此传扬开去，积累下信誉，也赢得时人的敬重，更为他最终收获丰厚的回报。吃亏的人，好像最后通盘算下来也没怎么吃亏。

照我看来，像宋清这样的生意人，不一定对儒家思想有系统的掌握和虔敬的信仰，但他做生意的法子是很符合儒家思想精神的。宋清没把自己看成纯粹的生意人，或者说除了商人这个身份，他始终为自己保留了“人”的底色。做生意讲究公平交易，做人则注重情感、关怀他人。拿白条买药，对宋清来说是不公平的；如此反复，情感也就确然发生。情感的积淀是信誉以及更大范围的机会，而后者对经商极为有利。

或许有人说，宋清这个人，没有把慈善行为和商业行为区分开，前者可以无偿提供药材，而后者则必须是公平的有偿服务。两者混为一谈，慈善不像慈善，还增加了商业的风险性和不确定性，他之所以没把家业败光而获利甚丰，实属幸运。这话放在现代条件下，当然是对的，而且也必须这样看待。但宋清的用心，本来就没有把生意纯粹看成生意。

再看一个例子，可以解析一下传统中国商人的经营之道。清乾隆年间，有个叫陶正祥的著名苏州书商。他的经营原则是不斤斤计较于利益。他的书，如果市价值百两银子，又是以十两收来的，那就只售十两多一点。如果书存放久了，也便宜卖出。他说："我只是求赚点零头以糊口而已。自己好利，也要使买书的人获利。人之欲利，谁不如我？我如果贪利而商品停滞不流通，还是失掉利益。"就因为这一经营方式，反倒获利更多。陶正祥卖书，比较看重商品流通，不愿库存居奇，经营上相当理性。更重要的，是他以远低于市价的价格卖那些以低价收上来的书，甘愿放弃中间巨大的差价，放弃合理的利润，这样的用心，不可谓不厚道。可想而知，那些熟知市场行情的客户买到他的书，对他必生敬意。大学者孙星衍为陶正祥作墓志铭，最后提到和陶正祥信奉同样理念以及类似经营方式的，还有书画商王某、瓷器商顾某，他们都盛于一时[①]。

这么看，就比较清晰了，中国历史上一直都存在着这样的商人：他们追求利益，但不绝对追求利益。由于始终对人存有温情，人并没有抽象成一个空洞的价值符号，导致他们在经营中自我克制追求利益最大化的冲动。如果引用马克思的概念，那么在传统中国社会中，虽然有商品交易的行为，但并未产生出"商品拜物教"来。

---

① 该事例转引自余英时《士与中国文化》一书中《中国近世宗教伦理与商人精神》，上海人民出版社，2003年，第491页。

我们的文化不否认赚钱的正当性，但否认赚钱的第一性，否认把赚钱放在压倒一切的位置上，尤其是与人应有的情感发生冲突的时候。

3.情感交换与经济交换的矛盾

以上我们探讨了两种交换方式——利益与情感，列表如下：

交换方式

	利益	情感
利益	利益交换	
情感		情感交换

那么，是否存在着利益与情感之间的互换呢？经验告诉我们似乎确有此类情形。如《红楼梦》写刘姥姥二进荣国府，随身带了些枣子、倭瓜、野菜之类的土特产作为进献之礼，聊表心意。名义上是走亲戚、联络情感，实际上是来打秋风。贾府众人当然懂，热情招待不说，刘姥姥临走前更给足了钱物。在刘姥姥一方，是以“情”换“物”；在贾府一方，是以“物”换“情”——刘姥姥必觉得贾府虽阔，可不冷遇穷“亲戚”，说明念旧、重情义，于是乎更有情感上的倾向。

这个事例表明：许多社会交换行为并不那么纯粹、单一，往往同时掺杂着利益与情感的成分，尤其是在熟人、亲朋之间。这就有矛盾产生了，因为难以对交换的实质定性。

社会学家费孝通先生在《乡土中国》中举过一个例子，非常有趣，可见情感交换与经济交换发生矛盾时人们的取舍：“在亲密的血缘社会中商业是不能存在的。这并不是说这种社会不发生交易，而是说他们的交易是以人情来维持的，是相互馈赠的方式。实质上馈赠和贸易都要是有无相通，只在清算方式上有差别。……普通的情形是在血缘关系之外去建立商业基础。在我们乡土社会中，有专门作贸易活动的街集。街集时常不在村子里，而在一片空场上，各地的人到这特定的地方，各以'无情'的身份出现。在这里大家把原来的关系暂时搁开，一切交易都得当场算清。我常看见隔壁邻舍大家老远地走上十多里在街集上交换清楚之后，又老远地背回来。他们何必到街集上去跑这一趟呢，在门前不是就可以交换的么？这一趟是有作用的，因为在门前是邻舍，到了街集上才是'陌生'人。当场算清是陌生人间的行为，不能牵涉其他社会关系的。"①

在以陌生人对陌生人的模式下，双方的商品交易采取公平的原则，各取所需，互惠互利。而费孝通先生的邻居宁愿大老远地到集市上去买卖而不必把生意放在门口，显然要回避抬头不见低头见的熟人。熟人买东西，一般人抹不下脸要价。在维护情感的大前提下，交易很难出于"公平"的原则。一定程度的不平等，是为了协调和保护彼此关系，使之长久而稳固。正是人都知道何为公平，都知道底线在何处，才有意暂时"破坏"交换的公平性，以此来增加情感。否则，情感又怎么表现出来呢。

因为不想情感关系影响到正常获利，所以有的乡民就不怕费劲，跑到集市上去做买卖。显然，乡民们之所以如此为之，是要在陌生的环境中搁置情感，把交易纯粹化，纯粹经济化，剔除情感的成分。乡民们采用了双重原则：对熟人，讲情感，肯让利；对生人，则完全是去情的公平交易。对熟人讲公平、讲平等，有伤感情。

一个人付出了情感而未得到期待的回应，他绝不至于抱怨"不

① 费孝通《乡土中国》，北京大学出版社，2003年，第74页。

公平”，只能认定对方“不懂事”，或者检讨自己用情是否足够真诚。如果他立足于情感交换，而有不公平感产生，无形中把情感交换变格成了经济交换——如一对情侣分手，索要分手费、青春损失费等，这个时候，强烈的不公平感便化作了不堪忍受的情绪。

三、认清情绪

情绪的危害性很大。

前面说过，建立良好关系的根本目的是增进情感，那么，破坏关系的根本因素是情绪。有情绪，就看人不顺眼；有情绪，就迁怒于人；有情绪，就彼此失和；有情绪，就愤世嫉俗。所以情绪，还使人不安现状，还有可能使人以激进、极端的方式改变现状。只有在现状的“破坏”中，有情绪者才有“泄愤”的快意。

情绪，有很多种。这里我愿意与大家讨论的，是作为不公平感的情绪。前面我说“**不平等产生情感**”，与之相对的是“**不公平产生情绪**”。

人在受到不公平待遇的时候，是有情绪的，而且还会闹情绪。比如，最常见的“怀才不遇”，就有情绪性反应在内。自以为有才华的人，期待着用世的机会。因为在这类人的意识里，才华与机遇应有匹配度，这才叫做“公平”。如果没有机会，一直蹉跎，沉居下层，备觉失意，便怨恨社会、体制，乃至上天的不公。唐代文学家韩愈创造了个成语“不平则鸣”,这个说法很好。有才华的人深感不公平，就用文学来哀鸣。哀鸣，是情绪的产物。

不公平的事常有，造成的情绪性后果也很严重。问题在于，人应该如何对待和处理不公平。这包括：在与他人交往中，如何不让他人因不公感而产生情绪；以及自己在遭遇不公时如何消除情绪，尽量有平和、稳定的心境。后者，属于“修身”的范畴。在我看来，我们传统文化里谈论甚多的“修身”，实质上是控制情绪，且予他人以情感。无情绪而又能予情于人者，即所谓“圣人”。这种处理自我以及人际关系的能力，也就是“情商”。“情商”简言之即增加情感、控制情绪的能力。

所以，我先从情感能力说起。

（一）情 感 能 力

现在“情商”这个词儿比较流行。一个叫丹尼尔·戈尔曼的美国哈佛大学心理学教授提出了这个概念，引起了持久而广泛的效应，他成功地把大众吸引到“情商”这个新的领域中，让大众意识到处理情感和情绪的能力相比于认知能力更有助于人的成功以及幸福。

1.情商与智商

一直以来，大众总是自发地认为，拥有高智商有助于事业上的成功以及生活上的幸福。戈尔曼则从心理学的角度告诉人们这个想法是错误的，相对于智商，情商更为关键。

从人际关系的角度来看，情感是维持人际和谐的核心因素，而智商高的人往往照顾不到情感，倾向于“立异”以显示他智力上的优越，与“求同”才能增加情感的方向相反。假如一个人性格中智商与情商的比例失调、情商被高智商所掩盖，通常情况下构成了促进人际和谐的障碍。

情商，从正面说，是增进情感的能力；换个角度，就是减少情绪的能力。情商高的人，既能在情感上加深与他人的关系，又能控制自己的情绪及减少他人的情绪。简言之，“情商”是增加情感、减少情绪的能力。

按照中国传统文化经典中的说法，教育小孩成人，第一步还不是认字、读书，而是教他们学会“洒扫、进退、应对”[①]的礼节。什么内容呢？就是把个人及居住环境操持干净、整齐，并且对客人举止文雅、应对得体、彬彬有礼。可见培养的其实是“情商”，可见人格教育其实是情感教育。

晚清名臣曾国藩以擅长育人而著称，他的家书是有名的，可以视作教育子弟的范例。我们看看他于道光二十三年给弟弟写的一封家信，其中谈到：“贤弟性情真挚，而短于诗文，何不日日在孝弟两字上用功？《曲礼》、《内则》所说的，句句依他做出，务使祖父母、父母、叔父母无一时不安乐，无一时不顺适；下而兄弟妻子皆蔼然有恩，秩然有序，此真大学问也。”[②]曾国藩教导他的弟弟把工夫花在“情商”的培养上，而非试帖诗、八股文。能够让长辈们顺适，让兄弟间既有情感又守规矩，这才是真正的大学问。其实，“情商”所起的作用，无非是这两点。也就是说，传统中国士大夫阶层是把情感能力作为人才培养的重要内容。

2.情商与职业取向

情商高的人，可能更适合从事与人打交道的工作。2013 年 5 月 14 日，习近平总书记视察天津人才市场时与毕业生座谈，专门说起“做实际工作，情商很重要”[③]。

我们也来说说。过去老北京著名饭店的跑堂，就是情商很高的人。他们有两个职业特性：一是眼睛看得准。凡是曾打过照面的客人，一旦再来，立马认准，打招呼的态度亲切自然，给客人以熟络感，很受用。对于生客，更是热情了。当然，光有态度还不算很好的“瞭

---

① 朱熹《四书集注·大学章句序》，凤凰出版社，2005年，第1页。

② 唐浩明《唐浩明评点曾国藩家书》，岳麓书社，2002年，第48页。

③ 文章网址：http://news.sohu.com/20130515/n375927402.shtml

高儿”。厉害之处在阅人甚多后练就的锐眼，往往一两句寒暄以及观察穿着和谈吐，大致便可判断来客的身份、地位和消费能力、吃饭意图，随即有针对性地推介，绝少出错。即使同时来两拨客人也应酬得体，不会让客人有厚此薄彼的感觉；二是嘴巴灵。为客人推荐菜肴，站在客人一边，尽心筹划，绝不至于欺客、宰客。极能捕捉和体会客人情绪上的、心态上的细微变化，瞅准客人正在高兴的当头，适时介绍贵点的菜，不但奏效，而且客人还领情①。

2008年的时候，我们公司就已介入了餐饮行业，酒店设施过硬，装修上也精雅。这一点比较容易，只要下定决心，积极落实，不难做到，最难做到的是服务。当然，要服务人员礼貌、热情、客气、周到、细致，也不是培训不出来；培训不出来的是上述老北京饭店跑堂的那种水准的服务。这需要人生阅历和一定的社会心理学素养，即需要的是作为服务人员所必需的“情商”。

情商高的人，也适合从事管理。领袖人物，情商一定要高，情商是领导力的核心条件。近现代人物中，汪精卫这个人比较有意思。他是个情商很高的人，但很悲剧。年轻时代，作为革命志士，积极反清，在全国享有极大声誉，最后却以叛国收场，令人黯然。现在有很多人同情他，但在大是大非上丧失立场，逾越了一个中国人应当坚守的底线，这个是无论如何翻不了案的。我这里特意提到他，是觉得此人具有一种特别之处，有自然而然让人亲近和信任的魅力。

曾负责国民党政府对日外交，后追随汪精卫参与“汪日密约”谈判，最后又与陶希圣一起逃离上海的高宗武，曾经回忆起他与汪精卫初识时的观感：“我对他的魅力和美貌、活泼的面部表情、沉静的仪容以及从而显出的思想深度、生动感人的语气，为之印象深刻。”

---

① 赵珩《老饕漫笔》，三联书店，2001年，第105页。

高宗武还说："像我这样的年轻人，极容易被他的讲话技巧所折服。他会先就一个问题发表自己的意见，然后问你的意见。最后，他会放弃大部分他的看法，来同意你的看法。你会因此非常感激他。"①以汪精卫如此高的地位与声望，肯以舍己从人的态度对待比他低太多的人，当然让对方有受宠若惊之感，这大概是他的独特的个人魅力之所在吧。而这种魅力，实是情商所带来的。

3.认识自己：辨认情绪的发生

古希腊哲学家苏格拉底有名言"认识你自己"，但人对于自我的认识可能是在所有认识对象中最难的。人时刻都在变化之中，换言之，自己和别的认识对象迥异之处即在于它是不确定的。自我认识的问题太复杂，幸好我们不是专门研讨，这里只想谈的是认识自我的一个方面、一种情态，即确切认识到情绪的由来以便控制和消解。情绪的负面效应，怎么说都不过分，大概没人愿意和满是情绪的人打交道、建立关系。一个心智成熟的人，一个情商高的人，标志之一便是控制好情绪，不怨恨，不迁怒，不发牢骚，不得意忘形。

情绪缘何而来呢？关键的一种是不公平感。当人感受到严重的不公平时，往往怨气横生，牢骚满腹。这里要稍微做点解释，前面我们讲过"**不平等产生情感**"，现在又讲"**不公平产生情绪**"，是否自相矛盾呢？不是的，两者没有矛盾。

前面所说的是在情感交换时，自觉地厚待人，让人由此获得更多，从而有情意产生；此处所说的，是在利益分配的格局中，一个人觉察到遭遇不公平，从而有不公平感产生，怨恨、牢骚、不满、气愤、仇视等情绪都是不公平感的具体情态。

如一个企业内，甲自觉能力、资历、业绩，甚至忠诚度都比乙

① 高宗武《高宗武回忆录》，中国大百科全书出版社，2009年，第26页。

要高，但是乙偏偏荣获升迁，没甲的分。甲便有不公平感，心态可能失衡。心态一失衡，紧接着行为可能出现偏差。情绪像瘟疫一样，会传染、蔓延，后果将不可收拾。

刘邦建立汉朝后，分封功臣的事令他很头疼。有天看几个功臣坐在沙地上吵吵嚷嚷，问旁边的张良怎么回事。张良说大伙儿在争功，相持不下。刘邦问怎么办，张良讲，赶紧封个大伙儿公认最不可能受封的人，好安人心。刘邦会意，封他平生最痛恨的雍齿为什方侯。于是人心安定下来，知道受封是迟早的事，刘邦不会负人的，耐心等待即可。刘邦此举，是告诉众人，他分配是公平的，只计功劳，不问恩仇，以此消解了众功臣的情绪。这是解决情绪问题的一个方法，分配公平了，制度公平了，人自然无不公平感，无情绪。

换个角度，人如何主动对待自我的情绪呢？这就需要一定的修养。

（二）修己以安人

强调修养身心乃中国传统思想的一大特色，在第一章时我们已经简单提过了。这里要具体谈的是修身与控制、消解情绪的关系。

1.修身的目的是控制情绪

中国传统思想侧重修身，有多方面的意义。

其一，道德内化于己身，才是真正的道德，否则是假仁假义。内化，靠修身的工夫。高度认同某种道德，且在矛盾冲突的时刻排除干扰和诱惑，一意坚持。长久修炼，意识高度纯化，道德行为就自然，较少做作的成分。

其二，修身对“治国平天下”所起的前提性作用。这是“内圣外王”的老命题，修身以“成圣”为目标，为“治国”提供精神修养上的支持。如果把“外王”泛化，理解成一般性地做事，那么这个命题对一般人也有实际价值：要想把事情做好，除了技术上的准备，精神上还必须经过细致、精深的淬炼。如此方能胜任而愉快。

历史学家钱穆先生就此也有过很好的议论，他在上世纪六十年代中曾于某空军基地发表演讲：“我因此次到空军各基地，遂更亲切悟到中国禅宗与宋明理学家所发挥之‘心性修养’，实非仅在深山寺庙与私人书斋中一番闲谈论、闲工夫。即使现代最机械、最紧张的斗争场合中，依然同样需此训练，合此教义。空军如此，海军、陆军事可例推。军队如此，工商实业界亦可例推。军事与经济如此，政治、教育乃至其他一切文化要项，同样亦可例推。要言之，中国历史上唐、宋、元、明四代禅宗理学家所言心性修养工夫，既可通之现代最机械最紧张之空军生活，岂有不能通之于其他职务乃及一应日常人生之理。”① 钱穆先生提到的禅宗也是中国人建立修养观的一个理论资源。禅宗讲“平常心是道”，修养，从这个角度来说，是锤炼平常心，保持心态的平稳与随和。平常心，按照我们的理解，是自我的内心平等调适。

其三，修身对于养生所起的作用。中医的养生之法，除在饮食起居上有讲究外，还有是心性的修炼。力求清心寡欲、心态平和。清代的养生名家曹庭栋在《老老恒言》一书中有《省心》章，专讲化解情绪。

他说：“世情世态，阅历久，看应烂熟，心衰面改，老更奚求？谚曰：求人不如求己。呼牛呼马，亦可由人，毋少介意，少介意便生忿，忿便伤肝，于人何损？徒损己耳。”② 人情世态阅历久了，对不必要动气的事就不必动气。动气伤肝，于人无损，只是害自己而已。

① 钱穆《中华文化十二讲》，九州出版社，2011年，第3页。

② 曹庭栋《老老恒言》，人民卫生出版社，2006年，第23页。

又说:“少年热闹之场，非其类弗亲。苟不见几知退，取憎而已。至于二三老友，相对闲谈，偶闻世事，不必论是非，不必较长短，慎尔出话,亦所以定心气。”[1] 不是适合出入的场合,要懂得见机而退,否则讨嫌。是非长短少点计较，情绪自少！是否太消极了呢？也不能这样说。世事复杂，不是简单的是非长短可以论定的，过于计较这一点，难免火气旺盛，损伤自己。

还有一点也值得注意，他说:“凡事取人代劳，事后核其成可也，或有必亲办者，则毅然办之，亦有可姑置者，则决然置之。办之所以安心,置之亦所以安心,不办又不置,终日往来萦怀,其劳弥甚。”[2] 说的是省心安神的法子，也说的是管理的法子。我自己办事的原则，凡能够亲自办理的，不必假手于人；实在办理不过来，到必须授权的时候，勇于授权，不起疑虑——管理就是授权的艺术，事后能考核更好，不再操心。否则，要么患得患失，要么手忙脚乱，事情既糟糕，情绪也不好。中国传统思想，把治身与治国放在一起谈，看重两者的内在相通性，是很有道理的。

总之，修身不管它最后的指向如何，最要紧的工夫还是要化解不良情绪，让心情能够安定下来，始终处在平和稳定的状态中。

2.修身的用力方向

修身有个用力的方向:向内、内倾,以“无我”为主。什么意思呢？难道说人要放弃他的意志，成为没有思想和能动性的玩偶之类的东西，才是最好的状态？不是这个意思，所谓“无我”，是说不要把自己放在一个固定的位置上，把自我中心化；一旦中心化了，就固化下来，失去了变通、转圜的余地。这是人无法控制情绪的心理根源。情绪，无非是环境或者他人的反应与自我的立场和预期发生抵

① 曹庭栋《老老恒言》，人民卫生出版社，2006年，第23页。

② 曹庭栋《老老恒言》，人民卫生出版社，2006年，第23页。

触。自我立场越是强硬，越是缺乏弹性，所遭遇的抵触越大，情绪也就越大。

所以，适当调整自我，在不利的情况下有转移立场、视角的能力，将能很好地消除情绪，心态平和，不至于让莫名的情绪冲昏头脑，搅乱关系。

有个笑话：两个人为三七等于二十一还是二十二争个不可开交，官司打到县太爷那里去。县太爷大怒，命衙役狠打那个三七二十一的人。他叫屈，怎么连县太爷也不明事理犯糊涂了呢？县太爷说，那人都偏执到三七二十二了，还与他争，不该找打么！把自我固化，如同那个三七二十二的人，会偏执到匪夷所思的地步。遇到这样的人该怎么办！而我们又经常在生活和管理中遇到诸如此类的现代偏执者。

此外，“无我”还有一层意思：不要把自己看得太重要。过于看重自我，无形中贬低了对方，不把别人看低就不足以把自己抬高，这个逻辑是明摆着的。中国古代文人，有个很认真的想法：以天下为己任，要为万世开太平。这种想法，能赋予人极大的尊严感和责任感，使得社会多了群不计功利而心系长远的忧国忧民之士，非常令人尊敬。虽不能至，心向往之。需要警惕的是，这么想，可能太高看自己了。现代有个著名文化人，有回乘船，遇上风浪，有点惊险，但他神色坦然，别人问他为什么不担忧，他说他肯定不会出事的，因为他遇难了，中国文化也随之玩完。这种狂放不羁，不乏人欣赏；只是认真过了头，就近于荒唐可笑了。

过于看重自己，一是看低了别人；二是为自己加上虚妄的责任，也就招惹了许多不必要的情绪。老子说“自知者明”，大有道理。明了自我的边界，知道要做什么以及能做什么，行于所当行而止于所不得不止，自然情绪较少，不会怨天尤人。

3.安人

《论语》上有句话“修己以安人”。“修己”是控制好情绪;“安人”的目的则使人无情绪，无情绪自然心安。管理，很大程度上就是减少或者避免被管理者的情绪反应。如果被管者的脾气特别坏，情绪很糟糕，心情激荡，怎么说都难说得通。就像青春期的孩子，他的情绪若上来了，逆反心特重，父母说得越有道理越是顶嘴。有经验的人，在与人沟通时，很重视管理对方的情绪，尽量创造条件弱化对方的反应，使其心安，心安便容易接受意见了。

从前学过一篇文章，至今记忆犹新，是《战国策》中的《触龙说赵太后》。赵太后当权，强秦举兵来攻，赵国向齐国求救，齐国出兵的条件是以老太后最宠爱的小儿子长安君作为人质。老太后不愿意小儿子孤身涉险，拖着。赵国的大臣们等不起，纷纷游说太后，大概话说得太直、太重，冒犯了太后，太后发脾气了，放下狠话：今后谁再提这事儿，必吐口水到他脸上。事情就此僵住，赵国也岌岌可危。此时，大臣触龙出面，他很有经验，知道太后在盛怒之际，话不投机半句多。所以务必先安抚好太后的情绪，触龙见太后，先不提人质的事，从老年人的起居生活说起，一下子拉近两人距离；再从父母关爱子女的角度讨论怎么做对子女的将来更有利，怎么做才真正叫做爱子女，情真意切，令太后不知不觉中接受，太后的意志暗中随着触龙的思路转移着。这是通过安抚、化解情绪达成所愿的范例。

在我看来，第一流的管理人才，能让人和自己都怀有情感，关系越来越融洽亲密；而最坏的管理者，是让人满肚子情绪，自己也不得安生。好像杜月笙也说过类似的话：头等人，有本事，没脾气；二等人，有本事，有脾气；三等人，无本事，无脾气；末等人，无本事，有脾气。脾气，就是情绪。

（三）消解情绪的方法

我们讲过，**不公平产生情绪**。如果要消解情绪，保持心态的平和与稳定，自然是从“公平”入手，理解和运用“公平”的原则。

1．“不望报”与“不忘报”

中国有句俗话“施恩不望报”，帮了别人的忙，就不要指望他的回报。这种做法，有助于减少自己的情绪。如果指望着对方的回报而回报又不及时或者不到位，难免不爽，心情受到影响。网络上曾经讨论过公交车上给老弱病残者让座的事，有的年轻人并不缺乏公德心，见老人在旁一般不会故意转过脸或者低下头，权当没看见，多会起身相让。后来让的人少了，是因为很多老人受让后一句感谢的话都不说，视为当然。这种反应让让座者寒心。其实，这就是“望报”的心态在作祟了，一旦没有产生回报，帮人的美意顿时变成恶劣的情绪，不堪忍受。实际上，这是用经济交换的公平性不自觉地来要求和规范情感的交换。所以，所求情感不得，变成了“情绪”。

还有更典型的例子。前些年，某个明星捐助过一个贫困大学生，最后结果不太圆满，该学生被捐助人视作忘恩负义，闹得不欢而散，很可惜。媒体在报道此事时，特别谈到该明星并没有把这学生看成一个单纯的捐助对象，更当作家人。可想而知，正因为她有这样的想法，所以当受捐者的回报不如期待，她的情绪落差很大，会感觉一片好心付之流水，可能还有慈善不可为的念头。其实，情绪来自于自我期待的不恰当。施恩者与受惠者的关系事实上是不平等的，受惠者的自尊与自卑处在微妙而脆弱的平衡状态，很容易被打破。当受惠者的自尊心在某种条件下占据上风，对施恩者就造成不知感恩的印象；而施恩者的优势地位以及他的情感关怀，甚至自加的责任意识自然而然地又构成对受惠者的心理挤压……情绪便在此过程中逐渐积累起来。

我自己也有过类似的经历。上世纪九十年代初期，我有个同学在北京一家饭店办酒类展销会，说好请我和另一个朋友帮忙。我们三人齐动手，展销会办得比较成功，他赚了不少钱。事情完结后，他只是把展销剩下的一点产品送给我们，再无其余表示。我老婆在家里嘀咕、抱怨，说出了这多力，却连一点实惠也没捞上。而我当时，也的确抱有期待，认为他应该适当回报一下。后来转念一想，事前明明说好是请我们帮忙，没说是合伙共事。因此，这事儿纯是情感的性质，而非利益关系。有念于此，安然释怀，觉得为朋友做了件挺好的事。但另外那个同学没想通，找他牵扯了几回，结果关系搞僵了，互有情绪，直到现在还未化解。后来我下海，找这个同学借钱，他二话没说，当即借我一百零八万，连借条也没让我打，我两年才还清。这个同学叫闵正道。

施恩不望报，是预先调整和降低自己的期待，尽量把施恩的事处理得单纯些，避免产生不必要的情绪，把好事变成了坏事，甚至错事。

至于受惠者，则不可忘记回报。人在困难的时候，最好不要轻易寻求或者接受他人帮助，这意味着一份情感的重负，是很难承担的。但既然接受了恩惠，那就要在合适的时候有所回报，以免让人产生不必要的情绪。

高阳的历史小说《红顶商人》有段写胡雪岩报恩的故事，颇为动人。胡雪岩因擅自资助王有龄，被钱庄辞退，生活困顿，落魄不堪。某次急需用钱，不得已向钱庄掌柜张胖子的妻子开口借五两银子。胡雪岩事先申明境况不佳，不知什么时候能够还钱，所以用他娘的风藤镯子作为抵押，虽然镯子不值钱，却是他娘所用之物，作为抵押表示不忘这个情。等胡雪岩发达起来，还了五两银子，另备精致水礼，以表谢意。张夫人要还镯子，胡雪岩拒绝了，他说此时的五两银子绝没有他在落难时的五两银子那样重要，所以欠的情还未还，镯子仍放在她手里。后来张胖子有难，他妻子私下请胡雪岩帮忙，顺便要还镯子。胡雪岩帮了忙，但仍拒绝收回镯子。他的理由是帮张胖子的忙出于同行的义气，男人在外做生意与女人无关，所以欠的情不能简单“划账”。胡雪岩要张夫人把镯子仍旧收着，表示将来一定做件令她称心如意的事，才算是把情补上。胡雪岩这个人有人情味，从他报恩的这段小故事，即表露无遗。

2.少做承诺，但比承诺做得好一点

少做承诺，是与人打交道时减少对方情绪的法子。个人是这样，企业也是这样。首先申明：少做承诺，不等于规避责任，缺乏担当精神。这是两回事。有的人少做或者不做承诺，是担心后果无法面对，无法收拾。我所说的少做承诺，乃着眼于减少情绪。

凡对人做出承诺，对方心理上有意或者无意必将产生一定期待。世事繁复，变数极多，很多因素、条件都在当初预料之外，非人力所能揣测和控制。一旦做出承诺，完成不了，不仅让自己信誉受损，更让人的期待落空，情绪由此产生；如果对方是一个缺乏宽谅心态的人，不能设身处地着想，激烈的情绪落差进一步损害彼此的关系。这种伤害是很难进行事后补救的。

还有，少做承诺，对方期待值则不高。根据实际情况，秉承诚意，为对方多做一点力所能及的事，不求对方的回报；反而更能取信于对方，令他刮目相看，生出情感来。

清代人石成金编过一本叫《传家宝》的书，其内容都是些为人处世的格言，颇多经验之谈。其中有条讲的是承诺之道，有可采处。他讲：“凡说话行事，或有他人求教者，我虽能得十分，止当谦应五分，到后行出多来，彼人自加敬悦。切莫预先满口允诺，倘若行不践言，非独自己惭愧，且又贻笑招怨。”能做十分，却只谦应五分，留下余地，从容展效，对方自生出许多情感来。如果满口承诺，到时候做不到，自己惭愧是小，还招来对方的怨恨。但要注意，承诺留有余地，绝非为了易于更改。承诺，意味着坚守。石成金特意强调：“言不可轻说，亦不可轻诺。但一说一诺之后，就不可更改。若说话更改，不如不说。若应诺更改，不如不诺。”

这样的经历我是很多的。最初我们企业没有多少经验，在西安开发高山流水别墅期间，售楼时为吸引更多的业主，我们做了很多不切实际或者以为切合实际而没有深入、细致评估自身能力、条件的承诺。当时皆大欢喜，没有问题。但业主对承诺是在意的，是放在心里的。待楼盘交付，很多承诺由于各种原因没有兑现，业主找上门来，一一对照，有的我们自觉理亏不好多说，有的又怨业主吹毛求疵、锱铢必较等等，诸如此类的情况很多。即使情况顺利解决，业主依然不乐意，有情绪，抱怨我们解决不及时、不到位，非得他们硬催，增加时间和沟通上的成本。双方的隔阂犹在，潜伏着。经过多次教训后，我们很认真地对待承诺了。

我们的原则是少说、多做，尽量超出业主的期待。我们开发“高山流水 · 幸福快车”楼盘，交付后，发觉景观不尽如人意，还有调整和改善的余地，我们又花了很大代价来完善景观。这已经超出了对业主的承诺，因而增加了情感。小区景观完成后，非但让本小区的业主惊叹称美，对我们公司更加认同，邻近小区的业主们也喜欢来此休憩。

少做承诺，不是为少做事寻找借口，而是让多做的事让人认同，产生更好的效果，增进彼此情感，减少不必要的情绪。

3．“破窗效应”：不把情绪放大

美国斯坦福大学心理学家菲利普 · 辛巴杜在 1969 年进行了一项

实验：他找来两辆相同的汽车，一辆停在秩序井然的中产阶级社区，另一辆则停在相对杂乱的贫民区。后者，车牌被摘掉，顶棚被打开，并于当天被偷走；前者，过了一星期，还是安然无恙。辛巴杜又用锤子把那辆车的玻璃敲了个大洞。结果呢，仅仅过了几个小时，它就不见了。

以这项实验为基础，政治学家威尔逊和犯罪学家凯琳共同提出了一个“破窗效应”的理论，他们认为：如果有人打坏了一幢建筑物的窗户玻璃，而这扇窗户又得不到及时的维修，别人就有可能受到示范性的纵容而去打烂更多的窗户。久而久之，这些破窗户就给人造成一种无序的感觉，结果在麻木不仁的氛围中，犯罪现象得以滋生、猖獗。常能从新闻报道里看到的，一些热点地区，如中东出现的打、砸、抢之类的现象，即是如此。

“破窗效应”同样可以解释情绪的蔓延。情绪，假如得不到及时的注意和控制、化解，将如种子，暗存于心中，只要适合情绪发生的环境、条件没有解除，它将逐渐滋长，直至矛盾激化，再也控制不住的时候，突然爆发出来。甚至在爆发后，转念寻思，连自己都大惑不解，不明白为什么会发如此大的火，生这么大的气，以至于像变了一个人似的。所以，对于情绪，切勿等闲视之。它具有自发的放大的趋向，我们要能够自觉控制住。

我们讲“不公平产生情绪”，情绪是在对比而备觉不公的情形下产生的。因此，与他人的比较，往往是自觉不公平而把情绪放大的原因。我们常说，有时候“越想越气”，那就是在反复比较中，觉得人有我无，人多我少，极不公平，从而放大、加剧了情绪。

鲁迅《阿Q正传》里，阿Q去摸小尼姑的头，受到训斥，阿Q说“和尚动得，我动不得”。阿Q的逻辑是：既然和尚能动尼姑，那么他也有权动。这个逻辑是荒谬的，其前提不具备真实性，其推论也毫无道理。但阿Q振振有词，堂而皇之，显然是建立在某种“公平”的逻辑基础之上。利益均沾是公平的，见者有份，和尚能动，大家也就都能动。反过来,如果不让阿Q动,他还闹情绪,因为这也太不“公平”了。革命的风潮卷入阿Q所在的未庄后，阿Q率先打出了革命党的旗号，令他洋洋得意于一时，而他素来瞧不起的小D也盘起了辫子“闹革命”，阿Q又有情绪了，小D怎能与他并列呢？这不“公平”！当阿Q动小尼姑而无情绪的时候，是他自觉有资格与和尚比较；当阿Q见小D也闹革命而有情绪的时候，是他自觉小D没资格与他比较。

阿Q的形象很典型，他的逻辑主宰着日常生活中我们很多人的情绪。比如挤公共汽车，有人使劲往上挤，即使车上的人喊没位置挤不上去了他也不理会，他觉得既然前面的人能上去他也应该上去；等他上了车，后面的人挤他，他对人喊没位置、挤不上去了。如果不让他上车，他有情绪，“凭什么不让上”；等上了车，后面的人再来挤他，他同样有情绪，“这么拥挤了还上个什么上”。如果再分析一下，情绪的背后其实隐藏的是个人的利益这一核心要素。他要上车，是他的个人利益必须得到保障；反感后面的人上车，是他已得到的个人利益不容侵犯。公平与否，都是以此为判断标准的。

第三章

在商言商

我出过一本叫《中国商人》的诗集。经商之余，偶有兴致，信笔写上几句，聊发感想，仅供自娱。该诗集取名为《中国商人》，乃因我现今的生存方式就是经商，所以表述一下普通商人的心声[①]。而我一向对事物有寻根究底的习惯，既为商人，在商言商，我就想知道商人的前世今生，商人的来龙去脉，商人的义利纠结，由此就做个追溯。

---

① 2012年岁末，我又写了首《我是一个商人》：我是一个商人/牛车拉着桑歌和丝绸/从河南到河北/黄河啊黄河/我要过河//我是一个商人/牛车拉着易水的哀歌/从安邑到洛阳/黄河啊黄河/我要回乡//我是一个商人/帆船载着我们的祖先/从夏商周到唐宋元明/辨贵贱、调余缺、度远近/黄河啊黄河/我要出海//我是一个商人/历史载着历朝历代的争吵和思考/从春秋战国到改革开放到2012/重义轻利还是义利并举/还是天下为公/从南方啊到北方/问人民。

一、原　　商

“辨贵贱，调余缺，度远近”，据说，这句话是上古时总结出的经商经验。意思是，商品价值的高低、贵贱取决于市场需求。需求紧迫而又供给短缺，商品价值自然就高。由此之故，预测市场行情，做好商品储备，在具体条件下，评估、衡量、计算“远近”（“远近”有两种理解：一是路程的远近；二是利益的远近），以便做出合理的决策。这九个字，立足于供求关系下商品的价值属性，概括了贸易的基本规律，放到今天，也是适用的，说明我们这个民族很早就有敏锐的商业嗅觉。

（一）商 人 辨 源

犹太人很擅长经商，这在全世界都是有名的。自罗马帝国攻陷耶路撒冷直至1948年以色列建国，其间的两千多年犹太人惶惶如丧家之犬，以遗民的身份流落于世界各地，而在商业领域内却一向经营有道。与犹太人类似的，是中国最开始的一批商人。

1．“商”人与“商人”

中国历史上职业性的“商人”群体，一般认为来自商代的遗民。“商人”之商，本指的是殷商。

传说商人的祖先契，辅助大禹治水有功，被封于商地。商族善于贸易，契的六世孙王亥，常亲自与他族交易，不幸被有易氏杀害，其子起兵灭了有易氏，替父报仇，商族的势力由此扩展。到王亥的七世孙汤，利用贸易为武器，削弱对手夏的实力，最终取代夏桀，建立商朝。如果传说属实，那是最早有意识地把经济力量作为政治斗争的工具。

周武王灭掉殷商后，把殷商本土分成三大部分，派他的几个兄弟以重兵弹压。武王死后，成王继位，周公摄政，驻扎在殷商故土的那几个王叔不服气，和殷遗民串联起来作乱。周公东征，用了三年的时间才彻底平息叛乱。又建立了洛阳作为周监控东方的军政中心，号称“成周”。周公为控制殷商遗民，把大部分人迁到洛阳，叫他们“顽民”,“顽”,有冥顽不灵的意思。足见周人对他们歧视、防范、猜忌之深。这些亡国者受到严密管控，丧失了权力，没有土地，当然无法向主流社会靠拢，为谋生计，东奔西走，搞起了买卖。做买卖，作为胜利者的新朝达官贵人当然不屑为之，而平民们忙于耕作，也无从顾及。这倒好，反而给殷商遗民留下一个发展的空间。久而久之，社会便以“商人”来称呼这一专门从事贸易的阶层。

到春秋时，商人身上的亡国孑遗者的色彩淡化了，成为与士、农、工并列的，同为社会所需的职业。许多周人，甚至是贵族也进入经商的行当，商人的影响力大起来了。当时的郑国很注重保护商业和商人的利益，郑国著名的大政治家子产，提到郑国先君曾与商人有过盟约:“从前我们先君桓公和商人都来自周，一起劳作，斩除杂草，共同开发这个地方，建立城市，相处很好。还立下誓言，世代相守，直到今天。誓言是‘你们不要造反，我也不强买，也不抢你们的东西。你们发了财,繁荣了市场,我也不干预’。”商人只要不背叛国家，国家也不对商人强买，尊重商人的自由交易。划定好双方义务的边界，彼此相安无事。

“商人”这个称呼出现得较晚，是在殷商灭亡后；但商人这一职业早已有之，殷商时期就有了。

2.贝币

商业活动离不开作为价值尺度和流通媒介的货币。中国最早的货币，一般认为是贝类。文字是活化石，远古时代以贝壳作为货币的情形遗留在文字中。现代汉语中，指示价值性、交易性的语汇都从“贝”。如，财，贸，赠，贡，买卖（繁体字是“買賣”）等等。这似乎是在暗示，中国必有一段使用贝类作为货币的时期。

西汉人编的《盐铁论》，扼要地梳理了货币演变的简史，“币与世易，夏后以玄贝，周人以紫石，后世或以金钱刀布”[①]。货币随着时代的变化而变化，夏代通行的是玄贝，玄有黑的意思。古代往往选定某种颜色作为政治的象征，夏崇尚的正是黑色。商代的贝类货币，已经得到考古材料的充分证明。1953年河南安阳发掘出的商代墓群，将近一半发现随葬有海贝。商王武丁的妃子妇好墓中有七千余枚海贝。考古学家们认定，如此庞大数量的海贝，绝非装饰品那么简单，极有可能是作为财产来陪葬的。

奇怪的是，为什么夏商人选择贝壳作为货币呢？据考古发掘，出土的贝壳货币，个头较小，呈卵圆形，背部突出，壳口狭长。有人猜测，贝壳像极了女性生殖器，选它作为货币，除了容易携带、分割、称重、计量等物理特性外，还有一点，可能暗含着某种形而上的货币观。

女性生殖器，在古人看来，是生命的源泉。老子就是用它来比喻大道，他说过“谷神不死，是谓玄牝。玄牝之门，是谓天地根”，“谷神”，即道；“牝”，即女性生殖器官。道，犹如女性生殖器，神秘幽深，万物均由此处而来，是生命的发源地。彭信威先生的《中国货

① 王利器《盐铁论校注》，中华书局，1992年，第57页。

币史》，谈及贝币时，引用了西方人的说法："有人以为原始社会的人，以贝壳象征婴儿出生的门户，把它看作生命的源泉，大家穿戴在身上，作为一种吉利的护符。甚至以为可以助产和使妇人多产，有时用以陪葬，使死者获得新的生命力。"① 可这只是说贝壳作为寄寓着某种祈望的装饰品，而无法说明为何作为货币。

有人猜测用贝作为货币，可能含有生生不息的用意，所以后人干脆还用"子母"来形容本息的关系，即以钱生钱。将本求息，钱上生钱，既说是"生"，类似生殖，无疑应有"情"的因素在内。经商目的是求利，利如何"生"出来呢?

靠"情"。

3.《史记·货殖列传》中的三个大商人

由春秋到战国的几百年是中国历史上的一次大的转折期，传统相对静止的社会结构被打破了，风云激荡，社会中蕴含着巨大的活力，各种人物在历史提供的机缘中应运而生。除了早已为人熟知的诸子百家在思想学术领域做出的开创性的贡献外，商人也是不容忽略的群体。这个时期内，涌现出一大批富商巨贾，他们同样是闪烁着光芒的人杰。

司马迁慧眼卓识，看到了商人的价值，特意为他们作传，这就是《史记》中的《货殖列传》。更可贵的，司马迁不是古板刻薄的道德先生，他不讳言利，他认为求富贵是人的天性，不必教，自然会做。只要国家权力不干涉，民众自发地贸易，互通有无，各地物产周流天下，财富如水滚滚涌出，社会由此繁荣、富庶起来。司马迁最反对政府与民争利，而主张采取放任政策。这一眼光，非常卓越，放在今天，也不过时。所以有的经济学家，像张维迎教授，就认为

---

① 彭信威《中国货币史》，上海人民出版社，2007年，第10页。

司马迁是中国最早的，或许是人类历史上第一个市场自由主义者。

从严格意义上说，《货殖列传》应是《史记》最后一篇（实际上最后一篇是司马迁的自序，古人著书，习惯于把自序放到最后）。这是否在暗示：能终结历史的，就是个经济问题，或者说财富问题呢。我不知道，只是猜测。

我所感兴趣的，是司马迁记载的几个大商人。

（1）范蠡

头一个，是著名的范蠡。这是个传奇式的人物，搞政治厉害，帮助越王勾践灭掉吴国，一举称霸。范蠡为人又机警，意识到勾践的狭隘和忌刻，敢于放弃分享胜利的果实，功成身退，保全了自己，比同事文种的结局好多了。范蠡真是一等一的人才，不玩政治转而经商，同样在行。他看中了定陶这个地方的区位优势——定陶是各国物产的集散地，交通便利。

范蠡做买卖，眼光精准，迅速累积起巨量的财富，人们尊称他为陶朱公。司马迁说范蠡的经营特点是“与时逐而不责于人”，什么意思呢？《孙子兵法 · 任势篇》中有句话“善战者，求之于势，而不择于人”，与范蠡相通。只是一个用于经商，一个用于打仗。它背后的哲学基础就是后来黄老道家的“因循”思想，我在我的著作《知音文化五讲》中曾做过简要的分析。简单来说，做小买卖靠个人的辛劳努力，做大生意则不然，要观察和掌握时势的变迁。如果能预测到经济周期的变化脉络，踩准发展的节点，其收益是惊人的。

《货殖列传》里还提到与范蠡并驾齐驱的计然，关于此人的来历，众说纷纭。通行的说法把他认作范蠡的老师。他富于经济头脑，提出一个命题“财币欲其行如流水”，认识到货币流通的重要性。明代小说《金瓶梅》，主角西门庆也是个商人，他对货币的个性也有同样的认识：“兀那东西是好动不好静的，曾肯埋没在一处？也是天生应人用的，一个人堆积，就有一个人缺少了。因此积下财宝，极有罪的。”积财，反倒有罪，这是个新鲜而又深刻的说法。货币的价值就是在流通中增值，这是货币作为货币的天性，阻碍货币的流通，当然是有罪的了。

我们公司取名“高山流水”，主要用意是传递“知音文化”；不过，这个名字还有深意，要求我们尊重货币规律、资本流通的规律，做到“行如流水”。

（2）子贡

第二个，是孔子的高徒子贡。子贡小孔子三十一岁，按今天的标准，大概是一代人的距离。从《论语》里看得出孔子非常喜欢子贡。原因大概有几个吧：第一，小伙子头脑灵活，反应明敏，语言爽利，老人家挺中意的；第二，小伙子实际能力强，不是只会啃书本的呆子，办外交是把好手，还能经商赚钱。

孔子带着一大帮子学生周游列国，一路上的花费定然不少，我猜想——当然没有史实根据——懂经营的子贡大概为老师及同门师兄弟这个志在接管哪个国家的权力的团队动过脑筋、付过账。搞政治如果没有可靠的、稳定的、自足的开销，是搞不下去的。即使革命队伍，也要请客吃饭。所以，子贡是孔子团队里难得的干实事的人。如果要说儒商，那子贡才是最早的、最正牌的儒商。

孔子评价这位高徒说：“赐不受命而货殖焉，亿则屡中。”子贡大名是端木赐，不受命，是说他不接受既定的命运的安排，很活跃，不爱守本分；“亿”是臆测的意思，子贡做起生意来，对经济周期，预测精准，很少落空。他可谓生财有道了。

我们公司在西安开发一个叫“星币传说”的项目。为增加这个项目的文化内涵，落实我们“文化地产”的价值追求，我们和原西安美院雕塑系主任、现中国国家画院雕塑院执行院长陈云岗教授合作，选取古今中外三十多位在经济思想以及财富创造上有杰出表现者，一一雕塑成像，定名为“陈云岗雕塑艺术一条街”。其中中国的头一个，定的就是子贡。子贡是个极好的象征，证明儒门讲义，但不废利，甚至有义在心，牟利也牟得安稳、自在，更令世人尊敬，令历史生辉。

（3）白圭

第三个是白圭。司马迁说他“乐观时变，人弃我与，人取我与”，很明显他富于智慧。类似如今的炒股票，低位买进，高位卖出。

白圭挺自负，他说:“我治生产，犹伊尹、吕尚之谋，孙吴用兵，商鞅行法是也。是故其智不足与权变，勇不足以决断，仁不能以取予，强不能有所守，虽欲学吾术，终不告之矣。”经商所需要的素质，诸如智慧、勇决、仁厚、强韧等，与从政和打仗别无二致。

我特别要提“仁不能以取予”这句话,什么意思呢？在白圭看来，所谓仁爱，就在取予之际。一般人多认为，在商言商，无关乎情感，亲兄弟也要明算账。掺杂进情感，取予不分明，是笔糊涂账。

白圭的看法要比常人更深一层：商业里不是不能有仁爱的情谊，问题是怎样把情谊恰当地体现出来。这需要智慧和真诚；在仁、义、礼之后，还需要智和信。白圭的意思是：给予就是获取，让利就是受益，退后就是前进，为人才是真正地为己。即，给人的“物”越多，自己所收获的“情”更多。此即《老子》所说的“既以为人，己愈有；既以予人，己愈多”的逻辑。道理在于：予而不取，往而不来，所予的就不再是单纯的“物”了，还有“情”。有“情”在，便能很好地赢了人的信任、认同和拥戴。我所说的“**不平等产生情感**”就是这个意思。

从范蠡、子贡和白圭这三个最早的大商人身上，就已发展出中国商人经营上的特性：严格遵循商业世界的规律，精明强干，精于算计；同时，更有不计利害、讲究情谊的另一面。

（二）明清商帮一瞥

明清商业发达，逐渐形成了地域性的商人集团，如著名的安徽商人、山西商人、陕西商人、江苏商人、浙江商人等，因此有赫赫有名的“十大商帮”之说。当然，这种商业集团是松散型的，但是在这一群体身上，还是体现出某种中国商人经营上的共性。明末的学者宋应星说：“商之有本者，大抵属秦、晋与徽郡三方之人。”我们就选择陕西、山西和安徽商人简略说一说他们的经营方式。

1.秦商

明代人张翰，在他的《松窗梦语》中，提到了明代陕西的风俗及商业概况：

“河以西为古雍地，今为陕西，山河四塞，昔称天府。西安为会城，地多驴马牛羊，旃裘筋骨，自昔多贾，西入陇蜀，东走齐鲁，往来交易，莫不得其所欲。至今西北贾多秦人，然皆聚于汧雍以东至河华沃野千里间，而三原为最。”①

这段话，交代了明代陕西商人在整个西北的重要地位以及他们的活动轨迹。明代在陕西地区实行“食盐开中”、“茶马交易”、“棉布征实”等特殊的经济政策，这刺激了商业的活跃。陕西商人乘时而起，利用陕西的区位优势以及物产丰盛的特点，积极开展贸易，往西进入陇蜀，往东到齐鲁，并逐渐形成以泾阳、三原为中心的商业集团。

清雍正时的《陕西通志》中有相关记载：“泾阳为西安巨县，政

---

① 张翰《松窗梦语》，中华书局，1997年，第82页。

繁而道冲，俗美而习敝，民逐末于外者八九。”泾阳民众中，经商的占到人口总数的八九成，纵然统计数字有夸大的成分，但比例也不会太低，于此可见泾阳商风之繁盛。该志提到三原：“民多商贾……每数年不归，劝令买地耕种，多以为累，思欲转移令务本轻末，其道良难。”三原人热衷经商，奔波在外，长年不回，即令劝说他们买地耕种，很多人却视作累赘，总之要让他们放弃经营、回归务农的本业很难。

至于陕西商人的经营之道，一个重要的特色，是自觉坚持以义御利的价值导向。河南开封山陕会馆上刻有“公平交易”、“义中取利”的字样，可见陕西商人的道义感是很强烈的。这既是儒家价值观的熏陶所致，也缘于在异乡经营，唯有以“义”立身，方能取信于陌生人。

有些个典型的陕商，我们来说说。富平人刘邦祯，在湖北荆州做生意。他豁达大度，为人仗义。每贷钱，总让银五两，不多要；又常常贷粟散财，多数时候不取利，烧借据、免欠账的事不少，受到世人的称颂。

三原人高友槐，起初为官，苦于俸禄微薄，难以养家，于是下海经商。他富而有仁，借钱给人做生意，在期限上总有所宽免，酌情取利；对那些还不起的，从不催债，反而厚待，资助回乡。他的德行令人信服，起家巨万[①]。

三原人胡汝宽从事典当业，并不盘剥人。“里俗出粟收息，类与母埒（读 liè），公减息之半”[②]，当地惯例，利息大概接近本金，胡汝宽的做法是减半，其结果是，他的名声由此传扬开来，无论远近，

① 刘邦祯、高友槐事迹引自李刚、王俊霞《大商载德——明清陕西商帮的诚信经营精神》，载于2008年12月15日《华商报》。

② 转引自傅衣凌《明清时代商人及商业资本》，中华书局，2007年，第158页。

处在困穷中的人，多来仰仗他。再者，他宽免期限，即使有借贷者以田产、牲畜抵押，他坚决推辞，不想断人生路。收获时，有以粟抵息者来，无粟者亦来，最后人人皆能如愿以归。久而久之，他以此壮大家业，所以家乡舆论公认，以扶助人而富足的，必有胡汝宽。

明清时陕西商人中，像刘邦祯、高友槐、胡汝宽这样，凭借豁达、仁爱的气派、作风而起家的，有很多，几乎可说是一种经商共性了。简言之，是牟利而不局限于利，以扶人、济人的心意来经营，所以有令人钦服的商业信誉。他们一以贯之的做法，都暗合我们总结出来的“**不平等产生情感**”的原理。

2.晋商

晋商在14世纪中叶到20世纪初以善于经商著称于世。晋商经营的范围，囊括了盐业、粮食业、棉布业、丝绸业、茶业、颜料业等等；在晚清还开办了票号这种金融信用机构，形成了以平遥、祁县、太谷为核心的三大帮，其分支机构遍布全国各大城镇。山西位居内陆，交通不便，其时资讯也不发达，晋商竟能执全国金融界之牛耳，其事颇值得琢磨。

印象中中国人一向闭塞、保守，细究起来，这种说法站不住脚，至少于晋商而言。晋商早就涉足国际贸易了，明代已经有晋商兴贩于海外，清代则与俄罗斯有过对外贸易，足迹还踏入今天的伊朗。此帮商人大概是中国商人里最早有国际视野，最富于冒险精神的。

经商讲求信义，晋商尤重，关羽崇拜，即为显例。关羽，本是山西解州人，晋商崇拜关羽，是因为民间传说中他已经成为“义”的化身。“义”，对于经商者来说，意义非同一般。

河南南阳社旗镇有“山陕会馆”，该地至今尚保存着一块“同行商贾公议戥称定规矩”，相对于商会公约，上面说：“赊社店，四六客商集资兴贩之墟。原初，码头买卖行户原有数家，年末人烟稠多，开张卖载者二十余家，其间即有改换戥（读děng）秤，大小不一，独网其利，内弊难除。是以合行商贾，会同集头等，齐集关帝庙，公议秤足十六两，戥依天平为则，庶乎校准均匀公平无私，俱各遵依。同行有和气之雅，宾主无疏戾之情。公议之后，不得暗私戥秤之更换。犯此者罚戏三台。如不遵者，举称禀官究治。”

最能表现晋商经营创新的，是“伙计制度”。

明代沈孝思《晋录》中说：“平阳、泽、潞，豪商大贾甲天下，非数十万不称富，其居室之法善也。其人以行止相高，其合伙而善者，名曰伙计。一人出本，众伙共而商之，虽不誓而无私藏。祖父或以子母息丐贷于而道亡，贷者业舍之数十年。子孙生而有知，更焦劳强作，以还其贷。则他大有居积者争欲得斯人以为伙计，谓其不忘死肯背生也。则斯人输少息于前，而获大利于后，故有本无本者，咸得以为生。且富者蓄藏不于家，而尽散之为伙计。估人产者，但数其大小伙若干，则数十百万产可屈指矣。”

从沈孝斯的叙述中，可见山西的“伙计”类似于今天的职业经理人，已经有着高度自觉的职业精神。众伙计帮出资者经营，“虽不誓而无私藏”，不发誓言，不立契约，而没有中饱私囊的。也就是说，做事完全凭良心，凭信誉，凭自己的自觉。其实，这可说是以一种更高层次的契约——“心理契约”，它立足于人的情感，是自发涌现出来的道德责任。

3. 徽商

明清安徽商人的名气非常大，当时有“无徽不成商”的说法。其实历史上盛行一时的徽商，主要指的是新安江流域徽州府的商人。

徽商，主要从事的是盐、粮、木材、茶、书、布匹、丝棉等行业，还有典当。明代时安徽地区俗称富翁为“朝奉”，又由于典当业发达，

"朝奉"居然成了当铺掌柜的通称。直到1949年解放前夕，上海、汉口等徽商丛集的地区，当铺还多由徽人经营。

徽商的经营行为都贯穿着传统文化里讲人情、重人情的意识。本来，做买卖，只要你情我愿、公平交易即可。但安徽商人把儒家仁者爱人之风带入经营中。比如休宁商人程家第，一生以信义服人，开始时亏本。有人劝他"经商本大道，亦须运以心计"，这就是说，最好把底线放低点，头脑活泛些，计算利害，玩点花样好赚钱。程家第不以为然，他说："吾敦吾信义而已，赢余之获否，亦听之而已。"我只是奉行我的信义而已，至于是赚钱还是亏本，也只能顺其自然，听天由命了。他的原则性极强，所以声誉慢慢积累下来，终于到他儿子程之珍时，完全获得社会认同，他家的生意日渐盛大。

总的说来，安徽商人的经营哲学，约略有以下几种。

其一，是厚道。如清代一个姓吴的商人，甚为典型。"平生仁心为质，视人急之如己，力所可为即默任其劳，事成而人不知其德。其或有形格势阻，辄食为之不宁。"为人以仁为本，把别人的困难视作自己的，在能力范围内则暗施以援手，成功了别人还不知道是他的功德。有时候事情棘手，他心神不宁，饭也吃不好。他告诫后人："今遗汝十二字：存好心，行好事，说好话，亲好人。"又讲："人生学与年俱进，我觉'厚'之一字，一生学不尽亦做不尽也。"还想把"与人为善"、"待人厚道"的处世哲学作为家风一直传承下去。

其二，是紧紧把握住"情"这一核心。如歙县商人凌晋，"虽经营阛阓（读huán huì）中，而仁义之气蔼如。与市人贸易，黠贩或蒙混其数，以多取之，不屑屑较也；或讹于少与，觉必如其数以偿焉。然生计于是乎益殖"。他虽然在商圈中讨生活，但全身散发着读书人特有的仁义的气质。他在市场上与人交易，有狡黠的小贩贪便宜有意蒙骗，多拿了，凌晋也不屑于计较。有时无意中少给了，凌晋察觉后一定照约补偿。总之，他是宁可自己吃亏，也不占人便宜。总把自己放在少取多予的吃亏的态势中，日积月累，一贯如此，自然赢得人的认同和敬意，都愿意与他打交道、做生意。

其三，也是最重要的，徽商在经营的过程中还形成了一定程度的群体意识，互助互利。如“商贾在外，遇乡里之讼，不啻身尝之，金出死力，则又以众帮众，无非亦为己身地也”。徽商在外，每沾惹上官司，都视作是自己的事，集资，花大力气，以众帮众，最终还是自己受益，因为每个人都有受难、需要求助的时候。把别人的事看成是自己的事，急公好义，慷慨赴难，这是很可贵的情感。

商业的发达，商帮的雄起，富商巨贾的迭兴，必然产生强有力的示范效应，吸引民间人才投身这一领域。就像考科举的人多了，必有教人应对考试的书；经商的人多了，也自然有教人经商诀窍的资料。明清时,像这样的商业类书很流行。值得注意的是,此类书籍，除了实用性的经商技术外，还有浅俗而鲜明的经营哲学。

（三）民间商业类书中的价值导向

明清商业的相对繁荣，也造就了商业理论的繁荣。但中国式的商业理论，不是系统化的、很抽象的东西，它非常注重操作性和实用性。我们举几部书，窥探一下明清人的经营之道。

1.《生意世事初阶》

清乾隆年间面市的《生意世事初阶》一书，在当时影响较大，类似于经商指南的性质，传授的是经营的一些规则、技巧和注意事项。这些都出自实践，是时人经商经验的总结。从这里面，我们可以了解到贯穿于商业活动里的比较核心的精神。

其中有些提议，极富于中国智慧。有一条是这样的：“称买物银子，大市价钱，他是晓得的。假如货卖六分一斤，戥（读děng）子就要放在六分三四厘上，一让再让，买人自不疑惑。”针对的是顾客怕戥子不准、商家弄手脚的心理，有意摆出一让再让的姿态，好让顾客不起疑虑，安心。对商家好像是不公平，吃了亏，不过信誉不就是如此建立起来的么！

还有一条正是如此交代：“正经生意，也要慷慨大方些、泼绰些。不可格外苛刻，做出名声，才有些主顾投奔。”慷慨、泼绰，即不对利益斤斤计较，能让利于人；在商过于言商，不懂变通，难免给人苛刻、刻薄、不近人情的印象。作者的意思是：做买卖，也要适当照顾顾客的情感，让顾客心里暖和一点。

下面的一条也是这个道理：“卖有利钱的货，平色微微差些，就要包含些，切莫执拗，定要价高色足，毫无推板。即无利之货，亦要活动为主。”“包含”即承受适当的不公平。“执拗”，即死脑筋，不好商量。中国人的思维方式有个特性，反对认死理。一认死理，就没商量的余地，也堵上了产生情感的通道。

之所以有这样的考虑的做法，是中国文化素来注重的考虑长远、整体、全局的意识在发挥着潜移默化的作用。有长远、整体、全局的视角，人便能“大”起来。“大”，是我们这个文化追求的一个方向。《生意世事初阶》正是从这个角度来谈的，“做惯小生意者，或有大生意投你手里做，就要打起精神，自己慷慨些，脱洒些。比不得小生意，锱铢必较，则非大方脉矣”。锱铢必较是小生意的做法，慷慨、洒脱是做大生意的气魄。能够在商业活动的方方面面贯彻“不平等产生情感”的道理，就有“大”的容量。

2.《商贾要览》

同样成书于乾隆间的《商贾要览》，是一个叫吴中孚的商人所著，序言中他自道十二岁就开始行走江湖经商，此书为他一生经验之总结。我所感兴趣的，还是看他如何交代处理义与利的关系。

他说："路钱勿负，恩债必偿。出外者，于各口岸店肆，赊银钱酒饭之类，切不可负心不还。恐一旦重逢，当路索取，体面何存。下次倘遇缺乏，谁肯赊借。如恩德之债，又当加倍奉偿。不然，缓急人所时有，一遇坎坷，恩主不再捐资，况他乡异域，将谁乞怜，请三复之。"

万万不可逃脱赊账，欠人的一定要偿还。不还账，不但是个体面问题，而且还导致信誉缺失，窘迫困穷的时候再借不到了。他特别提出"恩德之债，加倍奉偿"，显然加倍所表示的正是感激之情。

吴中孚还告诫节制牟利的冲动，不要贪图暴利。"厚利非我利，轻财是吾财（经营贸易，及放私债，唯以二三分利息，此为平常悠久。若希图七八分利者，偶值则可，难以为恒。倘若以此存心，每每如是，必至倾覆我本，亦为天所夺矣）。"

这条经验包含着中国传统文化的处世智慧：就像暴饮暴食固然有一时的快意，但有损于健康。暴利、厚利也是一样，难以持久。如果一门心思在追求暴利上，折本不说，还要为"天所夺"——遭天谴。

这么说，《商贾要览》便把一种利益观传播开去：不追求利益的最大化，而追求利益的长久化。在追求利益这一点上，大概人类心性相通。只是在追求利益的方式上有差异。而"方式"就是个文化问题。比如进食方式，西方人用刀叉，中国人惯于用筷子，方式的不同凸显的是文化的差异。商人总是好利的，明清时代的商人阶层兴起后，在好利的方式上还是深受它所属的文化体系的影响，并不盲目求利，并不求一时之厚利，而宁愿细水长流，以可持续的、平稳的方式，走向长远的未来。

我们企业曾总结出一个经营公式：企业价值＋项目价值＝产品

价格 × 销售率。什么时候该选择最大化的产品价格，什么时候该选择最大化的销售量，取决于当时的市场行情以及经营目标。无论如何，总面临着选择的问题。同理，是选择最大利益，还是选择长远利益，也是个问题。我们的文化选择的是后者。

3.《营生小集》

还有本叫《营生小集》的书，文字浅俗，不登大雅之堂。我是从历史学家王尔敏先生的《〈营谋小集〉与商贩经理知识》一文中得知的[①]。王先生介绍，该书通行于广东及港澳民间，总是附在皇历后面作为市井百姓日用的参考知识。可见此书传播之广以及渗入老百姓意识之深。顾名思义，这本书教人如何“营生”，多是一些人情世故方面的知识，非常实用。它立言的核心，还是围绕着“做人”的主题以及正确对待利益。

该书序言开宗明义即言：“但凡后生出外，经营生意，无非求财以为养家糊口之计。先要至诚忠勇，语言信实；除尽躁暴之气，以和为贵。”营生的问题，首先不是个技术问题，而是做人问题。做人，诚实，尽忠，守信。这是儒家教人的传统，这些品质都能给他人信任感；再者，脾气平和，无暴躁之气。这是说消除情绪，情绪将引发冲突、造成不和。抱着以和为贵的宗旨，处事便“曲”，不必介意牺牲和吃亏，懂得必要的退让。

生意的扩大，本质是人缘的扩大，是人际关系的扩大，是情感的扩散过程。所以吃亏不要紧，吃亏可以增加情感，树立信誉。书中说：“小小工夫要整齐，做来层次识高低。他年大展平生志，方信初时肯吃亏。”吃亏是铺就了日后的青云之路。话说得通俗，也说得实在。

---

① 该文见王尔敏所著《明清社会文化生态》，广西师范大学出版社，2009年，第249页。

中国商人的产生要比儒家古老，但儒家的意识形态占据中国人的心灵空间后，不可避免地渗入商人的价值世界。商人接受儒家的教化,则成为“儒商”。“儒”与“商”的对立与统一,具体表现在“义利之辨”这个问题上。

二、义利之辨与儒商

“儒商”这个词，是改革开放后流行起来的。按人们的老印象，商人重利，浑身都散发着铜臭味儿。俗话说“富润屋，德润身”，大概富裕后的人要为自己正名，要改变自己的社会形象和在大众心目中的观感，于是把“儒”加在“商”的前面，平添一点儒雅的气息。邓小平南巡后，市场经济的大潮一个浪头接一个浪头地拍击着中国社会的各个阶层，那个年代下海者比比皆是，尤以学院内的知识分子为甚。知识分子不再从事学术研究和科技创新了，转以其优异的头脑和丰厚的学养来逐利，这是前所未有的景象，为这群人冠以“儒商”的名号，最确切不过。所以，近二十年来，“儒商”之名畅行天下。

其实，历史上也有过类似的称呼，在明代叫做“儒贾”。知识分子下海，明代已经很盛行了。原因很好理解：国家实行科举考试，开科取士。贫民子弟，出身下层，但只要肯用功读书，做好八股文，善于揣摩和领会圣人意旨，沿着科举之路上升，“朝为田舍郎，暮登天子堂”，身份便可实现大逆转。科举考试，不管形式如何僵化，至少机会是公平的。但国家提供的机会相对于全国庞大的读书人群体来说，是千军万马过独木桥，绝大部分人注定进入不了体制。官当不了，生活却要继续。生存的压力迫使读书人另寻他路，经商自然而然地成了一个选择，明代把这些下海的儒士们叫做“儒贾”。他们是正儿八经的儒士，我们今天的“儒商”把“儒”泛化了，扩大到知识分子，不管是文、理、工、农还是医。

儒商，不管是过去还是现在，这个概念都是一个矛盾体。从身份上来讲，儒是知识人，商是商人；从文化意义上来讲，儒代表着价值理性，商代表着工具理性。本来，商人斤斤于求利，采用合理的手段、方式来谋求个人利益的最大化；儒则是放弃个人的私利，更多的是考虑国家、社会的公利，很少关怀个人而更多地关怀他人。

历史的运动，把本来互相矛盾着的两极硬生生地挤合在一起。因此，严格意义上的儒商，不是一个单纯的商人，也不是一个单纯的知识者；他不仅仅有利益关怀，还有价值关怀。

（一）儒者何为

典型的儒者，应该有什么样的特性呢？

1.儒者的特性

儒家经典里有关于此的论述很多。如《论语》里所说："士志于道，而耻恶衣恶食者，未足与议也。"士是儒，以"道"作为关怀对象，他们考虑的是天下国家而不是一己之贫富。《孟子》里也说："无恒产而有恒心者，唯士为能。若民，因无恒产，则无恒心。"儒者和一般民众不大一样，后者需要必要的财产作为依托，心志这才比较稳定。而物质、财产对儒者就没那么重要，他们的心志、他们的追求是稳定的，不以物质生活环境而转移。所以，我们可以归结儒者的第一个典型特征：有尊崇的价值观，并矢志践行。

第二，儒家经典《大学》中说："自天子以至于庶人，一是皆以修身为本。"话虽这么说，好像修身是对每一个人的要求，但实际上，作为社会治理精英的儒者，更要起严格的表率作用。他们更注重自我的修身，把道德意识内化于心。并在日常生活中随时反省，自我勉励，以求臻于善境。如孔子高徒曾参的名言“吾日三省吾身”，每天多次反省自己。

第三，凡事不苟为，讲究原则，讲究是非。《礼记》开篇就告诫：“临财毋苟得，临难无苟免。”有发财的机会放在眼前，先停一停，不要急急忙忙抓到手，问个该不该；面临着危难，也先停一停，不要手足无措，一心想着开溜，问自己是否该迎头而上，甚至舍生取义。总之，时刻牢记自己是个有是非观的“人”。有这种意识和考究，作为儒者的尊严就建立起来了。

第四，也是最主要的，乃怀有仁心。对于这一点，我要详细解释。

2.仁

“仁”是儒家思想的核心，但这个概念内涵比较模糊，《论语》中并未对“仁”下一个明确的定义。照我看来，它的意思就是爱人、关爱他人。孔子是把对他人的自觉而真诚的关爱作为人的基本立足点。“仁”，是凡人皆应有且本来就有的情感。后代的儒家人物，多从“爱”这一角度来延续、阐述孔子的“仁”。比如，唐代的韩愈说：“博爱之谓仁。”“仁”就是博爱。南宋的朱熹说“仁”是“爱之理，心之德”等等。所以，日常语言中还有“仁爱”的说法。

儒家重视人伦关系，又把仁爱作为人之根本。由此，可以认为仁爱的情感乃人际关系的实质。也就是说，如果一种人伦关系缺乏仁爱作为支撑，那么它是虚假的，是不真实的，是无法持久的，或者说是“乌合”。历史上的民间组织有种江湖做派，喜欢搞歃血为盟、结为异性兄弟的仪式，用以强化组织的凝聚力，就是把同道关系转化成类似于兄弟的情感关系，如此其成员才安心。这表示在民间意识中，情感才是让人安心的力量。

儒家思想教化了中国社会。历代的儒者通过撰写童蒙读物、劝善书、家训、乡约等形式，把儒家的核心价值观念——“泛爱众，而亲仁”，传播开去，走入普罗大众的心中。比如，明代著名的《了凡四训》说：“君子所存之心，只是爱人、敬人之心。盖人有亲疏贵贱，有智愚贤不肖，万品不齐，皆吾同胞，皆无一体，孰非当爱当敬者。”清代的《弟子规》也有言：“凡是人，皆须爱。天同覆，地同载。”人皆在天地之中，同声相应，同气相求，所以应予以关爱。

有这种仁爱的价值关怀在，中国人在处理人际关系的时候，总存着一分厚道的考虑，即使有利益纠葛的因素在内，也不纯然考虑利益而遗忘情感。举个例子，元代的郑太和有《郑氏规范》，是郑氏家族的族规通约。里面有句话是“里党或有缺食，裁量出谷借之。后催元谷归还，勿收其息”。郑太和是浦江郑氏第六代。浦江郑氏自南宋高宗建炎初合族同居，到明英宗天顺三年（1459 年）分居，同居计有十五代，鼎盛时有三千多人同吃一锅饭，是中国历史上最著名的宗族之一。郑氏族训，告诫子孙救济和帮助乡党邻里，还不是一般意义上的慈善事业，而是致力于培养亲密、友好、富于人情味的邻里关系。家训中还提到：“田租既有定额，子孙不得别增数目。所有逋租，亦不可起息，以重困里党之人。但务及时勤索，以免亏折。”[①] 意思是，田租已经有确定的数额了，子孙不必另外再增加数目。即使田租有所拖欠，也不要算利息，以免加重乡亲们的困难。只是注意及时索求而已，但求不折本。其用意，既不让自家“亏折”，同时也不在正常合约之外加租加息，这是为对方考虑，免得加重负担。这条训示，合情合理，兼顾了自家和他人，不唱高调，非常平实。此中所表现出来的，还是儒家特有的价值观念，待人以仁。

以上种种，可以说大致勾勒了一个儒者的典型特征。毫无疑问，这都是经典上所载的理想形态，现实里有多少人能做到，或者做到

① 引自徐梓《家训——父祖的叮咛》，中央民族大学出版社，1996年，第119页。

什么样的程度，那是另外一个问题。但以上四个特性，作为理想的价值取向，为现实中人设立了标准和尺度，在制约、规范和引导着人。如此，这些价值取向又造就着相应的行为模式，这就是中庸之道。

3.以“中庸”为导向的行为模式

中庸，历来遭到很大的误解，认作是不偏不倚，和稀泥，谁都不得罪等等。儒家的本意不在此，作为一种行为模式的“中庸”，是不走极端，不唱高调，合乎人心，入情入理，恰到好处，掌握分寸。中庸，超越了两极对立式的思维。比如，不是黑，就是白；不是东风压倒西风，就是西风压倒东风；不是我的朋友，就是我的敌人；不是我赢，就是你赢等等，这些观点、思想和行为，习见习闻。两极对立，没有中间状态，不留余地，从认识上看，割裂了事物的复杂性；从心理上看，把个人利益、立场与他人放在势不两立的位置上。这对人是相当不利的。儒家讲“极高明而道中庸”，简单来说，是以高姿态、高境界、高风尚来照顾人之常情。上一章中，我们所说“不平等产生情感”，其实也是这个意思。

我有个酉阳老乡石新民，现执教于中央民族大学。他又是个作家，刚出版有小说《今夜无鸟入睡》，引起了不小的反响。我们经常一起讨论家乡的民俗民风。他说自己走出酉阳虽然很早（八十年代初即考到北京的大学），但身上酉阳人的烙印很分明。他认为他自己深受父亲的影响。他父亲天资卓越，却一生困在山区，没有到更广阔的天地中闯荡，很是可惜。即使如此，他的父亲在那个一隅之地过得游刃有余。懂得中医，弄点草药。因为他处理事情的分寸感特别好，赢得了乡亲们的认同，在当地威望很高。这就是儒家的中庸之道在民间积淀的结晶。它要求人在考虑自己的同时，也要考虑到对方；若有必要，甚至可以把自己摆在对方之后，宁愿委屈自己来成全他人，并且满怀诚意。

分析了儒者的精神特征和行为模式，可以看到：儒者身上的价值关怀色彩相当浓厚，极端条件下为了强调对其所尊奉的价值观的认同和追寻，甚至可以轻视普通人特别关怀的利害。这样说吧，普通人关心的是对自己有利还是有害，而儒者所关心的是义还是不义。而商人，毫无疑问，以谋求利益、以个人利益的最大化为生计。

所以，当儒开始与商合流、融成一体的时候，利与义就有无穷的矛盾和纠结了。这就是盘踞在中国传统思想世界中的老题目：义利之辨。

（二）义与利的纠结

儒家思想对义、利的区分相当严格。《论语·里仁》："君子喻于义，小人喻于利。"君子和小人的分界线就是求义还是求利上。义，是为人之大节。有点类似革命年代，革命者和反革命者的区别，就在对领袖的崇拜及革命路线的认同上，这是大节，剩下的偷鸡摸狗的事无足道。西汉董仲舒强化了这种观点，他认为：儒者应是"正其宜而不谋其利，明其道而不计其功"。简单来说，儒者做事，首先考虑的不应当是利害，而是大义。一件事，对自己有害而合乎义，还是要做的；对自己有利而不合乎义，仍然是不可做的。在义与利的冲突中，毫不犹豫地选择义。

当然，像孔子、董仲舒此类思想家，比较圆通，不走极端，他们强调了义，但不放弃利。孔子就说过："富贵如可求，虽执鞭之士，吾亦为之。"在不违反道义的情形下，有富贵可求，即使所做的事较为低贱，也是可行的，没什么可羞耻的地方。但是，当儒者严于义利的思想向民间扩散开来，一般的儒者不像大儒们那么通达，往往不近人情，把问题简单化，严格对立义和利，极端排斥后者。儒者讲求气节，气节何从体现？不过是口耻于言利、手羞于沾钱。西晋名士王衍，向来“口不言钱”，他老婆与他开玩笑，想羞涩一下老头子，趁他睡觉时把钱堆满床的四周，叫他起不了身。王衍醒来，说：“举却阿堵物。”阿堵，是六朝俗语，意为“这个”。王衍不愿提钱，怕污了口，故说“把这个东西拿走”。当然，王衍有些矫情了，他是贵族出身，“不差钱”，所以才有轻视钱的姿态。

自宋以下，商人阶层日渐活跃起来。许多商人，少年时代本就儒学，成年后转型经商。这种经历，颇类似于我们今天的年轻人读完大学后选择自主创业。所以，通行于儒者思想世界中的义、利观在现实面前不得不有所更正和修订，以能顺应不断变化的现实。问题不再是在义与利中选择哪一个，而在于如何把两者兼容，以义来指导牟利。

1.宋以下儒家的功利思想

儒学，原本就有两条走向：一是讲道德心性，一是讲礼乐刑政。前者，我简单称之为“道学”，主旨是讲形而上的抽象道理、理念，以及如何落实在人的修养，形成高尚的精神境界；后者，我简单称之为“事学”，主旨是讲关于国计民生的具体事务，如兵农刑政等。讲“道”，最后必归结为修养，崇“义”；讲“事”，最后必归结为实效，尚“利”。讲“道”，逐渐形成的是判断是非的思维方式；讲“事”，逐渐形成的是判断利害的思维方式。

总之，两种学说，各有各的理路和致思方向，至于何者优长、更有价值，在此我们悬而不论。两宋，在佛教的刺激和影响下，儒学也发生了转向，新的儒学即理学出现，理学家们偏向于道德心性的路子，对人的思维、意识探讨很精细。不过理学非儒学的全部，有一批人，其目光偏离了人的心性，走向更广阔的社会生活，把儒家的义理延伸到此中，推崇事功，这首先是南宋时以陈亮、叶适等为代表的浙东永康、永嘉学派。

（1）永康陈亮、永嘉叶适

陈亮是浙江永康人，所以历史上把陈亮的学派称之为“永康学派”。陈亮曾经与明清时被视为思想正统之集大成的朱熹，发生过激辩，核心辩题便是“王霸义利”。朱熹就把陈亮的思想概括为“义利双行，王霸并用”。“义利双行”，就是说，混淆了义和利的关系，没有摆正两者的位置，既抬高了“利”，又降低了“义”。陈亮是否有如此主张，这个我们不追究和分析，这是思想史和哲学史上相当专业性的题目。我只想说，在陈亮的论辩对手的眼中，他有离经叛道的倾向，背离了儒家的教义，而滑向了求利的一端。

另外还要注意的是，“义利双行、王霸并用”的命题，把伦理上的义利观与政治上的王道、霸道联系起来，很明显，论辩的主旨在于：行政的原则，究竟是倾向于正义性还是倾向于功利性。无疑，陈亮倾向于后者。

此外，永嘉学派的代表人物叶适的思想也有必要提出来。叶适肯定了欲望的合理性，认为欲望是人性的表现，对待欲望，不可消灭，只可节制。欲望，总是和“利“联系在一起的，肯定欲望、需求的合理性，其实就是肯定利益的合理性。

叶适就批判过董仲舒那著名的“正宜不谋利、明道不计功”的观点，他说：董仲舒的话，初看起来是很好的，仔细看全然疏阔。古人是把利益给人，自己不居功，所以是道义光明。后代的儒者践行董仲舒的论点，既没有功利，那么所谓的道义乃无用的空谈。

推崇功利，就是注重实用性。叶适有段话，很有意思，虽然说的是常识性的东西，不过讲得比较透彻。他说：“天下之物，养之者必取之，养其山者必材，养其泽者必渔。其养之者备，则其取之者多；

其养之者久，则其得之者精。夫其所以养之者，固其所以为取也。”[①] 意思是，一切物事，培养的目的是取用。封山育林的目的是取木材，水产养殖的目的是打鱼。培养详备和长久，所取用之物既多又好。本来，这段话是叶适论国家培养人才时所说的，但抽取出来，未尝不可以看作一个功利主义者的根本看法。

从此出发，延伸国家对商人的政策上，那么合乎逻辑的结论是：重商、养商也是很有必要的，而国家与商人争利则不应该。他说：“今天下之民，不齐久矣。开阖、敛散、轻重之权不一出于上，而商人大贾分而有之，不知其几千百年也，而遽夺之，可乎？夺之可也，嫉其自利而欲为国利，可乎？”[②] 叶适说，老百姓中间，贫富不均的情形很久了，商人分有经济发展的权力，也有成百上千年了，而要突然扭转这种形势，可以吗？即使是可以的，但是妒嫉商人的自利而想用这种方式来为国家牟利，可以吗？叶适的反问很有力量，他是不赞成国家以整齐贫富不均的名义来干预民间经济的自然运作。最后他提出“俗吏抑兼富人之意可损”，要国家放弃压制富人的政策。

永嘉学派在儒学内部更偏重于实际的事功，所以一定程度上恢复了“利”应有的位置。但要注意，永嘉学派毕竟是在儒学的大系统内，他们立言的着眼点以及针对对象，还是以儒士为主体的统治阶层，而不是在真正意义上替商人阶层代言。他们所讲的“义”，其实质还是国家不与民争利，与民以利，对于国家来说，这才是大义，也是大利。他们所讲的“利”，也只是修正一部分儒家思想者沉溺于道德心性的玄思中而遗忘了儒家使命的起点是为民众带来比较富足的生活。

① 《叶适集》，中华书局，2010年，第676页。

② 《叶适集》，中华书局，2010年，第657页。

（2）王夫之的义利观

明清之交的王夫之，以海纳百川的姿态对传统学术进行系统清理和总结，他的义利观也可拿来一说。

王夫之认为，“义”本身便包含着“利”，有利于人，即为有德。王夫之讲：“仁莫切于笃其类，义莫大于扶其纪。笃其类者，必公天下而无疑；扶其纪者，必利天下而不吝。”[①] 仁义作为道德的根本属性，其价值就在于公天下、利天下，能促进、增加、提升整个社会的公共利益，是为仁义。脱离了利，仁义则无附着之处。

所以王夫之认为义与利，两者似反而实合。他说：“义之与利，其途相反，而推之于天理之公，则固合也。义者，正以其利所行者也。事得其宜，则推之天下而可行，何不利之有哉！”[②] 从社会自身存在之理的角度，义和利，本就是统一的。义，是天下之大利。

南宋的永嘉学派以及明清之交的王夫之，从儒学系统内部，认真思考了功利的意义，丰富了“义”与“利”这对矛盾着的概念的内在联系。但要真正深化对于两者的理解，我们还是来看看终日汲汲于牟利的明清商人是如何来论述他们事业的正当性。

2.明清商人的声音

明清时代，中国的商业较为繁荣。数十年前，史学界热衷探讨的一个题目是明清的“资本主义萌芽”。当时的史学界试图证明，即使没有鸦片战争后西方列强的入侵，中国自身也将向资本主义社会演化。时至今日，风流云散，这个热闹一时的大题目少人问津了。不管怎样，理论或许有争议，事实则不容怀疑。明清商业的繁盛，商人阶层的兴起，商业意识向市民社会的普及，是可以确认的。在这种历史背景下，商人们自然形成了自己的声音，也要发出自己的

---

① 王夫之《尚书引义》卷五，岳麓书社，2011年。

② 王夫之《四书训义》卷六，岳麓书社，2011年。

声音。在义利的关系上，他们是有考虑的。

（1）以义制利

我们看明代一个叫王现的山西商人告诫他的儿子们：“夫商与士，异术而同心。故善商者处财货之场而修高明之行，是故虽利而不污。……故利以义制，明以清修，各守其业。”[1] 善于经商的人，即使成天在钱堆里打滚，行事也可以很高明，赚钱，但不被钱所玷污。

“处财货之场而修高明之行”，这话很漂亮，可说是儒家“极高明而道中庸”的翻版。所以他所说的“利以义制”，是“义里利表”，表面上是牟利，内中是行义。

（2）以义为利

有个叫舒遵刚的安徽黟县商人，在义利的关系上有相当自觉的认识。他明确说：“生财有大道，以义为利，不以利为利。”赚钱、发财，不是个“术”的问题，而是“道”的问题。这个道，就是“以义为利”，不仅仅要用义来制约利，更进一步，行义本身就是牟利。

他说：“钱，泉也，如流泉然，有源斯有流，今之以狡诈生财者，自塞其源也；今之以吝惜不肯用财者，与夫奢侈而滥于财者，皆自竭其流也。”钱，其本性如流水。如果用心险诈，有如堵塞源头。而为人吝啬，不肯用钱，与那些奢侈挥霍者一样，都是自断财路。

以义为利，是因为行义能够广开财源。

（3）义利合一

清康熙五十四年，在北京的广东商人建立了仙城会馆，并有《创建记》，反映出了广东商人的义利观：“然而利与义尝相反，而义与

① 转引自余英时《中国近世宗教伦理与商人精神》，载《士与中国文化》，上海人民出版社，2006年，第458页。

利尝相倚者也。人知利其利，而不知利自有义，而义未尝不利。”[1]其大意是，如果各人专逐一己之利，不从整体上协商、相谋，个人利益也保不住；如果以会馆为中心，谋求共同利益，不但有义在，而且还可成全每个人的利益。所以，义与利不是相反的，而是相互倚靠。从整体来看，义就在利中，利也在义中，两者是统一的。

明清商人的“义”，既是道义，也是情义。无论是主张以义来制利、为利或者是义利合一也好，其实都表达的是一个共识：经营并不是排斥情义、情谊的过程，两者完全可以做到兼容并顾。

3.散财之道

传统商人还有一个不得不面对的问题：历尽艰难、积累下巨万身家之后，如何对待财富。他们多半的选择是“散财”。对传统商人的散财意识，我们不可不稍加细究。

（1）聚散乃天理

传统中国社会，所有权的观念一直不太发达，没有把私人所有权放到绝对的程度去强调和维护。因此，财富的聚散视作理所当然。

清代雍正、乾隆年间的江西商人李宜民说：“物聚必散，天道然也。且物之聚，愁之丛也。苟不善散，必有理以散之者也。”物事有聚有散，是合乎天道的。财物的积聚，是愁苦的源头。即便自己不善于散财，冥冥中也必然有某种道理来散。这是从形而上的角度来看待散财，把“聚”、“散”看成是不依个人意志为转移的事理之必然。由此观念，那么对散财，人应持积极、主动、快意的态度。

晚清著名商人经元善，也说过：“盈天地间之物，有成必有败，有聚必有散，……然则金银财帛之不宜积贮可知已。夫钱者，泉也。既贵有其源，亦取其能流。流则通，通则久。愚者不察，耗费毕生心血，

① 转引自余英时《士商互动与儒学转向——明清社会史与思想史之一面相》，载《士与中国文化》，上海人民出版社，2006年，第547页。

不求其流，求其止；不欲其通，欲其塞。”[①]

钱，像泉水一样。既然看重它有源头，也要看重它能流动。流动就通畅，通畅则能长久。愚蠢的人认识不到这一点，耗尽了毕生的心血，攒积钱财，不是让它流动，而是让它停止；不是让它通畅，而是让它堵塞。这其实是在强调，让财富流通，才是财富最好的归宿。经元善的建议是“急急散财施粟，无使老天动手”[②]，赶快散财，自己若不动手，老天就要替人来动手了。中国人有一种深刻的流变观念，认为物事皆处在不断生灭、兴歇的过程中。对财富，勉力去守，根本是守不住的。

当然，这是从哲理的角度来说了。如果置于现实的社会政治环境下来观察，散财关乎个人以及家族的安危。

（2）保障安全

从保障安全的角度来说，散财也有必要。明代的一本笔记《五杂组》，其中提到：“高而怙（读 hù）权足以杀身，胡惟庸、石亨是也。才士不逊足以杀身，卢柟、徐渭是也。积而不散足以杀身，沈秀、徐百万是也。”[③] 中国人的现世感很强，自古如此，而维护个人安全、更好地存活下来，是现世感的一个主要方向。

沈秀、徐百万是明初有名的富豪，在前面这句话中，作者把沈秀和徐百万的赚钱而不散财，同胡惟庸、石亨的贪位恋权，卢柟、徐渭的狂傲不逊，相提并论，都视作杀身之由。显然，作者这种忧生惧祸的敏感心态，是产生于明代皇权专制严酷的背景之下。朱元璋“立法多右贫抑富”[④]，通过立法来打击和剥夺富户，史书上说当

---

① 经元善《经元善集》，虞和平编，华中师范大学出版社，2011年，第8页。

② 经元善《经元善集》，虞和平编，华中师范大学出版社，2011年，第9页。

③ 谢肇淛《五杂组》，上海书店出版社，2001年，第257页。

④ 《明史·食货一》，中华书局，1974年，第1880页。

时的富人很多因各种罪名而亡宗败家。这就说明了，个人积累的财富，是专制权力觊觎、防范和打击的对象，其安全无法从国家制度层面上得到有效的保护。所以，明哲保身之计，是散财。

顺便提一下，为什么怙权、不逊、守财等行为足以取祸杀身呢？是情绪。像徐渭，明代著名的才子，才华卓绝，但桀骜不驯，恃才傲物，触怒了那些有权者，让那些人产生情绪、忌恨。自己发泄情绪当然痛快淋漓，而让人对自己发泄情绪那就险了。

（3）行善济世

还有一点，行善，不断地给予而不求回报，是富人散财的一个重要动机。明代著名小说家冯梦龙在《智囊》一书中，把能散财视作至上的智慧。他说："天下无穷不肖事，皆从舍不得钱而起。天下无穷好事，皆从舍不得钱而做。自古无舍不得钱之好人。"[①] 他举了一个事例：明弘治年间，昭庆寺要兴建一座穿堂。当地官员找了三富户来商议，希望他们出资。长兴吕山的一吴姓富户，参与其事，此人说："这事不需要太大的花费，我当独自承担。"他回去后对他父亲说了此事，他父亲说："我儿有这力量，一定能承继家业。"

冯梦龙特意表彰的，是这位吴姓老翁。老人家不把他儿子在外面满口许诺、承担视作败家的举动，反而认为儿子能舍得花钱、散财是承继家业的作风。这见解与常人相悖，但大有道理，暗合生活的智慧。

我们看到，明清商人的散财意识相当复杂，并非单纯的慈善，还含有避祸、全身等现实的考虑。如果我们再细究，无论哪类，其实都可归于避免"情绪"这一点上。聚散是天理，如何理解？积累的财富过多，积而不散，滞而不流，即使宽容如"天"，也有情绪。

① 冯梦龙《智囊全集》，中华书局，2008年，第21页。

这就是前面所引用的经元善的话——“急急散财施粟，无使老天动手”——的真实含义。

（三）当代“儒商”[①]

在义和利的关系上，大凡比较明智的商人都会认识到“义”的重要性，在谋求个人利益的过程中会小心翼翼地避开不“义”的渠道。这里牵涉到一个关键性的问题：利和义，何为手段，何为目的。明智者，多半会把“义”作为谋利的手段，比如诚信属于“义”的范畴，很少有商家会故意做出违反承诺、不讲信义的事。

近几年中国电子商务市场发展迅猛，如“淘宝网”，2012 年交易额已突破 10000 亿。电子商务是买家和卖家在虚拟的空间进行真实的交易，对双方尤其是卖方的信誉提出了较大的要求。越是自觉讲求诚信，不搞欺诈，交易成本则越低，越能促生和造就电子商务市场的繁荣。这里，诚信或者说是一种“义”吧，便成为做大蛋糕的最有力的，也是必需的工具。商家也迫切感受到，一个客户给他的差评，对他影响甚大，其分量远大于实体店里一个客户的不满。据媒体报道：武汉一个女大学生，因网购给了商家差评，疑遭店家报复，特意快递她一件寿衣。店家此举颇为好笑，可正好说明了他们对于客户评价、对自己信誉的珍视。这与他们的利益息息相关，不敢忽视。

1. 有所不为

对于儒商来说，“义”，不仅仅是获利的手段，它本身就是目的。

---

① 香港中文大学的社会学学者张德胜、金耀基两先生曾经在内地、台湾、香港三地就儒商问题做过广泛的社会调查，其成果是论文《儒商研究：儒家伦理与现代色和会探微》，载于《社会学研究》1999年第3期。其中有些例子很好，在本节的论述中，我有所借用，并作了归纳。

君子爱财，取之有道。“道”有两种理解：一是合乎法律、法规；一是合乎道德、道义。一般的商人，对前者均能认同和遵行。但儒商更进一步，赚钱还要合乎道义。法律规范人的行为，道义深入人的内心。法律以强迫为特征，道义则在乎人的自觉自愿。也就是说，以“义”为目的的儒商们，是自觉地把赚钱局限于“义”的范围内。这就是他们所说的“不赚黑心钱”。即，有些钱在儒商看来，是不能赚的，是绝不能碰的，有底线，有判断，有坚守。接受张德胜先生访谈过的一个商人说，有三种钱，他绝不赚：一是死人的钱，一是弱者的钱，一是危害社会的钱。

危害社会的钱不赚，没什么说的，是基于自觉守法的缘故。为什么弱者的钱不赚呢？我觉得，可能是有怜悯和同情的心态，不忍心赚弱者的钱。再者，还有一层原因：弱者之弱，表现在博弈、谈判能力较弱，他们很难为自己争取到公平。所以干脆不赚弱者的钱。就像打牌，有的玩家求赢心切，可是赌本不足，赌术也不精，基本上是送钱的主儿，这种情况下，赢他们的钱就没多大意义了。为什么死人的钱不赚呢？好像是2009年发生的事，湖北荆州的几个大学生因救落水儿童而不幸身亡，旁边村子的村民要价打捞学生遗体，这事儿在当时还引发全国舆论的关注与热议。一边是见义勇为而身亡，一边是挟尸要价，反差太大了，把义和利的对立赤裸裸地摆出来，对比之下，让局外人分外心寒，情感上无法接受。所以，不赚死人的钱，实质上是个情感问题，情感上无从接受某种赚钱方式。

这三类钱不赚，我们看到，其实是自个儿给自个儿立定规矩，是自我立法。确切说，是情感为自己立法。一个有情感关怀的商人，有所为，但更能有所不为。不为，就是底线。

2.仁为己任

有所不为，是从消极的一面来说；从积极的一面，又带来一个问题，赚来的钱用来干什么？德国社会学家马克思·韦伯用“天职”的概念来说出身于新教的商人赚钱之目的。他们节俭、辛勤，以赚钱为使命，即使发家致富，也不大肆挥霍，而是用于继续投资、增值。总之，赚钱是必要的工作，是教徒向上帝表白自我心迹的确证，与他本人的生活没有多大关系。19 世纪以来，美国的许多大资本家，如洛克菲勒、卡内基、摩根、福特等人，意识到巨量财富集中在少数人手上的弊端，开始散财。他们捐出大半身家，成立基金会，弥补政府力量之不足，资助医疗、学术、教育等各项公益、慈善事业。把赚来的钱用于社会公益和慈善，也是儒商的选择和归宿。但，这还是出于道义的应然之举。以义为导向的人，是把扶危济困、造福社会作为个人义不容辞的使命。

比如，一个民营企业家，说他经商的目的不是为了物质回报，而是完成在家乡建立学校的夙愿。他说：“我出来搞这个私营企业，不是想将来我有钱啦，要盖什么洋房，这些都无所谓。人生就那么短，人像路上的蚂蚁，一踩就没了。我想好好干一下，盖所学校。总觉得教育是本。”他曾资助过一个贫困男孩读书，不图回报，他对那男孩说：“我供你读书，你不必怎样，最重要，第一，要报效你的父母，报效他们养育之恩；第二，要报效国家；第三，要堂堂正正做人。”这些话很朴实，表现了传统儒者真诚关怀他人的情怀。《论语》里说：“仁以为己任，不亦重乎。”把“仁”作为自己的使命、义务，不很重吗！受儒家文化浸润的中国人，内心中还是把对他人、对社会的照顾与关怀视作自己的一份义务、职责，尤其是在力所能及的范围内。成功的商人，财力较普通人丰裕一些，所以传统文化的因子无形中驱动着他去救助。

3.以诚为本

商业要以诚信为基础，即诚信对于经商是有利的，这是老生常谈，本不待多言。问题是，儒家伦理，不是把“诚”作为手段、不是作为取信于人从而更好牟利的手段，它更是目的。当它作为最高目的而存在的时候，就不能再去服务于什么东西了，无论是个人利益、集体利益，或者是别的什么东西。儒家所推崇的“诚”，事实上，比市场经济所需要的伦理更高一层。

当把“诚”作为最高目的、准则来自我要求时，遇到最大的挑战，不是诚信可能会损伤自己的利益，而是别人待我不诚时，应当如何。孟子考虑过这种情况，他说，有人对我有恶意，作为君子，首先自我反省：是否是自己不仁在先呢，是否是自己无礼在先呢，或者是否是自己不忠在先呢。对自己的态度、行为、思虑做彻底的反省和自察后，发现问题确实不出在自我这边，而其人仍是恶意相加，不可理喻，那只能说这人与禽兽有何区别，又何必与禽兽一样的人计较呢。显然，孟子最后无可奈何了，问心无愧后，只能骂人了事。

一个民营企业家接受访谈时，回答：“我总觉得再狡猾的人，他总是有情，有情有义。我把他提出的再苛刻的条件，我都达得到，我总觉得他自己应该反省一下，这个事情究竟是谁错了，那么他自己最后认为……他自己不认为，别人也会指出来，最后他会觉得某某企业，某某人是不错的。因为这个人嘛，总是，在某种时刻、某种场合下，你可以违背良心，说假话，对不对呀？但是论长远、论你自己在一个人的时候，不能自己对自己把良心打掉。……所以，我还是相信以情、以诚在市场中做生意。”

上面这位受访的民营企业家，其待人以诚的态度，与孟子别无二致：尽量端正自己的态度和行为，秉承良心、诚意，为自己所当为，而不以对方的态度为转移、为前提。但他没像孟子那样，碰到实在不可理喻的人，以骂人是禽兽而告终。他相信狡猾的人也有情有义，相信有公义、有公道，相信在某个时候孰是孰非终能获得承认、不会被一时的利害遮蔽。也就是说，他把儒家人性为善的伦理预设完全信仰化了。以情、以诚的态度来经营、待人，是正理，是正道，即使碰到怙恶不悛、冥顽不灵的人，也是适用的，时间终会给予公平的交代。

儒商，是在今天的商业领域内延续和承袭传统的儒家价值观念。这说明，即使纯粹追求利益，也不能没有道德的引导和规范，也不能让仁爱和温情缺位。不过，时代毕竟发生了巨变，市场经济的逻辑在中国已经全面展开，中国与世界的联系在广度与深度上均是以前任何一个时代都无法比拟的，确实是前所未有的转折期。在这么一个急遽转折的时代，“儒商”也须扬弃自身为“企业家”。

三、现代社会与企业家精神[①]

企业家精神，与艺术家、科学家、政治家精神一样，都是丰富人性中的某些内涵的集中展现。就企业家精神来说，特别需要人的创新、冒险、坚执、诚信等素养。大经济学家熊彼特很看重企业家的创新精神，他认为企业家是从事“创造性破坏（creative destruction)”的人。不管怎样，企业家其实是企业家精神的人格化身。每个成功的企业家，皆是通过各自的努力开拓和丰富着企业家精神。

由此说来，“商人”这个概念还不能与“企业家”完全画上等号，还不是异名同谓。两者固然有许多交集，但更多的是差异。商人古已有之，无论中外。而企业家，则是近代资本主义兴起下的产物。一定意义上企业家精神首先是资本主义精神。

（一）资本主义与近代西方企业家精神

资本主义不能狭隘地理解成一种经济形态，它肇端宏大，包罗深广，是一种相当复杂的社会体系，包括经济、法律、政治、科技等诸多重重相因的环节。如果要从西方历史中来追溯资本主义的起源，可以溯源到古希腊人的理性、古希伯来人的宗教以及古罗马人

① 本节参考了张曙光先生的文章《企业家精神和文化的“推”与“挽”》，该文网址为：http://www.21ccom.net/articles/dlpl/whpl/2012/0424/58361.html

的法律，是这三大因素在漫长的历史中相互渗透、交融而成。

1.近代西方世界资本主义体制的兴起

西方近代资本主义的兴起，无疑是个宏富的话题，我仅有过粗浅的涉猎，在这里试着勾勒一下大略的轨迹，想对企业家精神做点背景的铺垫。

资本主义的兴起，一大因缘是美洲大陆的发现和开辟，为欧洲人提供了发展所需的资源。这是众所周知的史实。最先起来的是西班牙、葡萄牙两强，它们从美洲获得了巨量的金银，这确是促成欧洲经济腾飞的“第一桶金”。只是这两强，国民意识未经陶冶，对财富未有更深刻的认识，沉浸于粗野的欲念中，一味挥霍和享受劫掠来的财富，过着骄奢的生活。所以其兴也勃，其亡也忽，很快让位于后发的英国。西、葡两国的兴衰历史，再次说明了经济发展与精神动力是相辅相成的。没有内在的精神作为支撑，经济的发展根本不具备可持续性，暂时性的繁荣只能催生奢靡之风。

从17世纪开始，英国大量移民美洲，先后击败西班牙和法国，占有了丰厚的北美资源。借助于这批资源，以及工业革命造就的先进技术，还有在长期海外经营、贸易中所形成的信用制度、保险制度、合伙制度等商业运营经验，合力促成了大英帝国的崛起，成为当时世界上的第一强国。而社会形态的变迁，也造就观念的更新，适合于资本主义的意识开始进入英国的思想家们的理论视野中。如霍布豪斯、哈灵顿、洛克、亚当·斯密、李嘉图等人，从不同角度，在观念上合造了资本主义的思想意识基础。英国的示范效应使其经验迅速传播、复制到欧洲其他国家，于是资本主义作为一种全新的经济、社会形态，真正开始在西方兴起。

历史学家黄仁宇，讨论过资本主义的性格特征以及发展历程[1]。他认为，从技术上观察和检讨，资本主义有三个特征：其一，是资金的自由而广泛的流通；其二，是人之关系由人身依附型转变为自由雇佣型；其三，种种有助于商业发展的技术因素，如交通、通信、律师、保险等，得以交互作用。而这三个条件的广泛展开，使社会基层中的各种经济因素得以公平而自由的交换，于是要求、支持着私人产权以及雇佣关系的确立。因为生产、分配都以契约关系为主，理所当然鼓励了自由竞争，无形中强化了个人利益作为资本主义组织力量的来源。而这些因素，全靠信用来支持，信用则依赖于法律的保障。所以资本主义之能成立，必影响到政治体系的面貌，而且资本主义体制一经开展，便不可逆转，只有越做越大，甚至它还有自我纠错的能力，也就有可能树立长期的历史合理性。

2.节制与扩张：资本的二重性格

马克思·韦伯以探研资本主义精神而著称于世。他研究发现，有新教信仰背景的商人，表现出独特的商业作风：视赚钱为天职。赚钱，让钱不断生钱，不是为了生活的富足和享受，而就是目的本身。因此，赚钱可说是“伦理”。韦伯说：“这‘伦理’的‘至善’——赚钱，赚更多的钱，并严格回避一切天生自然的享乐——是如此全然褪尽一切幸福主义甚或快乐主义的念头而纯粹地认为这就是目的本身，因而单就个人自己的‘幸福’或‘利益’而言，这不啻是完完全全的超越，而且简直是极为不合理性。营利变成人生目的，而不再是为了满足人的物质生活需求的手段。”[2]在韦伯的分析中，经过宗教改革，新教呈现出比较明显的入世特征，赚钱既为天职、为

---

① 黄仁宇《资本主义与二十一世纪》，三联书店，2006年，第34、35页。

② 马克思·韦伯《新教伦理与资本主义精神》，广西师范大学出版社，2007年，第29、30页。

伦理，节俭便成为应有之义、应为之行。早期经营有成的富豪们自奉菲薄，克勤克俭，是极为常见的事。

其实，节俭的意义并非全如韦伯所言，是作为目的而存在，同时它也是手段。节俭，是为了赚取更多的利润。所以，资本的主导性格，还有另一面：贪婪。当然，这里所说的“贪婪”，非从道德层面来立言的，实指一种不断向外膨胀、汲取、扩张的欲望。它是资本主义发展的基本动力所在。

资本的性格一旦形成，必然要为利润而展开竞争。竞争释放了人的潜力，扩张了人的欲望，也为社会带来了活力，而后果必然是普遍性的结果不等，形成贫富壁垒。微观层面的公平竞争，放到整个社会层面上，必是不平等。马克思早已对资本主义的弊端有深刻的剖析和揭示。

所以，西方近代资本主义兴起以来的企业家精神实质上是个矛盾体，它是节制与扩张的统一。

3. 浮士德：企业家精神的象征

浮士德是西方中世纪的一个传说中的人物。据说他是个炼金术士，有神奇的法力，擅长与魔鬼打交道，但被魔鬼捉住了灵魂。德国文学家歌德借用这个题材，重新阐发了这一故事的意蕴：浮士德与魔鬼做交易，把灵魂抵押出去，换来魔鬼的巨大力量，开创许多伟大的事业，其间有罪恶，但体验到人生的种种悲欢，最后被上帝拯救，升上天堂。这个故事，极富于象征意义。企业家精神，即浮士德精神。

歌德笔下的浮士德，永在不满足地进取和追求。这股冲动的劲头，导源于人自身那最原初的生命力。原初的生命力，是人改造现实、打破现状、突破规范的直接动因。当生命力发动后，人心演变成一个充满着剧烈矛盾的结构：逐欲与超脱。正如浮士德所说的：“在我的胸中，唉，住着两个灵魂，一个想要从另一个挣脱掉；一个在粗鄙的爱欲中固执的器官附着于世界；另一个则努力超尘脱俗，一心攀登列祖列宗的崇高灵境。”[①]

必须要注意，浮士德式的超脱，并非是外在于逐欲的另一极，毋宁说就是逐欲的过程本身。浮士德在实现个人欲望的无休止的过程中，自然而然地超出了个体欲望的有限性和狭隘性，把对物的追求升华成对于追求本身的追求，这就是生命力的释放，这就是生命内涵的开拓，这就是生命境界的提升。由此浮士德说要把他“个人的小我”扩展成“全人类的大我”。

（二）中国传统文化中的儒商精神

我们的传统社会里没有近代西方式的企业家，但我们有许多成功的商人，前面已经举过许多；而且，商人亦有自觉的精神追求，并非一味逐利。要进一步理解商人精神，须置入传统文化的背景之下。毕竟，商人精神是一个民族的文化精神的侧面。

1.传统文化的特质

我们分析传统文化（主要以儒家为主体）的特质，是以近代西方资本主义精神兴起的背景为对照的。相比于前面所说的西方文化的“两个世界”，中国传统文化思想认定的是“一个世界”。在宇宙观上，传统中国人主张“天人合一”、在存在观上主张“体用不二”、在人生观上主张“身心一如”等等。诸如“合一”、“不二”这样的表述，就足以说明我们文化的倾向性。我们没有灵与肉的分裂，没有超世与入世的两难，没有理念与现实的隔绝。

① 歌德《浮士德》，绿原译，人民文学出版社，2010年，第30页。

所以，对我们传统的商人来说，存义与逐利、重情与讲理，也可以统一起来。许多流传于民间的俗语，就传达了这样一种价值观。如“仁义值千金”，是重利的一面;同时还有“金钱如粪土”的说法，则否认了利害的至上性而强化了情义的价值。

不过，儒商精神与西方企业家精神还是有很大的差异。

2.儒商精神与近代西方企业家精神的差异

无论是中国传统的儒商，还是近代西方的企业家，都是在市场中汲汲求利。商业作为经营活动，需要某种精神性的理念、原则、价值作为维持其运转的条件，自不待言。所以儒商有儒商的精神，企业家有企业家的精神，两者的差异还是很明显的。

儒家思想极推崇“诚”的价值,乃至把“诚”提升到天道的层次。深受儒家思想影响的传统商人，也极端讲究诚信。我们前面所略举的明清商帮,就能见到这一点。即便是现代“儒商”,也是“以诚为本”。作为儒商精神的诚信，与企业家精神内涵中的诚信，尽管要求相通，可背后理路是不一样的。儒商的诚信，是个人的道德素养，是为人的基本准则。而西方近代的资本主义精神，把信用作为一个基础性环节，是一个信用体系，有一连串环环相扣的制度来保障，它是市场经济之能大规模开展所必需的，是社会对个人，尤其是对企业家的规范，而不像儒商精神，是个人的道德自律。前者可能境界不高，只是确保个人的公平获利而已。

在对财富的态度上，也可见出儒商精神与企业家精神的差异。前面说过，资本主义兴起以来的企业家，是开拓进取型的，富有冒险天性，积极创新，无论是技术上还是制度上，都引领社会的进步。但儒商则不同，受儒家思想影响，偏于内倾，扩张性不够。财富积累到一定程度后，便自觉收缩与节制。像我们前面分析的明清商人的散财意识，除却规避专制权力的猜忌以及行善济世外，还视财富的聚散、流转为天理之必然，显然，这就是文化所赋予商人的根本态度。

3.文化创新

无论是主动还是被迫，总之中国已经进入了世界文明体系的发展脉络之中，再无退避的可能性了。而且，这个世界文明体系，是由西方文化建立和主导的，西方在这个文明体系中处于中心的位置，中国则相对被边缘化了，这也是个不争的事实。

中国所需要的，是尽力融入这个世界体系中，接受普世性的价值，而不是抱残守缺，冥顽不化。不过，这也不是说要放弃自身的文化特性；而是说，可以在不断交流和沟通中，用外来的、异质的文化来补充，使我们的文化得以自我更新。

在这样的大背景下，传统的儒商精神也要随之调整，扬弃成新的现代企业家精神。

（三）试论一种可能的现代企业家精神

讲企业家精神，就是讲企业家的灵魂。今天的中国企业家们，处在中西两大文明交汇数百年的情势下，所拥有的文化资源已非传统社会的商人可比。但是，任何一种新的精神，都是立足于既定的历史条件的基础之上所生发出来的，我们若要谈论现代企业家精神，必须有中西汇通的考虑。

或许，日本近代著名企业家涩泽荣一，能给我们若干启示。

1.士魂商才

涩泽荣一，被誉为“日本近代化之父”、“日本近代实业界之父”。他年轻时代曾作为日本使节团成员，在西方呆过近两年时间，详细研究了当时西方列国的产业发展历史以及经济制度。归国后，他投身实业界，不断拓展经营范围，涉及铁道、海运、钢铁、造船、机电、保险、建筑等诸多领域。终其一生，与他有关的经济事业有五百项之多，推进了近代日本工商业的发展[①]。

涩泽荣一不仅是实业家、实践家，而且还有高度的文化自觉性。他熟谙中国传统文化经典《论语》，自道"一生都尊信孔子之教，把《论语》作为处世的金科玉律，不离左右"。他从《论语》汲取了丰富的人生智慧，用于商业经营，宣称"以《论语》为商业上的圣经"。涩泽荣一把修养和经营，把伦理和商业，把行义与求利，很好地结合起来，而其心得，汇聚成书，是为《〈论语〉与算盘》。从这个名字就可以看到，在涉泽荣一的眼中，《论语》培养的是价值观，"算盘"培养的是经商的精明；前者是价值理性，后者是工具理性，两者并不冲突，而是相辅相成。

由此，涩泽荣一提出他的"士魂商才"的概念。他讲，如果偏于士魂而没有商才，经济上将招致自灭，商才是断不可废弃的。但商才，也是以道德为根基，离开道德的商才，即不道德、欺瞒、浮华、轻佻的商才，绝不是真正的商才。我们还可以从更深一层来理解涩泽荣一的"士魂商才"，并非简简单单把道德贯彻于经营中而已。"商才"的背后，隐含着以个人幸福、利益为本位的思想，所以需要精明的算计、需要工具理性。而"士魂"则指向一种更高远的境界，非以理性为本位，而以情感为本位。所以，这个概念，放到今日文明交融的情境中，还有如何确立人和人之间最基础的关系的意义。

涩泽荣一说："如果富豪、贫民都能以仁义待人，即按照人类行为的准则来处世的话，那么，我就认为远远胜过百种法、千种规则。换言之，资本家以仁义对待工人，而工人也以仁义对待资本家，认

① 相关材料取自王中江翻译的《人生十论——〈论语〉中的处世之道》一书前言，华东师范大学出版社，2012年。

识到相关事业的利害得失，对双方来说都是共同的，从而相互间始终以同情之心来相处，这样才能得到真正的和谐。两者果真都做到了这一点，那么像权利、义务观念，除了疏远两者的感情以外，几乎是没有什么效果可言的。”[①]

权利与义务，是否真如涩泽荣一所言能疏离资本家与工人的关系，还有进一步商榷的余地，可另当别论。显然，涩泽荣一最终期待的是资本家和工人之间的情感关系，己与人都充满着情感，方为仁义的充分显现。

2.现代化进程中的“仁”

前面我们提到儒者的特征时，已经简单说过了儒家的核心思想观念“仁”，这里我们接着说。我们看看儒家原初的“仁”的思想以及如何转化以适应新的社会条件。

儒家原初的“仁”，大致包含几个层次的内涵：

其一，是“做人”。孔子生活的春秋晚期，是社会急遽变革的年代。固有的社会结构被恶性竞争所打破，所谓“春秋无义战”。在社会正义缺位的局面下，道德沦丧，人性迷失。孔子提出“仁”的观念，力图提升人的精神境界，促人自觉珍视、保存、维护、升华人之高于动物的一面，把做真正的人视为人生的终极价值。因此，“仁”首先可说是自觉为人的意识。至于为人的路径、方式、实践取向，则是“爱”。

其二，是“爱人”。“仁”的基本内涵是爱人，所以“仁”又可具体化为“仁爱”。南怀瑾先生在《论语别裁》中解释：“‘仁’是什么？中国古代‘仁’字是这样写的：人两足走路旁加个二，为什么不就旁加个‘一’？‘二人’是两个人，就是人与人之间，有我就有你，

---

① 王中江《人生十论——〈论语〉中的处世之道》，华东师范大学出版社，2012年，第186页。

有你就有我。有你、我、他，就有社会。一个人没有问题，有两个人就发生了怎样相处、怎样相爱、怎样互助的问题，就是仁。”[1]不过，儒家的仁爱，在践行中有个过程，是从“亲亲”之爱推扩为“人人”之爱。

其三，从“亲亲”之爱到“人人”之爱。在儒家看来，一个人成为仁者、仁人，须有过程，不可躐等。首先从自己的亲人开始，在与有血缘关系的亲人的交往中体味和培养人应有的爱心，从而形成自觉的道德意识，再把情感扩展到无甚关系的陌生人身上。臻于此境，才算是仁爱的实现与完成。

儒家的“仁”的思想，在观念上支持了传统的家国一体的宗法社会模式。传统宗法社会，理论上把国看成家的放大，将两者视作同质。从现代社会的角度着眼，这种模式显然把公与私、个人与群体、家庭与社会、伦理与政治这些需要严格界定、明晰边界的领域融为一体，这就容易产生不必要的纠纷。

像我国的许多民营企业，起初是一帮子熟人、兄弟齐心合力创业，大家都很仁义，首要考虑的是彼此融洽亲密的感情，是如何渡过难关，而不大情愿过于计较利害得失。这样的氛围很令人感念。等企业做到一定规模，绩效初显，感情逐渐淡化，利益开始浮现。大家各有各的立场，各有各的权衡，影响感情的事于是多起来了，矛盾积累到一定程度，自然而然走上分开之路。这是中国社会在其现代化进程中所产生的普遍现象。在市场经济逐渐成型、社会利益逐渐分化的大背景之下，儒家的仁学，作为一种终极性的价值关怀，作为一种普遍性的人道主义，仍可适用，不过需要转换与提升，弱化其内涵中差等之爱的痕迹，强化其内涵中人人之爱的追求，在人

---

① 南怀瑾《论语别裁》，复旦大学出版社，1990年，第171页。

格平等、规则公正的基础上厘清人与人之间的关系，在此基础上“为人”。

而这，也是建立现代一种企业家精神的立足点。

3.“仁”与现代企业家精神

作为仁者的企业家，以仁义为价值导向的企业家精神，说到底，是一种做人的精神。企业家，不能只见“物”而不“见”人，不能只见“利”而不见“义”，不能只有利益考虑而没有情感关怀。我们认为，真正的企业家精神，除了通常的冒险、进取、扩张、节制等，还应包括如下几个方面的内容。

一是反省的精神。

“仁”，既是自觉为人的意识，自然包含着反省的态度。儒家有“三省吾身”的说法，要人去自觉省察身上的缺陷、不足，尽量接近完善的人性境界。以“仁”为本位的企业家，同样需要反省。反省，首先是把他人视作与己同类的“人”，而非关系疏远的“外人”，或是谋取利益的工具。这是“仁”的人道情怀。更重要的反省，乃自觉检查对他人的情感是否真诚、对他人是否带有情绪。

二是公平的精神。

在第二章中我们分析过传统文化的“关系本位”现象。我们说需要辨析“关系”的本然意义，暂时忽略它在实践操作中的异化。而在这里，我们必须指明异化的负面效应。讲关系，重人情，当然很好，使得人们之间的社会交往有温馨的情谊。这是儒家“仁”之思想对中国社会所施予的教化。人的仁义之心，是在家庭、在亲属、在熟人圈子内培养起来的。这比较容易造成人的亲疏、内外、彼此的区别，造成了对无关系者、对陌生人的相对漠视。换言之，对人若区别性对待，就很难再保持公平的取向了。

三是退让的精神。

我们总结过“**不平等产生情感**”的规律。“不平等”，逻辑上便指示着“退让”的处事方式。因为，表面的“不平等”，其实际内涵是站在超越利益的立场来考虑、处理利益的交换与分配问题。所以，其行事风格不是刚性的，而是柔性的；不是直线式的，而是曲线式的。那么，这种行事风格必是退让。

准确地说，退与让也有分别。退，是被动的，是经受不住压力的退却；让，是主动的，是维持彼此关系的善意。被动地退，即便一退到底，也使彼此心有不甘，都有情绪产生；主动地让，即使所让不多，也使彼此心存感念，都有情感产生。作为身处利益渊薮的企业家，应从利益中超拔出来，审时度势，更积极地让，而非一味地退。

进言之，退让的行事风格，本身就蕴含着节制精神。我们前面说过西方企业家精神是个矛盾体，其中一极是节制。这种节制，是出于理性的考虑，是为了扩张，是进行扩张的必要手段。若要立足于仁心，当然也需节制、节制个人意欲的膨胀，但更多的是出于增进情感的善念，因此这种节制自身便是目的。它同样可起到扩张的效果，却可能避免为扩张而扩张所生的恶果。

第 四 章

情商和文化管理

在上一章的结尾我们提到了现代企业家精神。企业家精神，顾名思义是在现代市场经济条件下从事企业经营者所应具备的精神。一定意义上，企业家精神统摄企业管理。所以在本章中，我们谈一谈企业管理的问题。

曾担任过日本首相的大平正芳提出过“文化时代”的概念，认为时代已经由经济建设转向到文化建设。这是大平正芳作为战略家的远见卓识。我们中国经过几十年的持续发展，经济建设取得了骄人的成就，我们无疑也步入了这样的文化时代，迎来我们文化的复兴。所谓文化，就是直接切入人的心灵、精神层面，与人的情感息息相关，或者说就是感动人、发生情感的力量。文化管理，就是面向人的心灵、人的情感的管理方式。

这就与情商有了交集。

一、企业文化与管理

人一旦组织化，就产生管理问题。当然，宽泛地说，即使是个人也需要自我管理，否则个人的生命散漫而无依归，无方向。这里我们主要涉及的是组织管理，尤其是作为社会经济组织的企业管理。管理，无非是把人组织起来完成既定目标。这里面牵涉到的问题当然很多，诸如组织架构的完备，组织内部的信息流通，规章制度的健全，人员的训练、考核、晋升和退出机制，决策模式的合理化还有管理者个人的领导风格等，不一而足。如果稍微简化一下，我们可以说管理是调动人一起做事的方法。既然是要调动人，那么不得不关注人的感受，关注人的情感和情绪。情绪可能是我们所遇到的最大的管理障碍。一个企业内部，如果员工大多有情绪，非但没有“正能量”可供发挥，没有积极性可供调度，还势必产生极大的负面效应。这一点不容忽略。

因此，我们暂时省略管理中的其他重要问题，专从情感和情绪的角度来切入。

（一）文化建构认同

文化这个概念的内涵很模糊，因此有人说了，文化是个筐什么都可以装。这是调侃了。事实上文化作为某种价值观所承载的特定思维方式和行为方式，塑造着人的性格、气质。

在本书第二章中我们曾经说过我们的传统文化是“关系本位”，视“关系”为至上价值，因此我们重视人事的“进退”，懂得适时“取舍”，对待他人肯“给面子”、“留余地”，什么都“不为已甚”，是为了“做人留一线，日后好相见”；在不顺，在遭遇逆境的时候，总以坚忍的态度等待“转机”的来临，因为“物极必反”、“否极泰来”；而处在人生巅峰位置时，通常持盈戒满，战战兢兢，防止得意忘形，因为“飘风不终朝，骤雨不终日，天地尚不能久，而况于人乎”。我们今人纵然很少阅读中国的文化经典，对经典所倡导的价值观较为陌生，但人生态度、行为方式不自觉地遵循这些价值观的内在逻辑。这些都是社会事实，昭昭可见。这就是文化对我们国人性格的塑造。

企业是个小社会，一个成熟的企业自有它的文化，也应有它的文化。依据文化的理路来管理，就是文化管理。好的企业是“活”的。“活”，指的是企业作为一个整体所表现出来的运作状态、气氛。如果没有文化的协调和塑造，缺乏人与人相处之道，企业只是人的机械结合，人力资源就不能尽其用，后果是人对企业产生不了认同感和归属感，游离于企业之外，与企业格格不入。企业于是乎缺乏生命力，难活长。

文化首先建立的是人对于企业的认同。

1.价值认同

认同，首先是价值观的认同。俗话说“道不同不相为谋”，道就是价值观，价值观不一致，无法取得共识，就不能一起谋事。谋事的前提是道——价值观的吻合。文化，首先是个价值观的问题。在价值观一致的情形下，人的行为具有协同性，甚至不约而同，有如“默契”。

我们看个有趣的社会现象。央视做过一期节目，记者分别采访天津、贵阳、石家庄等地，在市中心车辆如织的路口，多数行人无视交通规则，堂而皇之，穿行自如；这一现象，被戏称是“中国式过马路，凑够一撮人就走，只看人不看灯”。这和西方社会中所常见的普通人严守交通规则的自律精神迥然有别。我并无批判什么的念头，我也不否认有不少国人对待交通规则的态度是敬畏的，但每天在各地几乎不约而同上演的“中国式过马路”情节，确实是一个比较典型的实证材料，可以证明我们国人某种“日用而不自知”的集体意识，或者说文化心理结构，即讲究通权达变，否认规则至上。

德国哲学家康德剖析道德，视道德为一种绝对的自我约束、规范。所谓“绝对”，是说不以时间、地点、环境、人物等条件的变化而变化。一个规则，是什么，就一定是什么，不能不是什么，没有打折扣的余地。我们的文化则不然。过马路时，不看红绿灯，只看车离我是远还是近。如果车距较远，暂时安全，即使红灯亮着，又何必呆在路边等绿灯亮呢？我们所抱定的宗旨是：车不妨人，人不妨车，两不相妨，各取其便。即，我们对待一个规则，总要视情况而定，是相对的，有条件的，而非绝对、无条件的。所以，红绿灯所代表的交通规则并不能有效约束我们国人的行为，这就是“只看人不看灯”的原因。那“凑够一撮人就走”又是基于何种逻辑发生的呢？既然行人都抱有通权达变的价值观，都在看人而不看灯，都在准备随时过马路，自然形成默契，往一团凑，于是就有了集体穿行的现象。试想，如果仅有极个别人不守规则，当看到绝大多数人规规矩矩时，他可能有所顾忌和犹豫，不敢太明目张胆的。

这是“道同则相为谋”的一则有趣的实证材料。当然，集体性不守交通规则的行为是我们不赞同的，我们只是通过这个事例来说明价值认同的必要性。通过文化的塑造力和影响力，培养出相同或者相近的价值观，是人们能够一起合作共事的前提。

还有一层意思往往受到忽略，成型的组织文化所带来的价值认同还具有淘汰和筛选功能，即把道不同者排斥出去。我们借用《水浒传》中的事例，起先的梁山大头领、白衣秀士王伦，被淘汰出局。为什么呢？因为这个人气量狭小，妒贤嫉能，特别不讲义气，晁盖等人落难来投奔，全然没有同情援救的意思，只想早点送“神”出门。所以被义气至上的林冲看不惯，把王伦给火拼掉了。淘汰王伦是梁山壮大的一个必经途径，其人的性格气质与梁山所要代表的文化不协调，即使没有林冲的出手，还是会有类似的结局，除非他自己有了大的转变。

总之，文化所提供的核心价值塑造与其投契的人，同时也于无形中排除与其不合者。价值认同，是组织成型、合作共事的基础性条件。

2.方法认同

道同则谋。谋事有方法，文化对人的塑造作用进一步带来做事方法上的认同。

我在复旦大学管理学院的EMBA同学黄忠杰，曾经在麦德龙、沃尔玛等在华外企工作，资历很深，有出色的业绩。他在外企浸润多年，对它们的企业文化感受、体味颇多。他发现那些著名的企业，企业文化的存在和影响显而易见，就体现在员工的日常工作行为上。他认为麦德龙员工处理细节的意识和能力，沃尔玛员工对待程序的态度和方法，就打上了各自企业文化的烙印。

他说的这一点我是相信的。举个例子，过去工厂里师傅带徒弟，徒弟一开始不知道怎么做，跟着师傅学，亦步亦趋，只要细心和勤奋，过不了多久就能大致学得有模有样。“传帮带”就是一个方法传递的过程。徒弟认同师傅，自然认同师傅做事的方法。

再往远处说一点。前面讲过我们传统文化的特点是重视人与人之间的情义，接受这种价值观的熏陶，很自然地在与人相处时懂得退让，懂得顾全他人，不逞能，不随便竞争，免得有伤和气。我们看《水浒传》，梁山中人特别推崇兄弟义气，个个自觉把情义摆在中间。这可说是他们的文化。第八十六回写到梁山对阵贺统军。那个贺统军被镇三山黄信一刀砍在马头上，贺统军弃马而逃，可又碰上杨雄、石秀、宋万等人，“众人只怕争功，坏了义气，就把贺统军乱枪戳死”[①]。可见梁山众好汉很有讲义气的自觉性，为避免争功，伤了和气，都有默契，干脆把贺统军戳得个死无全尸，意思是功劳乃集体的。这么做好像对黄信不大公平，忽略了黄信的首功，但保全了众兄弟的情感。

3.角色认同

每个人在企业中都要扮演一定的角色，角色规定了相应的权利和义务。企业文化也塑造着人对他所扮角色的认同感。简单来说，就是能够“干一行爱一行”，没有勉强、为难、将就之处。好的企业文化能使人接受他要扮演的角色，调动起他的积极性，自觉承担必要的责任和义务，即唤起了他的使命感。

使命不一定就是宏大的，不一定非要关乎“为万世开太平”，使命也可能极为平常，涵融于世俗生活的方方面面。譬如男女结婚，自觉认同丈夫、妻子的角色，协力把家庭顾好，也是使命，也有意义。资本主义兴起，有它的精神基础，其内核是新教伦理，把赚钱视作使命。赚钱就是个极世俗化的行为，但新教伦理把它使命化后，就有了非同一般的意义。角色认同之所以重要，就是树立人对于责任的主体意识。第一章我们曾经提到，成为责任主体自然要去寻求必要的责任能力。此处我们重提：角色认同使人干一行爱一行，同时又使人专一行精一行。

---

① 《水浒传》，人民文学出版社，1997年，第1117页。

一旦人不认同他的角色，就有情绪了。不愿全心投入，动力不足，于是敷衍塞责，得过且过，效率低下不说，还影响到整体气氛。这是其一；有情绪则喜欢盘算权利和义务的平衡。第一章里我们讲过有“找平衡”这种现象，在情绪的支配下人很可能根据回报来决定投入，看起来很理性，其实是意气用事，是在闹情绪。这是其二；对角色不认同，当然不排除有更大理想要追求的可能性，渴望更适合的角色，但更常见的是见异思迁，或者好高骛远。见异思迁是定力不够，好高骛远是定位不准。无论是定力不够还是定位不准，都将加剧心理的失衡，引起更多的、更大的情绪。这是其三。

（二）协调冲突

企业是个利益共同体，利益关系是企业中的基本关系，尽管是基本的，但不是唯一的、绝对的。讲文化管理，其实就是以更高的价值观来引导、协调、规范和平衡利益关系，消解因利益失衡而产生的不良情绪，增强企业的稳定性和融洽性。

企业中大致有三种不同层次的关系需要正视和理顺。

1.企业与社会的关系

企业生存在社会之中，社会是企业生存的大环境，如果社会大众对企业产生情绪了，企业就有大问题了。

现在社会大众对环境污染非常敏感，说到底还是在关注自身的生活质量，是维护自身的生存权。我国刚开始改革开放时，自然环境未经太大的触动，那个时候破坏一点、损伤一点，还不足以引发普遍性的情绪。现在大不相同了，我们二三十年经济的高速发展几乎是以环境的急遽污染为代价，这已经严重威胁到人们的生活。近两年一些 PX 项目相继在厦门、大连、宁波等地区遭遇当地民众的强烈抵制，人们担心这些重化工项目可能造成的环境风险。尽管政府、企业信誓旦旦保证项目的安全性及描绘巨大的经济收益，但民众不买账。从近两年的情况来看，这些项目走到哪里，就把情绪带到哪里，民众保护他们的利益的态度异常坚决。社会大众的激烈情绪可以一下子把企业推到风口浪尖上，成为众矢之的，发生危机。

2013 年央视 3 · 15 晚会上曝光了苹果手机在中国市场实施不同标准的售后政策，涉嫌歧视中国消费者，一时间引来各家主流媒体的严词批评。苹果虽有回应,但其回应又被认为态度傲慢,毫无诚意；在媒体的集中关注和报道下，社会大众备觉不公，情绪被点燃起来，它就不再是个企业产品质量、售后服务的问题，不再是单纯的商业领域内的纠纷，而升级成社会性事件。这就是说，情绪已不再是其产品的直接消费者的反应，而演变成社会性的了。

情绪是比较之后的失衡所致，如我们的一些国企依靠垄断地位、政策眷顾和融资便利等优势条件，维持着较高的利润，而又以高薪酬、高待遇、高福利的形象出现在大众面前，但在社会公益事业上的表现与大众的期待有距离，这种偏差就足以令大众产生情绪。

总之，企业和社会的公共关系也属于管理的范畴。从文化管理的角度来看，就是要避免社会大众对企业的产品、服务、行为产生情绪。

2.部门与整体的关系

在企业内部还存在着部门与整体、部门利益与整体利益的关系，也需要协调。

企业是由各部门在分工基础上经有效互动、合作而成的有机体。部门既已存在，容易演化成“山头”，发展出相对独立的利益诉求。站在整体的立场上，可以对部门说“大河有水小河满”；而站在部门的立场上，则可说“小河没水大河干”，这样整体和部门就要形成利益上的冲突，就要产生情绪。

还有一种情况，是各部门、各山头之间的相互竞争影响到作为整体的企业。马季等人有个脍炙人口的相声《五官争功》，讲的就是眼、耳、鼻、嘴等几个器官摆功、争地位，互相不服气。每个都觉得自个儿最重要，可没得到应有的承认和待遇，觉得不公平，闹情绪，相互嘲讽和拆台。企业里也免不了这种情况，赚钱的部门通常底气足，而花钱的部门也有理。毛泽东在《论十大关系》中有过一个观点，可视作处理这类关系的原则："省市和省市之间的关系，也是一种地方和地方的关系，也要处理得好。我们历来的原则，就是提倡顾全大局，互助互让。"① 实际上在《老子》那里也有相似的说法，"大国以下小国，则取小国；小国以下大国，则取大国。故或下以取，或下而取"。无论对小国还是大国，对强势部门还是弱势部门，对大山头还是小山头，相处的原则都是"下"。"下"就是"让"。主动一"让"，就无情绪，而且还可以生出情感，情感不但可以保全乃至能够带来更多的收益。

3.个人与企业的关系

就员工个人与企业的关系来说，企业属于强势一方，员工个人则相对弱势了。俗话说"铁打的营盘流水的兵"，就是这个意思。越是大型的、成熟的企业越不会因为某个人的存在而影响到整体的稳定性，从这个角度来说个人往往是容易生情绪的一方。

在成熟的企业里，专业性强，分工明确，流程清晰，奖惩有度，规章健全，秩序井然。个人的价值不容易凸显，贡献也不容易评估，换言之，个人容易被淹没在集体中，其情绪也容易滋生。按我们第一章里的观点，当员工个人感到不公、生出情绪时，他会消极怠工、

---

① 《毛泽东文集》第7卷，人民出版社，2009年，第33页。

不再给力了，或者择机跳槽、终止与企业的关系，他自己会去“找平衡”。此外还有新的方向，近两年有大企业连连发生员工非正常死亡事件，这是绝望，是情绪失控后的极端行为。

员工个人的情绪问题不容忽略：其一，情绪是会传染的，带着情绪来工作的人会将他的情绪扩散到周围，进而影响到整体的工作气氛，降低效率；其二，个人带有情绪，同样会影响到企业的整体形象。尤其是服务业，服务者若有情绪，把情绪挂在脸上，对人爱理不理，一副极不耐烦的样子，很令顾客反感，进而令顾客对企业的印象定格；其三，个人情绪若是失控，失去理智，可能有悲剧性的后果发生。

情绪虽发生在个人身上，但不应被视作个案。我们在本书里一直坚持这个观点：**不公平产生情绪**。我们不否认情绪可能还有其他来源，但从企业管理的角度出发，如果在管理中存在着某种不公平机制，这势必影响到员工个人的心态，催生出情绪。

（三）情感在文化管理中的位置

文化是建构企业认同感的一个核心要素，企业对员工有凝聚力，员工则对企业有认同感。文化的作用，最终还是要在人的心灵、情感中留下浓厚的印记。由此说来，情感在文化管理中占有重要位置。

1.关怀情感是管理的目的

德国哲学家康德提出过“人是目的”的命题。他认为，一个道德的行为，是任何时候都把人看成目的而非手段。这个命题在企业管理中如何落实和体现出来呢？难道企业不应该把它的员工作为创造利润的工具吗？没错，员工是创造利润的工具，利润、财富，必须也只能通过员工来创造。正因为如此，员工就不仅仅是创造的工具，更是创造的主体了。

文化，无非是从人的角度来看待人，即把人作为人来对待。这就是平等了，这就是尊重了。平等与尊重，就是文化的本质。而以平等和尊重的角度对人，是把人当成目的，当成主体。

人作为主体，首先来说，他有自主性。只不过，有的人意志坚决，表现积极，把自主性发挥得明显，而有的人相对个性柔弱，行为被动，不太愿意直接地、强烈地伸张个人意愿，但这绝不等于他没有自主性，或者放弃了自主性，只是表现的形式更为隐蔽些而已。因为有自主性，所以人的行为都经由他的考虑和选择。

情绪，也是选择下的产物。比如过得不如意，觉得受到不公平待遇，选择发火、生气、拍桌子等。情绪，是无声的、消极的抗议。由此出发，我们不能够把情绪简单视作心智不成熟的表现。讲个事例，建国之初毛泽东在百废待兴的繁忙时刻赴莫斯科求助于斯大林。由于形势还不太明朗，斯大林顾虑重重，没有完全满足毛泽东的期待。毛泽东情绪发作，后来他经常与人提及当时情形，说他那个时候发脾气了、拍桌子了云云。其实是他生性敏感，在革命胜利的时刻异常渴望得到作为共产世界领袖的斯大林的认同与平等对待，所望不获，又不想空手而去，故而以情绪来发泄不满，看来即使是伟人也难免如此。

我还看过一位管理者自述其管理经验的书，提到他在做工厂管理的时候，无意中发现这样一个现象：他无意中“得罪”了员工，员工虽没当面顶撞，但私底下拿厂里的原料出气，拼命浪费原材料，让工厂蒙受损失以平复怨恨。其实，消极怠工，阳奉阴违，当面一套背后一套，煽风点火，造谣生事，暗中使绊等等，类似大量有害的、强化内耗的行为，很大程度上源自当事人选择性的情绪发作，不可等闲视之。

人是主体，如果不如此对待，即产生情绪问题。所以，不尊重人，仅仅把他视作工具，他就会选择情绪发作来表示抗议、来报复。而以情感为核心的文化管理，就是要切切实实尊重人，避免不良情绪发生，影响到整个组织的气氛和性格。

管理者能够并且善于尊重与照顾人的情感，自然而然地，他就拥有了一种无形的权威。

2.非权威的权威模式

德国社会学家马克斯·韦伯纵览人类历史上出现过的种种统治形式，总结出三种类型的权威模式：卡里斯玛型，这类型的领导者以其无与伦比的人格魅力和超凡的品质受人敬仰和服从；传统型，这类型的领导者的权威来自漫长历史过程中所形成的某些共识；最后就是现代社会中最为常见的法理型，这类型的领导者的权威来自制度的授予。三者演变的历程，恰是情感淡出而理性凸显的历程。

在理性发达的今时今日，我们重新看重和强调情感在管理中的重要性，是否是要返回到韦伯所说的卡里斯玛那里，来一种现代条件下的“神化”？当然不是，而且也不可能。

其实，情感本身就是一种权威，一种无形的力量。前面我说过情感交换，在予人情感的时候已经在要求相应的情感反馈了，而且这一要求还不是强制性的，完全出自当事者的自觉意识，出于当事者的“情非得已”。所以，情感也是一种权威，不过是以非权威的面目出现的权威，它诉诸对方的感动和回报，我们称之为“非权威的权威模式”。它与卡里斯玛型的权威模式相比，并无神秘的成分、因子，非常朴实，非常世俗化；并非所谓“天纵圣明”，只是源自对他人情感的真挚关怀和照顾。

也不必举过多的例子，实则在日常生活中随处可见。但凡对他人情感或者情绪能细致和真诚照顾者，总容易赢得他人自发的好感与悦服，即使他没有过高的社会位置及权力。

3.管理过程的情感化

让我们再把视角转向具体的管理过程，情感实际上伴随着整个管理的过程，只是我们通常没有明确意识到而已。我们把管理过程粗略划分为沟通、认同、执行和双赢四个环节，看一看情感在整个过程中所处的位置。

（1）沟通

沟通是互动，也是一种交换，想法、意见、观点的交换，因此是双向的行为，而非单向。单向即直接下命令了，这就不是沟通。

沟通作为互动，以“互知”——知己、知彼——为前提。不但对自己有确切的认知，对于彼方也有相当程度的了解。而良好的互动，有个基本原则，将心比心，即把自己放在对方的立场、角度、思维方式上来设想，这样才能很好地为对方所理解和接受。将心比心的态度、做法，正是儒家“仁”的精神实质。“仁”，就是站在对方立场上为对方做考虑。所以，沟通中也潜含着情感的交换。一次成功的沟通，除了彼此意见的有效传递外，还有情感上的顺畅感。

情绪是沟通的最大障碍。一般说来，情商较高的人，其沟通能力也较强，能很好地表述他的观点，并以合适的方式在较少的争议、较少的抵触情绪中让人理解和接受。我们以打电话为例，这是常见的沟通方式。假设我们已经与朋友有约在先、不好改期，后又突然接到一重要人物的电话要求同一时间聚会，该如何回应呢？如果拒绝，丧失一次交往的机会不说，还可能惹得他不快，有情绪；如果答应，又可能令朋友失望。其实，这里面最重要的不是拒绝或者接受，而是态度。态度坚决，毫不犹豫，即使是拒绝也能赢得对方的宽谅，令他不在意。

（2）共识

这里所说的共识是在具体事情中能够达成共同的认识，有协同性。

沟通是交换，但不止于交换，其目的是达成共识，是达成一致，以便形成合力。对于管理者来说，共识实际上是个认同感的问题。就像幸福本质上就是种幸福感，只有感到了幸福，才是真正的幸福；没有幸福感的幸福，仅仅是个空洞的名词。

共识也一样，如果没有被人感受到，那么是虚假的、是不真实的。在一个观点上有认同，是被这个观点打动，这才由衷接受；对一个人有认同，是被这个人感动，这才真挚敬服。没有认同感，内心的真实感受是排斥、是反感、是不以为然，那么，所谓共识，只是为了避免分歧，或者出于什么利害考虑的权宜之计，还算不上真正的共识。

所以，为促成共识，在沟通中，离不开互相照顾彼此的感受、情感，避免抵触情绪发生。

（3）执行

共识要落到实处，转化成执行。执行过程中有没有情感，需不需要情感？依我看也是有的，也是需要的。

《论语》里有句话："必也临事而惧，好谋而成者也。""好谋而成"，是说执行的方法、技巧，这是执行的理性一面。"临事而惧"是什么？是执行的态度，是执行的感性一面。惧，不是怕，而是在执行中，面对着具体事情的一种敬意，一种虔诚感，一定意义上它类似于宗教情感，即把事当一回事，认认真真，全情投入，坚持不懈，善始善终。

认真与专注，其实就是情感的凝聚。当做事时贯注着情感，自能感动旁人，原因就在于这里面有情感的传递与交换。

（4）双赢

双赢，其实是一种分享。管理者，团结志同道合者与他一起奋斗，一起工作，在这个过程中始终保持着沟通、认同的态度，以自己的意志推动计划、目标的贯彻和实施，把执行推到极致，并以共享、以互赢作为彼此连结的结晶，如此则此组织内部必无隔膜、隔阂，而彼此之间情意相通。由此，双赢不仅仅是最终物质成果的分享，还包括整个过程的参与感。有参与感，才算是团队中的一个不可或缺的分子，才非局外人，才无游离于外的陌生感。

二、知音文化管理

前面说到文化建构认同，即文化的力量是使团队成员在价值观、方法论和对各自角色的认知、理解上趋近一致，容易达成共识，少分歧。用中国传统的说法，文化是“道”。“道”建立起来，自然而然地就有了“术”，有了方法，有了一起“谋事”的基础。

我们企业也建立了一套文化，有自己的文化管理思路、视野和方法。我们的文化是“知音文化”，我们的管理是“知音文化管理”。

（一）知音式人际关系

对于知音文化管理来说：管理的本质，就是怎么管好人的情感和情绪；就是怎样让他人有情感而自己又没有情绪。换言之，就是研究怎样实现人与人、人与自然、人与社会的终极关系——知音关系。

1.知音

“知音”，出于伯牙和子期以高山流水的琴曲彼此结缘、倾心的故事。经过千百年的流传，它已经演变成一个文化符号，象征着人与人之间那种志趣投合、心心相印的关系，甚至可以说是人际关系的最理想的境界：彼此有完全的理解和认同。在文学、艺术中，知音的故事历来都是被反复描摹和刻画的母题，人们借助于“知音”

的形象来追慕那种和谐美好的人际关系，这就构成了源远流长的知音文化。

耐人寻味的是，人们为什么渴求知音呢？如岳飞有著名的《小重山》词，最后感叹“欲将心事付瑶琴，知音少，弦断有谁听”，为什么人们要求有知音来倾听心事呢？

这里面有一种深刻的文化心理在。人从本性上说是社会性的，人非以个别而是以类的方式生存于世。这个道理我们无法详细展开论述，简单来说：人唯有融入群体才能成为个体，群体构成了人之能自我认知、自我实现的决定性的前提。合乎逻辑的结论是，人只有获得他人、群体、社会的接纳、理解、认同和欣赏才有“人味”。人活着，总要有点“人味”。我们用“人味”这个词儿，说的是人作为人的存在感。那么能接纳、理解、认同、欣赏自我者，就被视作“知音”。伯牙和子期，正是因为相互之间有完全的理解和欣赏，才成为“知音”的原型。

我们再仔细分析一下伯牙和子期的知音关系究竟是如何形成的，或者说成为知音究竟需要哪些条件。

其一，知音以人格平等为前提。传说伯牙本是楚国高官，而子期则是区区一樵夫，两人在身份上差异巨大，却不妨碍他们做心灵的交流和沟通,说明身份等外在因素所造成的人和人的不平等在“知音”中融化、消逝了——不平等，并非凝固的、不可变的。如果伯牙执于他高贵的身份，轻视身为樵夫的子期，两人心灵根本就没有沟通的契机。所以在知音式的关系中，人才处于完全的、真正的平等状态。当然，不容否认，伯牙和子期的知音故事乃艺术虚构，非历史之真实。但这不正好说明了在人们的意识、观念、想象中人和人的关系的知音化，是应当追求、应当实现的圣境？

其二，人格平等带来了欣赏的态度。“知音”的“知”，除了理性认知的含义，还有同情欣赏的意思。人能相互欣赏，双方在人格上必须是平等的。即使现实身份确有差异，但在欣赏的状态下，实则置于平等的位置上；否则，欣赏无从发生。所谓欣赏，就是把自己放在对方的立场上，即“换位”。伯牙鼓琴，志在高山，子期了然于心，说“好啊，如巍峨的泰山耸立在前”。如果子期不换位到伯牙的心上，他是不能明白和欣赏伯牙的心意的。

其三，欣赏的态度发生情感交换，促成知音。角色“换位”的目的，是换情，交换情感。琴音传递了伯牙的心意，而子期则报以同情的态度。这就是情感的互换。因交换而共鸣，所以带来了心灵暖然、温然之美。拥有知音是很美的感觉。

我们简要地分析了知音作为知音的结构：从人格平等开始，通过欣赏来发生情感的交换，于是成就了知音关系。而这种关系有个典型特点，它是超功利的。还是以伯牙和子期为例，如果子期事先知道伯牙是高官，有意赢得他的好感，那是在“迎合”而非“知音”；同样，如果伯牙想借子期来表现自己的亲民作风，那是在“作秀”也非“知音”。但凡抱有功利的目的，就容易滋生情绪。即伯牙和子期要是各有所图，而双方又都没有配合好，那就要互生情绪了。

2.知音与人际关系构建

上面说过拥有知音是很美的感觉，是人际关系的圣境。但知音又是超功利的，而现实的人际关系离不开利益，那么知音式的人际关系是否具备现实性呢？还是仅仅在艺术中出现作为无法实现的梦想而追念？

其实，现实的人际关系中都隐含着“知音”的诉求。在第二章中我们讲过情感是关系建构的目的，以情感为连接纽带，关系才具有稳定性和持久性。这里我们从“知音”的角度接着讲，追求情感就是追求知音。

比如最常见的友情、爱情，倘若不以知音为基础，不以双方的互相认同、欣赏为基础，那绝非真正的友情、爱情，断难长久；反过来说，真正的爱情、友情乃是知音的最为纯粹表现。古语说，“士为知己者死，女为悦己者容”，就是这个意思。

即使是在不那么纯粹、掺杂实际利害的人际关系中，最后维系这关系的还是知音。如企业是一个以利相合的经济组织，各色人等聚在一起的目的就是实现各自的利益期待，但是利益分配如果与其人的绩效、能力、贡献、资历不对等，意味着他的价值没有受到恰如其分的承认，这是对其人最大的轻视，他会认为企业是不尊重人的企业，会认为管理者是有偏见的管理者。由此可见，在人和物的关系背后实际上还隐藏着更为深刻、更为本质的人与人的知音关系；或者说，人和物的关系实际上是人与人的知音关系的一种体现。每一个员工无形中是在以其所获得的物质利益来检验和印证他的受认可程度。换言之，他在意物质同时又不那么在意物质，这也就是有时当企业面临风险、前途叵测而员工能够不计利害、甘愿共赴难关的原因之所在。

往极端说，在地位、权力不对等的上下级身上也可有知音的存在。历史上许多英明的领袖虚怀若谷，慧眼识人，礼贤下士，换来了那些英才们矢志不渝的报效，这样的佳话不胜枚举。一个事业共同体如果建立在知音关系的基础上，这一共同体就可消除森严等级给人造成的阻隔，而造成一种活泼愉悦、通力合作的氛围。

甚至是在利益严重冲突、不可调和的竞争者、敌对者身上，也可发生知音式的关系。一个人的行为如果光明正大，就有可能令对手抛弃成见，发自内心地钦佩、欣赏。历史上许多化敌为友、化竞争为合作的事迹就是如此产生的，可以说知音是促使异化的人同化的力量。

人类的知音情结本质上表现的是人类个体在寻找类的归宿，在追求同类的理解与认同，体现了人性中原始的追求社会化的冲动。从这个角度来说，渴求知音是人心灵中的最根本的需求。知音文化管理就是从此起步，要求管理者自觉以知音自居，以结成知音关系为目标，创建最坚实的人际关系来实现目的，完成任务，协同发展，共享成果。

知音式的关系是人的理想之境，它在现实中也是可行的。但现实的人际关系掺杂了许多利益因素，所以建立现实的知音关系首先从减少情绪开始，减少情绪摩擦是建构现实的知音关系的必要条件。

3.减少情绪摩擦是建构知音式关系的必要条件

洛克菲勒好像讲过这么一句话："在商业的基础上建立的友谊，胜过在友谊的基础上建立的商业。"我不知道这是否是原话，也不知道这句话的具体背景是什么。就话论话，他所讲的其实很有道理。在商业的基础上建立的友谊，是情感超越商业。因为这是从公平的基础上构建起来的超越公平的情感；而在友谊的基础上建立的商业，是商业从属于友谊。如果商业从属于友谊，情感和情绪的冲突会更加激烈。两者冲突激烈，感情会消减、淡漠乃至被破坏。

中国的民营企业在创立之初大都依靠熟人、朋友关系，也就是说以情感作为创业基础、作为基本关系、作为联系纽带是普遍情形。这种做法很自然，好处也很大。不过，当企业渡过生存危机，表面上一派繁荣后，内部纠纷多半随之出现，原本铁板钉钉的友谊、情感将会接受再检验。

拿我所熟知的一个例子来说吧。我有个朋友，他和同乡、战友合伙做事，几个人是兄弟，感情融洽极了，企业的股权结构也是清晰的。开始时生意做得顺风顺水，项目遍地开花，成长的势头不错。

他们这家企业的董事长为人仗义，重情，对朋友不错。有段时间中国兴起移民潮，他也赶着办理了移民。每年必须在那个国家至少待上三个月的时间，他就在不知不觉中与他的企业脱离了直接接触。这种做法看似没有什么不妥当的地方，但对于其他股东、对于合作伙伴、对于他的企业的支持者的心态造成了冲击。这种冲击是无形的，所以表面上当事者根本感觉不到，事实上的确牵绊了企业发展的脚步。为什么呢？这多年下来再度反思，极可能与情绪有关。他移民成功后到处宣扬，于是给他的支持者们造成一个印象，认为他准备好了退路，而把风险留给了他人。而他的那些政界、金融界及央企的支持者们风险意识都是很强的，于是这些支持者们的情绪油然而生，但当事者本人没察觉到。企业内部的股东、职业经理人，其认知和心态大体上也是这个样子的。

情绪既然出来了，各种问题顺理成章地出现：借过钱的要求归还，被拖欠工程款的要求尽快支付，银行开始催还款，国企的合作者怕他卷款私逃；职业经理人因他长期在国外，独立支撑企业，自认劳苦功高，要求更公平合理的待遇，员工们也因之而精神涣散等等。原本可以宽谅、可以让步、可以一笔带过的问题，逐渐变得不愿接受，不想让步，不可带过了。这就是情绪在作祟。于是分歧越来越多，越来越大，诉诸法律的事也发生过多起，终于闹得众股东以分家而告终。我并不是说情绪是阻碍这家企业发展的唯一原因，而是说当情绪发生后，彼此都有了“心结”、有了“心事”，然后各自“留心”，不愿如从前般“交心”，隔阂、误解、歧见还有意气的出现也就在所难免了。情绪的负面效应是容易放大、升级问题，乃至偏离解决问题的正确路径，让人变得意气用事。中国的民企做到一定规模后散伙了，是普遍现象。原因究竟在哪里？场面铺开后家大业大，都想当家做主，宁为鸡头不为凤尾，所以散伙是个很自然的选择。不容否认这也是一大要因，但这种自主意识其实根源还是出在情绪上。企业资源、权力分配不公，股东自然有意见，有情绪。所以才想散伙，自个儿能做主才是最惬意的、不再受气的事儿。这就是“中国式散伙”。中国式合伙以情感开始，中国式散伙则多以情绪而终。

人要有朋友，企业也要有合作伙伴。根据我们的经验，最好与合作伙伴维持长期的、稳定的关系，不要轻易散伙。散伙挺容易，可重新选择合作伙伴难。因为有个适应、磨合、了解，到互信、互谅的过程，这不是短期内可以实现的。合作伙伴之为伙伴，超过一般的临时性的合作者，就在于双方有情谊在。而情谊是在时间中经过碰撞积累而成的，理应受到珍视和呵护。我们公司有个多年的合作伙伴贾晓明。在与他合作的过程中，我发现他身上有个很显著的特点，就是以“不散伙”为处理事情的基本原则。他是浙江东阳人，搞建筑出身。在与众多房地产公司合作的过程中，他作为乙方，难免遇到种种不如意的、吃亏的事情，像工程款被拖欠是常有之事。但他肯吃亏，吃得起亏；而且能够体谅甲方，给予帮助。就是说，他善于调解情绪，不制造情绪，不在情绪的控制下做出不冷静、不理智的决策。他的坚持与忍耐并未给他造成多大的损失。相反，实际出现的情况是，当合作方一旦渡过难关大都感念他的情，从而给予超值的回报。贾晓明坚守住“不散伙”的原则，多年下来，其结果是朋友越来越多，事业也越做越大。

所以在企业中，尤其是民营企业，合作伙伴或者管理团队要保持一个相对稳定、融洽的情感氛围，保障彼此共事的愉悦，就必须考虑到他人的情绪问题，避免引发情绪乃至积累成怨恨，破坏原本融洽、和睦的关系。

至于企业内部的员工关系，情绪问题也不容忽视。十多年前我们公司刚进入西安，在秦岭脚下进行高山流水别墅项目。当时有些乙方想方设法来拉拢、腐蚀我们的员工，而且偷偷录音作为证据。事后还给我写信，递材料，搞揭发。员工队伍的稳定性是基础呀，这个不能动摇，而事情又已经交到我这里来，必须处理，可又不能掀开盖子。我召开员工大会，在会上我直接讲明收到了检举材料，告发我们员工有收钱等行径，但是我一概不相信，我认为这是有人在恶意中伤我们员工，想调拨和离间我们内部关系，制造内讧。当时我那样说，绝非姑息纵容，也不是要去助长歪风，是在特定情形下安抚人心，避免事情的全面曝光而引发情绪，从而影响到项目的运转。我们中国人一般处理事情讲究“合情合理”，合理的事有时候不那么合情，合情的事有时候不那么合理。这需要我们根据实际情况尽量在情与理，在公平和情感之间做出抉择和平衡。

就一般企业内部的上下级关系而言，也有个情绪问题。领导和下属之间结成知音式的关系，无疑也是可期待的，可行的；要害是如何实现。在我们看来，同样是要尽量避免情绪摩擦。

减少和避免情绪摩擦，于下属而言，第一个是不要去触及领导的核心利益，一触动便容易生出情绪来。我们看汉武帝晚年所发生的“巫蛊之祸”，武帝呆在深宫，与外接触很少，信息渠道不通畅；加之又是晚景之年，总是疑心重重，怕被篡位。宠臣江充就是利用这两点来调拨和离间太子和武帝的关系，令武帝怀疑太子在动用巫蛊邪术诅咒他。于是各自情绪都出来了，终于造成父子相残的惨剧。《三国演义》里杨修之死也属于此类情况。杨修出身名门,才干超群，可惜抑制不住小聪明，多次抢曹操的风头，令曹操不悦。曹操把这些情绪都记在“账”上，只是不发作而已；其后杨修更介入了曹操的立储之争，积极为参与曹操接班人竞争的曹植出谋划策，终于在这一核心利益点上触怒了曹操，酿成杀身之祸。杨修的事可能是小说家言，不一定完全合乎历史实际，但它符合情绪发生的理路。当领导者的核心利益被触犯后，他有情绪是很自然的，他迁怒和报复也是很自然的。情绪令下属与其领导产生隔阂、相互猜忌，在这种情况下要建立知音式关系绝无可能。

于下属而言，第二个是要多与其领导沟通。想法和意见不能藏在心里。藏在心里，积压下来，同样是情绪。最重要的，坦诚的沟通是建立互信、消除情绪的最好路径。我曾经和朋友们开玩笑说，吃饭最好是人要少、酒要好、话要真。人少、酒好，在这样的氛围下人很容易敞开心扉，亮出内心的真实想法，彼此理解了，当然有助于建立起信任。这适用于朋友之间，同样适用于下属和领导的关系处理上。下属也要善于寻找合适的契机来诚恳地与领导做面对面的沟通，诚恳是会换来诚恳的。彼此态度诚恳，想法和意见就容易接受和认同，误解和隔膜就容易消除，情绪自少，情感自多。

就企业和社会来讲，若要建构起知音式的关系，也有必要减少情绪摩擦。我熟知的一件事情，有个朋友投资旅游业，当地新来的市长有次来视察。这样的视察本无实质性意义，但可成为这家企业与政府取得相互谅解的契机，为谋求政府的支持铺垫一个比较好的情感基础。可是我朋友企业的负责人气盛词锐，犯了大忌：做乙方的事，而口气是甲方的。他批评、抱怨投资环境不好。这的确是个事实，但要有所改进绝非一日之功；这个问题也不是不能说，但当着新来领导的面直言不讳，实无必要。因此他的当众批评和抱怨不但不足以解决问题，反而引发新的问题。市长觉得这些话是直冲着他领导的政府而来的，于是相当不悦，情绪上来，引出许多狠话要如何如何。最后的结果是这个企业被迫仓促撤离该地区，几千万的投资打了水漂。在人治大于法治的地区，某种程度上，当地官员的情绪好坏可能直接影响着一个企业的命运，这绝非危言耸听。类似的事情比比皆是，许多企业就此垮掉还不知其所以然。

在此我们稍微扯远一点。评论领导的工作在中国特殊国情之下，非常敏感，很容易生出情绪。评论者诚然有理，可对站在全局立场的被评论者看来，许多问题是局部与整体、一个指头和九个指头的关系，是必须付出的代价与长远利益的关系，是阶段性与全局性的关系，因此他对评论的接受程度有他自己的立场，并不以事实本身为转移。他很自然地下结论这是对他不公平，不公平就有情绪。从历史上看唐太宗与魏征的关系被视作君臣相得的典范，一个有勇气犯颜直谏，一个有雅量坦然接受。但事实是唐太宗对魏征的批评并不完全认同，只是以极大的涵养和政治考虑容忍着魏征。他的情绪没有化解，而是收藏起来，变成了“情绪账簿”。太宗晚年发生了太子李承乾被废事件，尽管此时魏征已死，还是受到牵连。震怒之下，唐太宗新账老账一起算，迁怒于魏征，不肯原谅死者，推倒了为魏征所立的碑，相当于今天的收回悼词，这是情绪的总爆发。情绪发之于权力的拥有者，其破坏力是巨大的。

企业和社会的关系，最核心的是政商关系。王健林曾经说，企业最好亲近政府，远离政治。把政府与政治区分开是明智之举，按照我们的理解，亲近政府是增加与政府的感情含量，创造更有利于企业发展的外部环境；远离政治则是为了回避这块最易滋长情绪的土壤。

以上简要谈论了知音式的人际关系，主要是商业领域内的知音关系，其中弱化情绪是个必要条件。具体来讲，要结成知音，有情感的融洽感，于管理者而言首先要有个修养上的工夫。我们把它叫做“知音修为”。

（二）知音修为

所谓“修为”，一是修养，二是作为。有了必要的修养，才有好的作为。修养的目的，终究是要有所作为；反过来，作为亦非盲动、非乱干、非莽撞，而须有一定的心灵修养为前提。修养和作为，两者相辅相成。

谈到知音文化管理中的修为，首先要明确“知音”的意义。知音，是知心，具体说，知解心灵里情绪、情感的起源。因此，修为是修心，是从源头建立起增加情感、消除情绪的工夫。

1.无情绪

在第一、二章时，我们曾经说过情绪产生的根源以及处理、消除情绪的方法。现在继续这个话题，不过主要是立足于知音文化及其管理的视角。

一个企业的领导者，是各种问题的处理终端，方方面面的关系必须理顺。处理关系，据我们前面所说的，其实就是个如何来增加情感、减少情绪的问题。让人能生情感而无情绪，自然可为“知音”了。情感已说过，再重点谈一下情绪。

领导者有情绪是最要不得的，但领导者又最容易生情绪。为什么呢？由于他所处的特殊位置，往往矛盾统统上交到他那里去，是处理各类矛盾的终端，稍有不慎，有的地方忽略了，举措欠妥，于是有不实之责，有求全之毁，有飞来之恨，有无妄之怨……总之，种种不公平的谬赏、恶谥，都要一律承受，别无退处。领导者有情绪产生，也是很正常的事。

问题是，领导者全无必要发脾气，闹情绪。一则，闹情绪没用，吓唬不了人，解决不了问题；二则，情绪只能激起更多、更大的抵触、反感，造成更大的情绪；三则，闹情绪，心浮气躁，夸张失度，实为经不起事，在自损形象。其实，有情绪而不发作——特别强调的是，我所说的不发作，不是指暂时揣着、藏着、存着、忍着，放进心里，秋后算账；而是控制、过滤、消解、化除——更能体现出领导者的大度、宽容与超脱。老子说："受国之垢，是为天下主。"地位最高者，往往姿态最低，犹如海纳百川，不管好的还是坏的，脏的还是洁的，兼容并蓄，无所不收，所以成就了海的博大与深沉。领导者也是如此，承受着一国的污垢，故而有"容"。说简单点，宽容的意义，无非是对异己的、不公的人和事的承受与容忍。

最好知音的前提条件是"自知"，缺乏自知之明，很难与人有默契、有配合。而自知的工夫，表现在情绪的有无。对自我有足够的认知，便能控制和稳定情绪。

2.能放下

能放下，也可很好地化解情绪。那什么叫"放下"呢？

星云大师讲过一则公案：

> 红木山清凉寺大法禅师名动一方，经常有僧众信徒前来问道。无论什么人来提问，大法禅师大部分的回答都是："放下。"例如，有人问："烦恼很多，如何去除烦恼？"大法禅师说："放下。"又有人问："面对人间的欺压、打击、委屈、冤枉，怎么办？"大法禅师仍然说："要放下。"
>
> 这也放下，那也放下，可是大家就是不懂如何放下。有一天，有一位禅僧前来参问："请问禅师，有病的人能参禅吗？"大法禅师说："没有什么不可能的，你要放下。"这位禅僧说："我就是放不下，怎么办呢？"大法禅师又说："痛了，就能放下了。"
>
> 禅僧一听，心中还是犹疑。大法禅师不再说什么，只是拿

起茶壶说:“茶杯拿来,我倒茶给你。”禅师慢慢倒水,滚烫的开水倒在茶杯里,让禅僧几乎拿不住,他口里喊着:“太烫了,太烫了!”然后即刻把茶杯朝桌上一放。

大法禅师见状就说:“你看!痛了自然就放下了。”

这则公案很好,很有启发性。那些富于人生智慧的禅师,总是以这样醒警有力的方式,在关键时刻点醒欲求解脱而不得的人。佛教修养的根本教旨是“断烦恼”,烦恼也是情绪,要达到的目的是内心的澄净宁和,达到心灵的大自在境界,而最重要的一种方法,是改变观念。人总被一些错误的认识、观念所左右,犹如种子,藏于内心深处,遇上合适的机缘,这些观念生长起来,根深叶茂,控制住人的心情。断烦恼,则要有“断根”、“绝种”的工夫,找出观念产生的根源,加以摧毁。“放不下”,即一种。名利放不下,财富放不下,权力放不下,事业放不下,身份放不下,面子放不下,情感放不下。放不下,即丢不开。丢不开则以上种种,则如包袱压在背上,无比沉重,心自有累意。“放下”的意思,不是不管——百事不操心、不负责、不关注、不积极、不进取,而是顺其自然,进于所进,止于所止,自觉把握分寸,恪守必要的边界。比如,中国的许多父母,对子女总有操不完的心,放不下。有人也看得开,放得下,这就是“儿孙自有儿孙福”;再如,许多民营企业家,对呕心沥血创立的企业,总放心不下,总以为离了自己不行,但企业发展到不同阶段,便有相应的管理思路、方法,非个人的情感、意志所能左右,若能跟上节奏,适时而变,懂得放下,人才轻松自如。

佛家有一条教义来说明“放下”的必要性。放不下,乃因执著;而之所以执著,又是因为没有认识到、领悟到所执著者的空性、非实在性。一旦以智慧照见五蕴皆空,自然无执,于是宁静恬淡,彻底放开，随遇而安。安，即无情绪。

3.知需求

为什么知音文化管理看重需求，把“知需求”的能力作为修养？有道是“闻弦歌而知雅意”，这是很文雅的比喻，其实说的是：听见别人面上的言语，就知道内含的真实需要。知音，就是知所意、所指、所欲、所求。

自然创造生命，生命具有官能，官能产生欲望，欲望制造需求，而需求驱动着人。譬如，人有交换情感的需求，所以致力于不断发明、改进通讯工具，以打破时空条件给人造成的阻隔，电话不就如此发明的么！人有交换物质的需求，所以产生了作为交换媒介的货币。人就存在于它的需求中，需求有多强烈，生命就有多活跃，能量就有多大。

但需求很难把握。美国心理学家马斯洛有“需求层次”的理论，需求的层次性说明了人的需求，既有复杂性，也有多变性。复杂性，是说不同的人需求不一；多变性，是说同一个人此时的需求与彼时的需求也不一。这就使得需求较难把握。

需求还是个信号，反映出人心的欠缺状态。由于欠缺，所以需求。若能够满足人的需求——心满则意足、意足则情生，情生当然允为“知音”。

所以知音文化管理把“知需求”作为一项必要的修养，要求对人的需求富于敏感性，要求能够准确判断人的需求方向，且用适合的方式予以满足。

我们的文化，做人亦如作诗，欣赏含蓄，不惯明言，这就要求人特别善于“会意”、“闻弦歌而知雅意”，要有这种敏感意识。

东汉王朝的开创者刘秀，虽是刘氏宗亲，但血缘关系早已疏淡。他少年时代，也没有抱多大的志向。后来王莽篡汉，举措乖张，激起民变，天下大乱。刘秀开始加入更始皇帝的阵营，随后独立出来，势力逐渐壮大。于是左右劝他乘机称帝，刘秀考虑到时机和条件尚不成熟，不想立即称帝，免成众矢之的。而他的重要手下耿纯，干脆把话挑明："天下士大夫抛弃亲人，离乡背井，跟随大王冒死征战，图的无非是攀龙鳞、附凤翼，追随大王以成就自己的功名事业。一旦感到没有希望，各人自然会考虑自个儿的去留问题。"乱世之中，有志图王的人不少，但没有谁有资格注定称王，实际上君臣之间是个相互选择的问题。从臣的一面考虑，无非是想加入个有前景的队伍、跟随着可信赖的老板，借队伍、老板的成功满足个人的需求。如果不遂其愿，看不到前景，自会重新选择。这番话打动了刘秀，知道若再不采取行动，满足群臣的初步期待，好不容易拉起来的队伍势必离心。耿纯的话很有道理，人之所以攀龙附凤，不是他喜欢攀着龙鳞、附着凤翼，而只想借助于龙凤的腾飞势头捎带上自己。市场经济条件下，企业和个人的真实关系，也可作如是观。

知音文化施用于企业管理，把"知需求"作为管理者的必备修养，也是这个理。

造就良好的修养，还不是目的，"修"是为了有所作为——带好队伍，打造有凝聚力的知音伙伴式团队。

（三）打造知音伙伴式团队

荀子说过："兼并易能也，唯坚凝之难焉。"一个国家向外扩张，大搞兼并，无往不利，并非难事；难的是"坚凝"。所谓"坚凝"，是巩固扩展势头，消化发展成果，把资源、力量整合成一个坚实的、凝固的有机体，而非看似强大，实则一盘散沙，经不起风险的乌合之众。荀子虽谈论的是国家这种大型的复杂组织，但道理同样适用于企业。企业特别需要“坚凝”，以凝聚力量，吸引人心，整合资源，结成一体，上下相安，互亲互信，形成合力，有愿景，有共识。这样的企业，组织化严，专业性强，亲和度高。

如何打造一支“坚凝”的队伍呢？知音文化管理有考虑和设想。其重点在培养关系、信任授权和保持人员的活力上。

1.培养关系，建立情感

我记得有句话，说管理实质上是“配合”。彼此配合得好，管理就好；配合得不好，管理就不好。这是把管理简化成人际关系的有效互动，大有道理。既然如此，带队伍，首要之举，是注重培养彼此关系，而培养关系，其目的是建立情感、促进认同。

管理中有个有意思的现象——“认人”。也就是说被领导者对他的领导抱有选择性的态度，认他的领导，由衷信服，工作便积极主动，有呼则应；不认同他的领导，工作便消极，阳奉阴违，难被调动。甚至还有这种情形：如果员工们认同的领导受到其更上层的不公平待遇，还有可能打抱不平，乃至领导被调走，不惜放弃已有、矢志追随。这就说明，这样的领导和他的属下之间，已经建立起深厚的情感联系；休戚与共是肯定的，且这样的休戚与共还不单单是利益关系，也不是制度化的工作关系，而是情感上的体谅、一致。

被领导者对他的领导，要是存了反感之心，彼此不对劲，扞格不入，工作很难顺利开展；而要是有了同情之心，彼此将心比心，互为对方着想，将很省事。我并不否认制度的重要性，后面我还要专门讨论何为制度公正；但在此处，我所强调的是：制度之前的人际关系融洽与否，直接决定着制度能否发挥应有的效力。孟子说过一句很见人心的话：“徒法不足以自行。”法制不能自我运作，要靠人来推动和执行。而在执行制度之前，这个执行的“人”若不被认同，情况就较糟糕。

2.信任授权

带队伍，合理授权是一大要务。中国古代的行政管理，有专门的术语，把授权以及考绩，叫做“因任授官、循名责实”。

知音文化管理在授权领域应为擅场，授权能够顺畅、成功，与“知”有关。一个完整的授权行为，对领导者提出三个方面的要求：第一，要求领导者有知人的能力。知道什么人有什么样的能力，以及适合于做什么事，或者在什么位置、领域中有培养的潜质。第二，要求领导者知道授权的界限，包括所授之权的内容和底线。西汉名将周亚夫，奉汉文帝命屯兵细柳，防备匈奴。汉文帝前往劳军，被挡于军营外，因为“军中闻将军令，不闻天子之诏”。这就是一项界定非常清晰的授权原则：军务由统兵将领全权处理，即使皇帝也无从干涉。第三，要求领导者有考核的能力。授权行为，始于任人，终于考核。在授权过程中，原则上不干涉被授权者的行事，只在事后考其成效。

总之，授权的宗旨是“疑人勿用，用人勿疑”。企业家柳传志甚至说“疑人也要用”。原来我还不懂，现在理解了，只是要跟上一句：但自己不要有情绪。大凡一起疑虑，忧心忡忡，一则授权不彻底，掣肘被授权者，令其心有不安，产生情绪；二则授权者本人也不安心，费神，同样有情绪。事情做不好，内心也不痛快。

可见，授权之能很好实施，根本上需要彼此信任。所以我把授权称之为“信任授权”，强调授权行为的信任前提。而信任源于默契，默契又是长期情感互动的结果。在第二章讲“情感交换”时，我对默契有过解释，这里不再赘述。

我只讲一则历史故事。战国时秦国攻打齐国，齐威王派大将田章迎战。田章在前线却与秦国讲和起来，按兵不动，双方使者相互往来，田章还让齐军伪装成秦军。而齐国在前线的侦察人员不明就里，多次向后方的齐威王报告田章叛变，齐威王都不为所动。齐王的左右急了，说田章叛变的消息异口同声，应为确切，敦促齐王发兵攻打田章。威王则很肯定，田章绝不会叛变。过后不久，齐军胜利的消息传来。左右问齐王怎么这样信任田章，威王说：田章的母亲启得罪了他的父亲，被他父亲杀了，埋在马栈下面。出兵前，我对田章说，如果此次作战能全胜而归，我做主为你母亲迁葬。田章当时回答，他不是不能这样做，只是他父亲临死前没有遗命。没遗命就迁葬，是欺骗亡父，所以他说不敢这么做。作为人子，如果连亡父也不敢欺骗，何况是作为大臣来欺骗他活着的君王呢！很明显，是田章真挚的孝心，感动了齐王，以此对田章的忠诚有足够的信任。有这无言的信任在，齐威王坚定支持田章，放心他在前线按自己的思路指挥作战。

危急时刻的信任，难能可贵，让被信任者有安全感，内心很温暖。我们强调情感在管理中的作用，绝非“情感用事”，绝非“讲究私情”，而是立足于情感所给予人的那份特别可贵的支持和信任。支持和信任，正是授权能成功的关键之所在。

能施行信任授权，还取决于合理考察、评估一个人的效率。企业中员工所起的作用，有的因岗位性质特殊，他的作用很难精确评估。NBA 官方统计球员的“效率值”在这方面可以给我们提供某种参考。球员位置不一，所发挥的作用不尽相同。如何放在统一的平台上来确认其贡献程度呢？ NBA 官方创造了“效率值”指数。总之，其要点是把本难量化的东西折算成较为精确的数据，提供评估的依据。对于员工的评估，可以借鉴。如有的员工，看似没有炫目的个人能力，可具体某一项目有他参加与没他参加，效果两样。那他的作用虽然无形，可不容低估、无视；有的员工，没他参加，团队运作正常；有他参加，团队运作起来磕磕绊绊，怨声不断，即使他个人能力极强，可“效率值”应该是低的。这不仅仅是个团队协作能力的问题，还关系到如何相对确认员工的工作效率。

3.人员的流动性和稳定性

人员的流动性和稳定性，是一对矛盾。流动性和稳定性，都是企业所需的。没有流动性，企业无法新陈代谢，可能死气沉沉，缺乏活力；没有稳定性，企业中人员进出频繁，变成铁打的营盘流水的兵，人心思迁，视自己为过客，视企业为暂时栖身的驿站，企业则缺乏凝聚力。所以，流动性和稳定性，构成一对矛盾，两者都有合理性，不能偏废。解决矛盾的思路，是我们前面所讲的，作为儒者根本特征的“中庸之道”,也是“度”的原则。作为企业的管理者，要能判断人员进出的“度”在哪个点上最合时宜。当然，这个点难以拿捏精准，它纯系内心中的一种感觉，犹如大厨烧菜善于把握火候，犹如诗人作诗善于驾驭灵感，犹如赌徒打牌善于瞅准出手时机。换言之,这纯是一种艺术式的感觉。本来,管理就有其艺术性的一面。

具体来讲，如何保持员工队伍的稳定性，即如何留人呢？陆游不是有句诗吗，“汝果要学诗，工夫在诗外”。这是经验之谈，要做好诗，单求灵感、兴致是不成的，平时的生活阅历积累更重要，好像与直接做诗无关，却做好了丰厚的储备。留人也是一样，不能说等到人要走了，再来挽留，这已晚矣！留人的工夫也在留之外。作为知音式的管理者、领导者，平时对员工便要多加留意，在可能的接触中观察和了解其动态，特别是“知需求”，提供便利，给予帮助，建立彼此的情感互动，情感是在反复的互动中积累起来的。

如何对待员工的离开呢？人往高处走，员工执意离开，必是合乎他的利益期待。但是，相聚一场，毕竟是缘分，缘分也即情，凡情，应予珍视。我以为，从知音文化的立场，最好立足于再度合作的可能性来对待员工的离开。如此，情分可不断。

在执行制度之前，培养关系，建立情感，促进认同；在授权之前，建立信任；在留人与走人之前，赋予情意。这是知音文化管理看重的情感关怀，是带队伍的情感原则。情感作为凝聚队伍的纽带，很重要。不过，还有一点，也不容忽略，这就是公平。

企业，毕竟是个利益共同体。公平，就是效益上的公平。

三、效 益 公 平

公平与否，是检验一个企业管理好坏的重要指标。但对“公平”一定要有共识，否则容易有争议，有矛盾，有情绪。《南方周末》有过一篇报道，是关于著名的华西村的。华西村实力、名气在蒸蒸日上，但地域过小，发展受限，于是兼并了附近几个村子。兼并、联合之类的经济行为，通常都会产生利益调整上的矛盾。被华西村兼并的几个村子认为，既然并入华西村，都是华西村民，自然待遇等同，这才是公平；但老华西村村民则不认同，在他们看来，他们如今享受的待遇是这一二十年来辛辛苦苦打拼出来的，新并入者与他们平起平坐，对他们是不公平的。

我举这个例子，是说明企业中关于利益的调整、分配，要建立在公平的共识之上。企业，讲的是效益公平。效益公平，按我们前面分析的，涉及到两个因素：机会平等与制度公正。在平等的机会分配下，依靠公正的制度作为保障，这样的结果方为公平。确保公平，才能减少抱怨、不满等情绪弥漫于企业中，动摇企业的稳定性。

（一）机 会 均 等

机会平等，是现实的起点平等。我们做不到绝对的起点平等，因为一个人进入企业的初始状态、条件是不一样的：有人学历高，悟性强；有人学历低，接受慢。有人经验丰富，来之能“战”；有人初涉职场，纯是“白纸”。追求起点的平等，我们也不大可能把所有人重新“归零”。当然，不论何人，一入企业，在心态上“归零”确有必要，但个人所拥有的资本、经验等前置条件无论如何清除不了。所以，企业中的起点平等，只能是机会平等。

1.一视同仁

主张机会的平等，有两个隐含的前提，必须提出来：其一，机会之有意义，是能获取相对稀缺的有价值之物，如职位、荣誉、高薪、奖金、项目等。每个人都呼吸空气，这不算机会平等。如果某天城市里空气质量极度恶化，新鲜的空气成为紧缺资源，非人人都能享有，此时才发生获取机会的问题。其二，获取机会的途径，或者说取得机会的机会，只能是公开竞争。公开，相对各种潜规则、暗箱操作、私相授受而言；竞争，相对其余非竞争性的分配、关系、资历等因素而言。

以公开竞争的方式，取得相对稀缺的有价值之物，乃我们所说的机会平等，也是起点上的平等。所以，机会平等，要求领导者一视同仁，不可心存偏见、成见，特别要求领导者去除主观好恶，没有情绪。有情绪，绝难做到一视同仁。我们把“无情绪”作为必要的知音修为，一大原因亦基于此。情绪带来偏见，偏见容易剥夺人的机会，对他不公平。

讲一视同仁，还要排除一个认识误区。好像对所有人一个样，即一视同仁了。其实，“人上一百，形形色色”，人是有差异的。对于差异，必须尊重，绝不能无视。无视差异，简单地整齐划一，与其说是维护公平，倒不如说制造现实的不平等。举个最简单的例子，对于刚入职的员工，和老员工犯同等的错误，处理的侧重点是不同的。同样情形，有的能原谅，有的不能原谅；有的可给予改正和成长的机会，有的不容许。这是由具体情况决定的。

2.去人情化

讲“人情”没有什么不好的,有“人情味”的领导让人乐于亲近，有“人情味”的企业让员工有留恋感和归属感。但是，企业有“人情味”，不等于企业应当“人情化”。“人情化”，是把人情的因素放大到整个企业内，势必造成公私不分、是非混淆、小圈子盛行的局面，尤其是直接影响到机会分配的不均，这不能不引起足够的重视和警惕。

情感有有无厚薄之分。一旦“人情化”了，用和他人的情感的有无厚薄来处理问题，如此一来，必将把人分类：情感深厚的，归为“自己人”；没多少交情的，视作“外人”。于是，本来皆为工作关系，而“人情化”后，相应地就有了亲疏、内外、生熟之别。

“人情化”，即形成了费孝通先生所说的人际关系中的“差序格局”。所谓“差序”,是有区别性地对待人,待人不平等。对于亲近的、熟悉的、属于自家人的，格外照顾，尽力提携，机会向其倾斜；而对于疏远的、陌生的、不在圈内的，无论表现如何，视而不见，极少注意到，甚至有时发生利益冲突时还排斥和压制。机会分配既然不等，公平便被损伤。那些受到忽略或者排斥的员工，自然有不公感——不公平是要产生情绪的。这是企业凝聚力破坏、人心丧失的一大要因。

3.能者居之

讲机会平等，讲一视同仁，强调去人情化，其目的都在于一点:让有能力者在竞争中脱颖而出，尽量少受非竞争性因素的影响、限制。

春秋时的晋平公，曾问大夫祁黄羊，谁合适担任南阳县令？祁黄羊说:“解狐可以。”平公说:“解狐不正是你的仇人吗？你怎么推荐仇人呢？”祁黄羊答道：“您是问我谁担任县令这一职务合适，并没有问我谁是我的仇人。”于是，平公派解狐去任职。又有一次，平公请祁黄羊推荐中尉。祁黄羊说：“祁午合适。”平公不禁问：“祁午是你的儿子，你举荐他不怕别人议论吗？”祁黄羊回答：“您要我推荐中尉，并没有问我儿子是谁。”平公接受了祁午。孔子听说后，不禁感慨：“祁黄羊举荐人才，外不排斥仇人，内不回避亲子，真是大公无私！”

这是著名的“外举不避仇、内举不避亲”的故事。对外不回避私仇，对内不回避亲属，无非是说机会的平等，在一视同仁的基础上，让合适者占据合适的位置。有仇者，机会不少他的；亲近者，机会也不比别人多。

（二）程序公正

在管理中谈公正问题，重要一点是制定制度、处理问题的程序的公正性，即程序公正。程序公正，与结果（实质）公正相对，指的是“过程”的公正。我们把程序公正提出来讨论，而暂时不过多讲结果公正，是因为程序公正乃结果公正的必要条件。程序不公，无论怎样的结果，亦难让人信服。

1．“形式”很重要

程序，首先表现为一种公开的形式。形式是很重要的，从某种意义上来说，“形式主义”应予正名。以前我们的理解是，形式只是走样子，重要的还是实质、是内容。其实，形式的作用不止于此，还未充分认识到。

再差的形式总比没有形式好。就像再差的政府，总比无政府好。因为有政府在，总有权威在，还可以稳定局势，没有太大的混乱，且有朝好的方向改进的可能，而无政府更有可能混乱之极，陷入丛林状态，没有谁能拥有安全感。

有“形式”在，是逼人做“真”，像我们常说的，弄得像“真”的一样。道德也是一种形式。行为、思想还未受陶冶的小孩子来说，不知道道德为何物。此时，用礼法来约束他，甚至还要用糖果来诱惑他，让他朝文明礼貌的方向走，开始确是有点“假”，也可以说有点“虚伪”，但久而久之，成为习惯，变成自觉，就越来越“真”了。所以，一个人品行之真，是通过道德、礼法的“形式”不断熏陶、矫正、约束的结果。没有形式的规范作用，人即“野”，而不可能“文”起来。儒家讲“君君臣臣”，用现代的语言来说，就是领导要有个领导的样子，员工要有个员工的样子。样子是什么呢？就是形式。

举个例子，一般单位大多上班打卡考勤，这也是项制度，当然它有诸多不便的地方，譬如有的人工作性质不同，总需要在外办事，可能经常会误考勤，对于此类人来说，考勤是个累赘。但是，它仍有存在的必要性。有这项制度在，就能够约束人的工作行为的随意性和散漫性，保证企业有一个最基本的秩序。好的制度，是在实践过程中不断修订和完善的，绝非事先一下子就设计出来。总想探索和设计出一个完美的制度，再来执行，那是不现实的。

往大处说，先验地探究出一种理想制度，奉为绝对的、不可移易的真理，在权力作用的范围内强力推行，对国家、对民族将造成深重的灾难。这样的事件，历史上屡见不鲜，教训深刻，不用多言。

2.公开透明

讲程序公正，还有一点，程序是公开的、透明的。

公开、透明与信息相关，是信息的公开与透明。无论制定还是推行制度，若要做到公正，必须把与该制度所涉及的信息与相关者分享，而不能由某个人、几个人垄断。即，信息应具有对称性。就像打牌，如果有人参与，要向他说清楚规则，讲明打法。否则，信息不对称，有的玩家玩法不熟，将引起不必要的纠纷，干扰打牌的正常进程。

程序的公开透明，还反对各种形式的“潜规则”。“潜规则”这个词近几年非常流行，主要指的是弥漫于各领域内的陋规、陋俗，尽管摆不上台面，不能公开言说，而大家又心知肚明；它让人厌恶、痛恨，但由于某些考虑又不得不接受。其实，这样的“潜规则”还是有一定的“公开性”，众人皆知、虽不欲为而有时不得不为；这样的“潜规则”，是不公平的制度在蛮横、强硬地压人。而我们所讲的，与程序的公开化相对立的“潜规则”，乃指那些连知都不让人知，从根本上是秘密的、不见光的。纳粹在统治德国期间，曾搞过一些秘密法律，专门针对那些反对纳粹统治的政治异见者。等异见者被抓捕，深陷囹圄，才知道触犯了国家的秘密法律。这些秘密规矩的存在，就是最大的不公正。所以美国当代著名的政治学者诺奇克提到程序正义时，认为一个人有权知道他是在受某种可靠和公平的体系处理，如果不知情，或者知情不完全，他可以抵制。诺奇克只是从道理上展示程序公开化的逻辑，讲程序公正，即是此理。

这也提示管理者，在管理过程中，若要以公正的面貌出现，赢得敬服，该从何处入手。

3.有参与

讲程序公正，在程序公开的前提下，还是为了保障利益相关者的充分参与。还是以打牌为例，事先把玩法讲清楚，取得共识，玩才可以玩得尽兴。

为什么公用事业单位在提价上，必须召集有关代表、举行听证会呢？就是把涉及公众的利益拿出来公开讨论，争议，辩论，妥协，最后达成一个共同接受的方案。当前国内的各种听证会，“凡听必涨”，颇遭社会的诟病，其原因就在于听证会名实不符，代表性不够，参与表决的代表大多是受益单位精心选择的，所以表决往往出现“一边倒”的局面。结果虽然不尽如人意，也不能抛开程序，只能继续优化程序。

我们知音文化管理主张“效益公平”，但凡在涉及到人的切身利益的时候，本着公正的态度，应当予人参与的契机，让他有平台、有渠道、有程序说话，发表看法，陈述意见，无论赞成或是反对，无论陈述得力或者不得力。

可见，程序公正，是对弱势者的保护，保护其权利、保护其尊严；是对强势者的约束，约束其凭借权力、优势地位、专业背景、能力经验等大搞“一言堂”、“家长制”的作风。把保障人的参与权利、机会，作为程序公正的一个重要环节，从大处说，是尊重人、重视人；从现实一面来说，是在有效结合民意的基础上形成共识，得出决议，减少阻力，有利实施。

（三）高山流水集团的制度创新

在城市化进程迅速展开、社会流动性增强的时候，传统的邻里乡党等社区基本上失去了介于国家和个人的中间缓冲地带的作用，个人很难再享受到邻里乡党间守望相助、嘘寒问暖的情感关怀，个人当然更自由了，但也更孤寂、无助。我的同乡肖云儒老先生前些时申请了一个课题，研究现代都市社区的邻里关系。这个课题极有现实性，现实中邻里关系大多淡漠，很多甚至可以说根本无关系可言，结为邻居多年，彼此之间不熟悉、不关切极为常见。

企业能否成为一个类似于传统邻里乡党的小共同体呢？因为彼

此的利益是一致的，与企业一起成长、发展对个人也是有利的。在利益一致的基础上企业拿出更多的善意，在共事关系中注入情感的内涵，让人觉得更温暖、更愉悦，或许可以成为企业文化建设的一个方向。

基于这个考虑，我们高山流水集团尝试成立了“孝敬基金”，以帮助员工为父母尽孝为突破口，建起企业、员工以及员工父母各方之间的情感纽带。

1.孝的社会功能

孝是中国传统文化中的一个核心道德范畴，所谓“百善孝为先”。经过世代传承，为人子者当尽孝的观念，已走入中国人的意识深处。即使近代以来，中国文化受到西方文化的强烈碰撞和冲击，中国社会向现代化的方向进行急遽的转型，发生了翻天覆地的变化，但是传统的思维惯性、价值观念仍顽强地存在于社会大众层面。社会把孝敬视作一个人的根本义务，视作一个人的基本品行，始终未曾有多大的改变。

孝最重要的一个功能是奉养，孝是和“养”联系在一起的。从历史上来看，中国广大的农村一直没有形成由国家扶助和建立的养老体系、机制，也就是说养老基本上是个体家庭的事，这也是“养儿防老”的观念之所以产生和流行的现实土壤，所以孝作为中国人最看重的道德伦理，实际上起着稳定社会的基础性作用。

当然，随着财力的充裕以及释放农村消费需求等种种因素的考虑，现在中国政府已经开始在农村中试行养老保险制度。农民在六十岁以后可以像城市居民一样领到养老金，其来源包括国家、集体的补贴、补助以及自己前期所交纳的相应费用，使得农村的养老保险开始了社会化的进程，有助于减轻养老中对于子女的严重依赖。但应该看到，这仍将是一个比较长期的过程。相对于中国农村庞大的人口基数，要建立切实可行的农村养老机制，政府将始终面临着较高覆盖和较高水准之间的两难选择。也就是说在相当长的一段时间内传统的养老模式仍然要延续，难以被完全替代。

即使是有国家建立的养老保险，农村中的养老形势还是比较严峻。自1978年实行计划生育政策以后，农村中人口自然增长率降低，越来越多的农村家庭选择了少生，家庭规模日渐萎缩，这意味着子女的养老责任实际上加重了。中国的工业化进程又吸引着大批农村青壮年外出打工，留守于农村的大多是老弱者。尤其是在中西部这些经济欠发达地区的农村，老人的生活很大程度上要依靠外出打工子女的赡养和接济。

2.孝敬基金

近些年来，中国的房地产业发展比较迅速，吸纳大量就业人员，其中有很大一部分员工是农民工。以我们高山流水集团来说，聘用的员工大部分都来自陕西以及周边诸如河南、甘肃等省份较为偏远、落后的农村。这些员工一般没有接受过比较系统、正规的教育，文化水平较低，所从事的工作多半集中在保安、物业、建筑等领域，整体收入水平不是很高。

进入繁华的城市工作以后，受到城市生活方式的影响，农民工消费欲望很容易被刺激起来，特别是现在已经出现了所谓第二代农民工群体，相对于他们以前朴实耐劳的父辈而言，这一年龄在二十岁左右的群体从心态上更接近、更认同城市生活，而离农村更遥远了，他们的生活观、消费观都有了极大的转变。相对微薄的收入很难满足他们不断扩大的消费需求，积蓄就更不可能了。要靠他们来赡养和接济农村中的父母长辈非常困难。甚至每年过节回家探亲，对许多农民工来说也很成问题，这需要一笔不小的花费来尽孝心、周情达礼，很多人是没有能力做到的。而过年对于中国人的意义不言而喻，在这种情况下他们将承受着来自方方面面的压力，也催生出诸多不易化解的情绪。

对父母长辈的基本义务要尽，可力又有所不逮，有些人就被迫打起了歪脑筋，不惜铤而走险，如有的保安借工作的便利进屋偷窃，我们集团曾经发生过类似事情，失窃的业主当然不满，情绪很多，宣泄是免不了的。此类事情的发生，既让违法的员工付出高昂代价，又使业主和企业之间的关系僵化。

为了安顿员工的心，为了帮助员工更好地孝敬父母、解除其后顾之忧，也为了向业主提供更安全的居住环境，我们尝试从制度层面上入手，通过建立制度来解决上述问题，同时也想借此契机探索企业作为一个社会组织（不仅仅是经济组织）应当如何在力所能及的范围内承担起社会责任、把文化传统和社会事业有效连接起来。

经过反复思索，我们集团尝试推行“孝敬基金”的制度。

所谓“孝敬基金”，是由企业和员工共同出资成立基金，按月定时直接寄给员工父母或者员工认可的其他长辈，帮助员工尽其孝心。但员工必须向企业如实上交父母的户口所在地证明、住址等相关必要信息，以及员工本人的身份证件。由于要求提供确切的身份信息，有个别员工在“孝敬基金”推行后自动离职。

自 2006 年 8 月首先在高山流水别墅的物业公司启动、试行，截至 2013 年 4 月该物业公司已累计汇寄“孝敬基金”人民币 385 175 元，累计受益者达 2 600 人次，范围辐射陕西、甘肃、湖南、贵州、河北、河南、四川、重庆、山西、山东等省市。

通过持续的调查问卷和电话回访的结果，“孝敬基金”员工家属除了有的因住址较为偏远、邮寄困难，取款须费周折以外，都表示满意和认同。每月都有固定汇款给父母等长辈，参与“孝敬基金”的员工更觉踏实和安心。随着“孝敬基金”的有序推行以及措施的逐渐完善，员工及其家庭切实享受到由此而来的利益，这在一定程度上也促进和巩固了员工家庭的和睦关系，增加了情感。反过来又促使物业岗位上的员工工作积极，规避了安全隐患，减少了业主的情绪，加深了业主对我们企业服务质量的信任感。

3.前景

“世味年来薄似纱，谁令骑马客京华。”这是南宋诗人陆游的诗，客居京华，孤身在外，感到了人情的淡薄和心灵的孤寂。这一感受对现代人来说已经见怪不怪，人与人关系的非情感化是普遍现象，这不能归咎于人心的不古、归咎于社会的倒退，它是现代化进程的大势使然。也正因为如此，令我们对人与人之间消逝已久的温熙的情感有更多的期待和追求。

儒家思想本就把中心放在人与人相处之道上，主张待人如己，与他人建立起一个有情有义、有来有往的互动模式，乃至把这种情感上的互动模式推广到人与自然的关系上，建立起一个有情味的世界，这就是仁的逐步实现过程。我们或许可以从儒家的思想资源中得到某些特别的启示，作为企业文化建设与管理的一部分。

企业是个事业共同体，有着既定的目标，需要所有人员的通力合作。合作要靠互动来实现，如果人员间各有“心事”，互生情绪，那只会产生摩擦，互动既无法形成，合作也无从谈起，更多的是互相视作竞争者，难以相容，更加冷漠。通过权利和利益的公平分配，制定和实施公正的制度，提供平等的机会、渠道，当然在一定程度上可以弱化情绪；但更重要的，还应考虑如何增进情感，让情感成为彼此发生互动的方式。所以，企业还可发展成一个情感共同体。

我们在本书中明确提出这个观点：**不平等产生情感**。其意是如要产生情感的交换、互动，须有主动的、真挚的态度，以及更多的付出。“孝敬基金”制度是我们集团基于这一理念、为弱化员工情绪和增进彼此情感而进行的一次初步尝试，确实达到了增加情感的效应。这使得企业在一定程度上产生类似于传统社区那样嘘寒问暖、恤孤怜贫的情感氛围。

第 五 章

不公平产生仇恨

进入 21 世纪的十多年来，维持社会稳定成了一个受到方方面面关注的敏感话题。为什么担心社会不稳定呢？我想，可能是稳定的局面来之不易，折腾的代价太大，东来一阵风，西来一阵雨，风风雨雨的折腾对所有人都没有好处，我们实在折腾不起了。像我们这样从贫困中走出来的孩子对所受的苦楚记忆犹新，不敢忘怀，不想重历。稳定是经济发展、社会进步的前提。这个道理好懂，也就是说，有了稳定，才能使所有人受益。反过来说，则是：能使所有人都受益的社会状态方为稳定的社会状态。

所谓稳定，无非是社会各阶层利益的相对均衡。某种程度上，这甚至可以成为我们判断一个社会是真稳定还是假稳定，是可持续性稳定还是不可持续性稳定的标准。如果一个社会中，有的阶层利益不受制约地自行膨胀，而其余阶层的利益对其膨胀的势头无能为力，且在其侵逼下不断萎缩，不断被剥夺，那么，表面稳定的态势下面必然潜藏着不断涌动的暗流。就像一个生态区内某种生物，如水葫芦，它密集地繁殖，占有了这个生态区域内的大部分资源，必然弱化其余物种的生存能力，这个区域会坏死，变得很脏、很臭——这些都是“死亡”的征候。而人群、社会还不一样，除了会在沉默中“死亡”，还会在沉默中“爆发”。

被剥夺者，不甘于被剥夺，自然就有改变不公的社会结构的愿望，积极争取他们所当得的，甚至可能变本加厉，争取本不当得。

就像追讨欠账，除本钱外，还要索拿利息。《阿Q正传》里，描写阿Q幻想他的革命成功后，抢到了秀才娘子家的宁式床，恣意品评着赵思晨的妹子和邹七嫂的女儿的美丑……显然，如果他所设想的革命成功了，他不正当的欲望借助于胜利而得以扩张。换言之，当被剥夺者有条件、有能力变成剥夺者时，便将以新的不公取代旧的不公。

这是恶性循环。

不公，是恶性循环的起点；能结束恶性循环的，只能是公平。

一、不患寡而患不公

前面我们说过，公平包含两个环节：起点的平等与规则的公正，而导致的结果是不平均的（尽管可以矫正、也必须矫正）。可见，对于公平，不能仅仅从结果的不等、不均来考察；而应该从动态、从过程的角度来评议公平。

社会贫富差距在拉大，从结果上看确然不平均，但不能由此断言这就是不公平的。如果劳苦功高者和不思进取者同一种待遇，牛骥同槽，固然平等，对劳苦功高者反而不公平。在观察和评论社会的公平程度时，也是此理。我们不能仅仅着眼于结果，而应该往前追溯，把焦点放在造成这种结果的整个过程上。因此，社会公平，作为起点的平等，主要是机会的平等；而规则的公正，主要是作为维护社会有序运转的各项制度、政策——尤其是法律——的公正。

当前出现的"仇富"、"仇官"现象，皆因为富人和官员比大众占有更多的社会资源，一般大众则相形见绌，所以特别仇视富人和官员。无疑，仇视是激进的情绪。但是，我们大可不必被庞杂多端的现象所遮蔽，公众与其说是在仇富、仇官，不如说是仇视因机会不等、制度不公而获得不当利益的那些富人、官员。换言之，仇视的是社会不公，而非结果不等。对那些真正是凭借自身能力、努力而发家致富的人物，大众总是抱以由衷的敬意，绝少敌视和嫉恨。

社会的严重不公，必会给受到不公待遇的群体带来情绪，乃至带来仇恨。我们若要追溯仇恨产生的源头，就必须分析平等和公正这两个环节，看看究竟出了什么问题。

（一）现阶段的社会不公

社会不公，追根溯源，要么是在平等、要么是在公正这两个环节上出了问题。即，社会资源分配的机会被少数阶层过多地侵占，甚至对社会资源还形成垄断之势，多数人望机会而徒然兴叹。这是形成不公的缘由之一；之二，是规则不公正。我最愿意讨论的，是司法制度不公，为少数阶层的特殊利益保驾护航，而不能为大众主持公道；而以上两点又可归结到权力本身的异化，这就是形成社会不公的第三个缘由。

1. 机会不等

世界银行发布《2006年发展报告》，提出公平是机会均等。机会是人民享受福祉的最重要因素。在一个公平的社会里，人人享有同等的机会来追求和实现自己选择的生活，无论是获得某种教育，取得信贷，还是寻找工作；不管他们出生于哪个国家，其父母的财富和社会地位如何，以及属于什么性别、民族或者阶级。而且，在一个公平的社会里，收入、教育水平、财富和其他资产的分配通常是不相等的，因为人们付出的努力不同，承受风险的意愿不同，或者处理信息的方式不同。这种收入的不平等不仅是可以接受的，而且也有利于提供激励[①]。

简言之，机会平等，是人参与社会竞争的平等起点。强调机会平等，必须反对机会垄断。人的发展机会以出身、性别等因素，被

① 弗朗索瓦·布吉尼翁《公平是长期增长与发展的根本》，载于2005年9月30日《中国财经报》。

某部分人、某部分阶层所享有、垄断，形成排他性的壁垒，这一状况是无法导致普遍性的公平结果。

机会平等，最关键的是教育机会、就业机会的平等。当前的实情是，这两类机会都存在着严重的不均衡。

以高考为例，很多人说高考的制度设计固然有不妥之处，毕竟，相对于其他考试，它还是一个比较公平的改变考生命运的机会。但是，不要忘了，这种公平是以更大的不公平为前提的。城市考生的录取机会要远大于农村考生，京沪等发达城市的考生的录取机会又远大于其余中小城市。对于中小城市，尤其是农村的考生来说，要想通过高考来改变命运，向社会上层流动，通道已经越来越狭窄，机会要远小于一二十年前。据北大法学教授张千帆的调研：一名高三学生，在不同省份，考上名校的几率最大差别是288倍！以北京大学为例，北京每190名考生中，就有一个可以上北大，其几率是安徽考生的41倍、广东考生的37.5倍、贵州考生的35.4倍，河南考生的28倍……[①]

至于就业中的机会不平等，更是众所瞩目的社会现象。比如大量农民工进入城市，尽管为城市的发展做出巨大贡献，可他们由于尴尬的农民身份，并未能享受与所在地区市民同等的就业权利，这是普遍存在的事实。即使是大学毕业生，在求职时也频频遭受歧视之苦。性别、户籍、学历、年龄等，是最常见的入职门槛。除此之外，有的用人单位还设置匪夷所思的要求，如湖南省2009年招收公务员，对女性考生特设“双乳对称”条款，叫人哭笑不得。

教育、就业机会的不平等，所造成的后果是社会结构相对固化，各阶层之间无法有效流通，产生断裂，而资源更多地流向强势阶层，于是强者愈强而弱者愈弱，富者愈富而贫者愈贫。在这种情况下，

① 见2012年6月29日《南方都市报》。

向上晋升的通道更加紧缩，机会将对弱势者关闭。拿我稍微熟悉一点的房地产行业来说，上世纪九十年代初市场经济作为新生事物初兴时，机会的确很多，门槛也不是很高，不需要特别大的资本便可进入地产领域。这种机遇，放在今天，已是奢求。这个行业已经相当成熟，不再是一般人所能轻易问津的了。社会在逐渐定型，各个行业、部门、领域都有着各自特定的门槛，把不合格者挡在门外，限制了人的自由流动，其结果是面向大众的上升机会减少，各阶层开始在内部自我繁殖、生长。社会不公的裂痕更明显了。

2.司法不公

社会的有效运转，需要一些基础秩序，而法律则是基础性秩序之一。司法的公正，保障着社会的稳定，保障着人的自由，也保障着人的平等。由此之故，英国社会学家霍布豪斯说："在假定法治保证全社会享有自由时，我们是假定法治是不偏不倚、大公无私的。如果一条法律是对政府的，另一条是对百姓的，一条是对贵族的，另一条是对平民的，一条是对富人的，一条是对穷人的，那么法律就不能保证所有人都享有自由。就这一点来说，自由意味着平等。正因为如此，自由主义才要求有一种能保证公正地实施法律的诉讼程序。才要求司法部门独立，以保证政府及百姓之间处于平等地位。才要求诉讼收费低廉，法院大门敞开。才要求废除阶级特权。"①

在一个成熟的法治社会中，当民众之间，或者民众与政府之间，发生冲突时，往往求助于中立的司法机构裁决。司法机构因其独立的地位，所以具备裁判者的资格，能够做出公正的仲裁。所以，纠纷，冲突，矛盾，可以用平和的、理性的方式来消除。但目前的中国，由于历史的负担过重，还在向法治社会过渡。司法机构，从根本上说，

---

① 霍布豪斯《自由主义》，商务印书馆，1996年，第9、10页。

还附属于政府，是政府行政的工具之一。当民众和政府有利益冲突产生的时候，司法机构很难保持中立，不得不把政府的利益作为预设。这样的情节在各地反复上演，自然会“教育”民众：出了问题，不必指望法律，最好是“闹”，小闹小解决，大闹大解决，不闹不解决。一般情况下，政府作为强势一方，当然是不甘受制，态度先是强硬。由于没有调和余地，矛盾双方以硬碰硬，往往上演“玉石俱焚”式的惨剧。事情闹大了，在上级的关注、舆论的压力下，政府为了摆平事态，大事化小，小事化了，不得不用“人民币”解决“人民内部矛盾”。这就从形式上肯定了“闹”的合理性和必要性，同时也显示了“法律”在冲突过程中的苍白形象。

法律的权威，来自法律的公正。现实状况是，法律不得不偏向政府一边，以维护政府的根本利益为前提，丧失了必要的中立性以及公正性，所以在大众的心目中，法律无权威。上上下下都无视法律的权威，这样的社会自然陷入不公平的泥沼里。

3.权力异化

如果再往深处分析，作为社会不公平的机会不等以及司法不公，其实都笼罩在权力的阴影下。制造社会不公平的关键性因素，是权力。

18世纪的法国著名启蒙思想家霍尔巴赫说：“权力的真正基础是公道；权力的使命是把人们的利益统一起来，它的威力也就恰好包含在其中了。”[①] 反过来，权力如果偏离了公平的轨道，不再公道，不再用于统一人民的利益，那就倾向于自利了，这就是权力的异化。

我国是在特殊的国情之下，迈向市场经济的。这一国情，就是国家力量的空前强大，社会力量的相对弱小。各种资源积聚于国家，

① 霍尔巴赫《自然政治论》，商务印书馆，1994年，第41页。

当然“好办大事”，以极高的资源整合能力推动经济的稳步增长，但负面效应也随之出现，权力被高度垄断，监督机制又相对缺位、乏力，有些掌握权力者以及亲近权力者于是有大量的便利机会谋取私利，财富不公平地流向权力及其庇护者。

另外还有结构性的不公。国家以其强大的汲取能力吸收社会财富，造成国富民贫的局面。据经济学家陈志武教授的研究，除掉通货膨胀的因素，政府的财政收入在最近 15 年累计翻了 10 倍，而同期城镇居民的收入只增长了 2.2 倍，农民收入只增长了 1.7 倍，这样的反差是巨大的。国强民弱，在经济上的表现便是国富民贫。

所以，权力的异化，权力的自利倾向，造成了社会的不公平。

改革开放以前，中国是个大一统、资源高度集中的社会，整个社会以党为核心，以行政、事业、党群等各个单位为外围，层层扩散，最终把整个社会笼罩于党的领导之下，使得社会呈现出严密组织化的态势。严格说来，自建国直至改革开放前，中国的国情是国家权力急遽膨胀，社会力量相当萎缩，所以几乎不存在有独立利益诉求的社会中间组织。在国家的资源分配下，社会相对而言，比较公平。改革开放，既创造了新的利益契机，也是一个重新调整利益格局的过程，顺应着这一历史进程，社会力量复兴，形成了众多有着独立利益诉求的阶层。但是经过了三十年的改革历程，国家经济总量已到相当规模，而上述三个因素的联动，造成了严重的社会不公，使得社会资源更多地流向强势阶层。广大利益受损者，自然有很多情绪，很多不满。

不满的累积，纵观历史，必然演化成仇恨。

（二）仇恨的逻辑

如果经常关注日常的社会新闻，看一看民众的生活情态，可以强烈地感受到当下社会中弥漫着一股暴戾之气。说明我们社会的心态极不健康，极不正常，很多人内心充斥着莫名的愤怒和怨恨，只是压抑着，变成了凶邪的戾气，在无任何征兆的情形下就会发作出来。

如粗暴的语言。网络的普及，使得大众借助于高科技的力量拥有了前所未有的自由表达的能力，这种表达又是非接触式的、匿名式的，为情绪的宣泄提供了最适宜的渠道。在 BBS 上，微博上，我们看到，只要意见不合，发生争议，粗口、辱骂、恐吓、威胁等暴力语言便倾泻而出，大家没耐心讲理，有话不好好说，以出语粗暴而自鸣得意。粗暴的语言是粗暴心态的表现，言为心声嘛。在戾气的催激之下，自然而然发展出暴力行为。出了问题，不走程序，不相信合法渠道，只迷信暴力，用拳头解决问题。

我们在西安开发了一个小区，有业主不知怎么心有怨恨，一肚子气总往小区的公共设施上发泄，出过几回事。有次更过分，故意把体育场上的篮球架的玻璃砸了，差点伤到正在打球的业主。他自知理亏，事发后托人求情想私了。我严词拒绝，在这个问题上再要妥协，对其他业主、对我们公司的物业管理人员，都极不公平，将生出更多的情绪来，集体性情绪是最令人担忧的。我说这事儿，是真正体验到当下的暴力行为既是常发性的，又是突发性的。归根结底，还是导源于心态，人们被情绪所左右，难以自控。

暴戾之气，散播恨意，制造敌对，扭曲行为，加剧人际关系的紧张。这种戾气，我认为，就是社会不公平催生出的仇恨。作为严重不平感的仇恨，我以为有如下几个特性。

1.反社会

人存在于种种关系中，关系的总和构成社会。当安排和处理人际关系的公平规则失去效力，而变得极度不公平时，社会便成为受到不公待遇者的桎梏。社会既然损害他的权益，社会既然令他备觉屈辱、压抑和痛苦，社会既然不能肯定他，于是乎他必要否定社会。其实，这里同样隐藏着一个更深层次的“公平观”：社会若能肯定人，人则会亲近与顺应社会，用他的聪明才智为社会做贡献；社会若是否定人，人则逆反，反过来仇视社会，攻击社会。人与社会之间，同样存在着我们前面说过的交换形式：以肯定交换着肯定，以否定交换着否定。前者，是情感；后者，是情绪。只不过，情感的交换，能令社会更和谐，人与人更亲密；而情绪的交换，则令社会分裂，人与人交相为仇。这样的情绪，就是人的反社会性行为的心理基础。

当然，人的反社会性，有不同层次的表现形式。最直接的，是逃避。我国古代有许多隐士，大多是目睹时艰，身罹不公，无能为力，干脆一避了之，隐居山林，不问世事。所谓“隐”，就是自觉消失于社会之外。现代人当然不可能再有隐居的条件了，但不意味着现代人就不具备“隐”的心态。这种心态，表现为经见的冷漠。

2011 年，佛山发生的小悦悦事件，令人感慨。一个小女孩被碾压于车下，惨不忍睹。过往的十几个行人，一个个视而不见，全当没事。“恻隐之心，人皆有之”，是这些人丧失了最基本的同情心吗？我相信绝不至此。问题还是出在社会上。一个良性的社会，最起码“好心得好报”，这才是正当的，是公平的。但当社会失衡，正义消失，好心非但无好报，而且还有恶报，乃至连法律也无从保障和维护这种基本的正当性、公平性，一般人有睹于此，自然选择避而远之，事不沾身，不敢释放同情心了。由此，冷漠成为社会大众的常态。

鲁迅曾经严厉批评过我们国民性中的看客心理，推源论始，未尝不是旧日社会的不公现实所造就的。

冷漠，只是反社会性的原始，只是不参与人际关系的情感互动，还不具备太大的危害性。最具危害性的反社会行为，是报复社会。2005 年的时候，一个叫艾绪强的来京打工者，驾着抢来的出租车，故意撞入王府井大街，造成数名无辜行人伤亡。据《北京晚报》2006 年 3 月 21 日的报道，艾绪强在法庭上自述动机，就是要“报复富人”、“报复社会”，因为他觉得平时受够了欺负，连妻子也弃他而去，世道对他太不公；王府井是繁华之区，富人成堆，所以他选择在这里行凶，以报复这个没有给他尊严的社会。近些年，类似的报复性事件时有发生。除了谴责和制裁行凶者外，我们还要反思因社会的运作机制失当、不公而激发出来的仇恨心态。

2. 非理性

仇恨情绪，还是非理性的。非理性，就是盲目，没有目的。这个很奇怪，既怀有仇恨，必有仇恨的对象，也必知仇恨的对象。既知仇恨的对象，那么报复的手段、方式是可确定的。这个过程本是相当清晰、理智，那为什么还说仇恨是非理性的呢，是盲目的呢？

我所说的非理性、盲目，是说在实施报复的过程中，目的和手段往往发生颠倒，最终目的消失，手段反而变成目的。我举个例子，如 2012 年的“钓鱼岛事件”。日本想“国有化”钓鱼岛，引发国人强烈的民族主义情绪。我所在的西安，就是抗议最严重的城市之一。大规模的群众运动不可能没有悲剧产生，呼啸而过的大队人马多半会践踏无辜的花草。情绪激昂的抗议者们堵塞街道，狂砸日货，尤其是日系车。有个日系车主的车被砸了不说，颅骨还被砸穿。只因为开着日系车，便在狂热的抗议者心中当作了日本的“替代品”，这些车主们不再是同胞、市民，而是日本仇人的“替身”。在目的合理性——爱国——的名目下，手段也有了正当性。于是，砸车，砸得大义凛然；伤人，伤得义正词严。当目的的正当性确证了手段的正当性，手段便取代了目的，摇身一变，成为当下的、直接的目的，而真实的目的反倒消失。从而，针对无辜者的打砸等暴力行径，肆虐开来。这就是我所说的盲目性、非理性。

仇恨的情绪，不仅使人头脑发热，铤而走险，不计后果，施暴行凶；而且，还了无愧畏，视作当然。因为在仇恨者的心中，他是在反抗不公，是在捍卫公平，所以他的捍卫，他的报复，他的暴力，全都是正当的。

3.极端化

有了仇恨，很容易走到极端化的程度。什么叫极端化呢?

第一，不设底线。底线，就是自觉地有所不为；而所谓走极端，是无所不用其极，怎么有效怎么来，怎么能更好报复怎么做。因此，仇恨必然使人轻易突破底线，逾越社会通行的规则。两个拳击手正规比赛，一方被击倒，另一方断无“宜将胜勇追穷寇”的念头，继续拳打脚踢。规则既保护败者，令他败而不亡；也保护着胜者，不让他胜之不武。但欲报仇者不然，是不讲规则的，撒沙子，丢石头，打暗拳，搞小动作……所以，不设底线的结果是人与人的关系出现“丛林状态”。“丛林状态”，就是道德真空的状态。在失去道德意识、底线意识的状态之中，人只把维护他本人的利益以及防止本人利益被侵犯作为唯一的原则，人与人由此是互相猜忌、防范和仇恨的。

第二，不择手段。不设底线，所以不择手段。我们知道，不公平产生仇恨，而仇恨是指向着报复的。通过报复，在伤害对方的过程中，才有泄恨的快意，才能扭转不公平的态势而重新获得心理的平衡。所以，报复越有力，伤害越重，仇恨者越是快慰，越发满足。而有力的、激烈的报复，必定是极端之举。有个历史故事：春秋末期楚国的伍子胥，他的父兄被楚平王杀害，满怀怨恨，逃到吴国。其后借助吴国的力量，攻破楚国，他把楚平王的尸体从坟墓里拖出来鞭打，以此泄愤。他的朋友申包胥批评他太过分了，伍子胥说他自己已是日暮途穷，所以不惜倒行逆施。我借这个例子，只是说明仇恨的逻辑，仇恨的运作方式，仇恨所导致的报复行动，不由自主驱使着人往极端方向走，越极端越能泄愤，越有快意，哪怕倒行逆施。

第三，不讲情感。恻隐之心，天然的良心，情感，是人之为人的最后防线。而当人走极端的时候，是把情绪、仇恨最大化，因此之故，是情感的最小化、乃至于无。我们看到，在反日的游行示威中，民族仇恨的情绪被调动起来，在那些极端民族主义者心中，情感荡然无存，于是开着日系车的无辜车主的颅骨被刺穿，也引不起施暴者的怜悯，没能止手。

仇恨所导致的反社会、非理性和极端化的行为，是对他人、对现状、对社会制度强烈的不认同、不接受，一言以蔽之，是不宽容。所以，每当革命发生的时候，这样的不宽容心态，伴随着仇恨者掌握权力，产生出巨大的强制性和破坏性。

（三）走向革命

马克思在1859年出版的《政治经济学批判》的序言中说："社会的物质生产力发展到一定阶段，便同它们一直在其中运动着的现存生产关系或者财产关系（这只是生产关系的法律用语）发生矛盾。于是这些关系便由生产力的发展形式变成生产力的桎梏。那时社会革命的时代就到来了。”[1]

革命是如何引发的呢？马克思的观点相当明确了，就是物质财富的生产力发生变化，而财富关系一仍其旧，即分配机制未作适时的调整、变革以顺合财富不断增加的现实——利益分配上的巨大不公平性凸显出来，于是革命的火种便被广大利益受损者的激烈情绪所点燃。

我们稍微简化一下，可以理解成不公平导致社会革命。

1.社会不公与革命

18 世纪的轰轰烈烈的法国大革命，很清楚地交代了社会不公与革命之间的有机关联。

托克维尔在其论述法国大革命的名著《旧制度与大革命》一书中发出疑问："有件事看起来使人惊讶：大革命的特殊目的是要到处消灭中世纪残余的制度，但是革命并不是在那些中世纪制度保留得最多、人民受其苛政折磨最深的地方爆发，恰恰相反，革命是在那些人民对此感受最轻的地方爆发的。”[2] 革命是要扫荡严苛的封建制度。按照常理，哪里压迫深重，哪里反抗激烈。可奇怪的是，革命不是在封建制度保留最多、人民深受荼毒的地方发生——例如 1788 年的德国，在那里农民束缚于土地之上，没有迁徙自由，没有耕作自由，他们的生活受到封建领主的严密控制，而革命不发生在德意志，却爆发于法兰西，真是咄咄怪事。

其实并不奇怪。革命前的法国，农民已非农奴，而是土地所有者，当时法国大概有一半土地属于农民所有。封建领主们也失去了统御、控制农民的政治权力，他们纵然还有些特权，可是论其政治地位，“领

① 《马克思恩格斯全集》第31卷，人民出版社，1998年，第413页。

② 托克维尔《旧制度与大革命》，商务印书馆，1992年，第64页。

主只不过是第一居民”[1]。那为什么法国还爆发革命了呢，农民为什么还积极参与革命呢？

这是因为社会不公平。在封建制度下，农民固然饱受剥削，毫无人权，但封建制度毕竟还带有某种“公平性”，尽管是低程度的。农民受封建制度的束缚不假，可“束缚”的另一面是“保护”；也就是说，封建等级制一方面把农民束缚于土地上，另一方面又给予了农民低程度的保障。束缚与保障对等，故而稍许具备了“公平”的性质。托克维尔说：“为了取得贵族给予的保障，就得接受贵族强加的负担。”[2] 农民负担沉重，贵族也提供了相应的保障，如赈济贫弱、处理公务。自封建制度崩溃后，农民失去了旧制度提供的保护，却未享受到随之而来的自由和权利，依然受到权力的压榨，负担一如既往，甚至变本加厉，利益受损，无从救济。这就不公平了。于是，要求改变现状、建立平等的新型社会的革命运动，受到广大民众的热情支持，自然之极。

1917 年俄国的二月革命也是在如此情形下发生。沙皇统治下的俄国广大农村，最初保有传统的公社体制，农民被束缚于公社之内，当然公社对农民也提供了保护。到 1907 年，首相斯托雷平强力推动以市场为导向的改革，瓦解公社体制，实行土地私有化，确立产权制度，允许自由交易。但是，斯托雷平的改革政策明显有倾向性，立足点不大公平，站在贵族、领主、富农一边，支持这部分人大肆兼并公产。农民失去了本属于他们的那一部分土地、财产，同时也失去了旧体制给予的保护。对于这个不公平的社会，当然无从怀有好感，只有仇恨。庞大的沙俄帝国就在民众的情绪爆发中轰然倒塌。

---

① 托克维尔《旧制度与大革命》，商务印书馆，1992年，第69页。

② 托克维尔《旧制度与大革命》，商务印书馆，1992年，第72页。

我国在实行改革开放后，成效显著，大众普遍受益，社会却流行着这么一种现象："端起碗来吃肉，放下筷子骂娘。"大众的生活水准逐渐提高，而不满情绪与日俱增。好日子居然没带来满足，相反，却是不满和怨恨。从表象上看，相当矛盾，何以至此呢？其实根子还是出在不公平上。怨恨，并非来于人获得了、拥有了什么以及多少，而来于所获、所有是否公平。只要感觉到不公平，哪怕有很多，也不可能没有情绪。即，在大众的意识中，公平往往不是纵向的比较——用今日的境况和昨日的境况对比；而是横向的比较——大致相同的起点下自我和他人境况的差距。儒家说"不患寡而患不均"，这有点平均主义倾向，过于看重结果的平等一致，如果把这话改作"不患寡而患不公平"，就比较接近我所要述说的意思：人的情绪，不仅来自物质的丰寡，更产生于公平的程度。

但是，革命来临的时候，首当其冲的是针对贵贱不等、贫富不均的现状。也就是说，首先要矫正的是结果的不平等。于是，革命者往往发出平等的诉求，把结果一致看成是公平。

所以，历史上的革命多与平均主义联系起来。

2.以平等为导向的革命诉求

革命由社会不公凝聚的情绪所引发、促动和生成。社会不公最直观的状态，是权力不平等、财富不平等。所以历史上的革命运动，为动员民众，多是直指这种不平等的状态，要求权力和财富的平等分配。

我们看看中国的历史。陈胜起兵反抗暴秦，他发出的口号是"王侯将相宁有种乎"，王侯将相本无种，要求的是社会地位的平等。宋代王小波起义，"蜀民不足，故小波得以激怒其人曰：'吾疾贫富不均，今为汝均之’，贫者附之益众”[①]。四川民众困乏，王小波用“均贫富”的口号号召民众，要求的是财富的平等。他初步达成了他的意愿，贫穷困苦的老百姓都来依附他。

至于近代太平天国革命，更加明晰。太平天国制定过《天朝田亩制度》，里面说到务使普天下人有田同耕、有饭同吃、有衣同穿、有钱同使，无处不均匀，无人不饱暖。很明显，这就是一种平均主义，是社会成员在资源上的平等分配。尽管这一设想在太平天国存在之日从未曾实施，仅停留于概念设计；但，至少反映出制度设计者的某种考虑：唯以平均来号召，才有鼓动人心的力量，才能建立革命的群众基础。

社会的不公平强烈刺激大众，大众普遍有怨气，这是革命所以能爆发的社会心理条件。革命的目标，毫无疑义，是诉求公平。社会不公平，是作为起点的权利、机会的不平等，以及社会政策、制度不公正，是起点与规则这两个环节出了问题。革命既以公平为目标，必将强力扭转资源分配不均的现状，所以，求公平的社会革命转变成求平等的重新分配。中国历史上反复上演的农民起义，都是循此逻辑发生的。

而重新分配、重新洗牌，所凭借的无非是暴力。革命的方式，就是狂风骤雨般的暴力行动。

3.暴力有理

革命，是社会大多数人被组织起来，使用暴力来改变不公的现状。不公平，既然是由起点不等、经由规则不公正所致，那么，一旦革命发动起来，必然要以暴力来涤荡现存的一切，这既是革命的巨大破坏性之所在，也是革命的巨大恐怖性之所在。

---

① 王辟之《渑水燕谈录》，中华书局，1981年，第105页。

1927年，毛泽东在用三十二天考察了湖南农民运动后，正义凛然地阐述了“暴力有理”的逻辑。农民组织了农会，借助于革命的浪潮，洗刷乡村的封建秩序，土豪劣绅被清算和打倒，声势烜赫。有人认为“过分”了，毛泽东不这么看，他说:“第一，上述那些事，都是土豪劣绅、不法地主自己逼出来的。土豪劣绅、不法地主，历来凭借势力称霸，践踏农民，农民才有这种很大的反抗……第二，革命不是请客吃饭，不是做文章，不是绘画绣花，不能那样雅致，那样从容不迫，文质彬彬，那样温良恭俭让。革命是暴动，是一个阶级推翻另一个阶级的暴烈的行动。”①

这套话语,非常明白地阐述了暴力正当、暴力有理的逻辑。可见，革命就是合理使用暴力。暴力一旦合理化了，后果相当可怕。在暴力的冲击、洗刷下，人类文明的底线就很难坚守住。

其实，从历史上来看，革命多发生在非商业社会向商业社会转变的国家中。其故何在？商业社会相对于迄今为止的其他类型社会，更好地坚持和维护了社会公平，更好地坚持和维护了人的自由以及权利。在一个成熟的商业社会中，人更富于理性，较少激进、亢奋的情绪，所以依靠煽动、激扬大众的不公平感而高蹈的革命行动，反倒不容易发生。

托克维尔很早就发现了这一点，他说:“商业自然是一切狂热的情绪的敌人。商业爱温和,喜欢妥协,竭力避免激怒敌人。它能忍耐，有柔性，委曲婉转，除非不得已决不采用极端手段。商业使人各自独立和重视自己的个人价值，使人愿意自己处理自己的工作，教导人学会成功之道。因此，商业使人倾向自由而远离革命。”②

商业使人远离革命，是因为一个成熟的商业社会，必在相当程

---

① 《毛泽东选集》第1卷，人民出版社，1991年，第17页。

② 托克维尔《论美国的民主》，商务印书馆，1988年，第801页。

度上实现了社会公平。我们国家正朝着成熟的商业社会迈进，在这么一个转型期内，社会矛盾多发、突发，也属正常。社会矛盾同时还起着一层警示的作用，警示各阶层在合理的框架内定位自己，找准坐标，明晓边界，克服不必要的、足以偾事的情绪。

我们先尝试着运用“不公平产生情绪、仇恨”的工具来具体分析当前社会各阶层的心态、情态。

二、当前社会各阶层的“情态”分析

这里所提出的“情态”是指社会各阶层在当前社会中各自的情感状态、情绪状态。情感，即对于现状是满足的，是心安的；情绪，即对于现状是不满的，是有失望、抵触、愤怒、仇恨等心态。“情态”，以各阶层、群体为分析和论述对象，而非针对着某个人。

我并非社会学专业人士，所以对社会各阶层状况的划分可能不够合理，所做的扫描与分析、叙述可能不尽准确、全面，我只想从公平与否的角度，来观察当下各个阶层的情感、情绪状态，大致看看社会不公平的现状对于不同人群心态的不同影响。至于社会阶层的划分标准、尺度，我是立足于职业，以职业作为划分依据，取代以往的身份制。

（一）工农阶层

从建国后到改革开放前，工人和农民是国家的主体部分。尤其是工人，在相当长的一段时期内，社会地位还不低。改革开放后，社会取得了长足的进步，“旧貌变新颜”，新生的阶层顺势生长出来，相对而言，工农阶层日益被边缘化了。

1.农民

中国的改革开放是从农村发动的，由于包产到户制的推行，农民的积极性被调动起来了。相当长的一个时期内，农民从改革中受益。上世纪 90 年代以后，随着市场经济体制的逐渐建立，而农民阶层的经济地位却在不断下降，与其他阶层的收入差距也进一步扩大。一是农村中的各种税费加重了农民负担；二是各类农副产品的收购价格下跌。农民只能把粮食卖给国有粮站，而很多粮站又以各种方式压低收购价格或者拒收，严重挫伤了农民的种粮积极性，损害了农民的利益。2003 年，一个叫李昌平的湖北乡镇党委书记，致信当时国务院总理朱镕基，疾呼“农民真苦，农村真穷，农业真危险”，自此“三农问题”引发广泛的社会关注，成为改革的焦点性问题。

2004 年 2 月 8 日，《中共中央国务院关于促进农民增加收入若干政策的意见》作为中央一号文件正式公布，引起海内外媒体的高度关注。以中共中央文件的形式，专门发一个关于农民增加收入的文件，这是新中国成立五十五年以来的第一次。这意味着，党和政府切实意识到三农问题的严重性和紧迫性，并拟采取措施加以扭转。

从 2006 年 1 月 1 日始，我国正式取消了农业税，延续于农村两千多年的“皇粮国税”，终于一朝寿终正寝；其后国家又出台了多项惠农政策，农民的收入有了比较明显的增长，获得了切实的利益。所以农民对社会、对政府有感念的心态。

2011 年华中师范大学的中国农村研究院发布了我国首个《中国农民状况发展报告》，该院两百余名师生共同走访、调查了 31 个省的 270 个村庄，总共获取了 4794 户农户的问卷信息。最后归纳出中国 7 亿农民当下的群体形象：知足、务实、心态平和、对社会充满感恩。调查显示，整体上看农民群体中基本上不存在所谓“仇富心理”。受访的 80.4% 的农户面对正当致富的富人，表示出羡慕和尊敬，仅有 4.9% 的农民出现了鄙视、嫉妒以及不与其往来等消极情绪[①]。但报告也同时指出，在与有钱人、政府官员、医护等专业人员交往中，农民的尊严感很低，有持续下滑趋势，对自己的身份并不积极认同。农民的社会地位还有待进一步提高。

2.农民工

农民工可能是中国特殊国情之下的一个尴尬的阶层，从其名字，就可以看到这个阶层所处的困境:论身份，是农民，论职业，是工人；检户籍，在农村，而生活又在城市。农民工，是我国城乡二元体制未能完全打破而城市又劳力稀缺所造就的一个群体，他们带着计划经济的残余，进入市场经济中，虽然被官方承认为“工人阶级的组成部分”、“支撑我国工业化发展的重要力量”，但他们身上所带的农村烙印注定受到城市的现实性的排斥[②]。

社会对农民工是不公平的。第一，他们无法获得与城市居民平等的就业权利。许多城市为保障市民的就业，在招工程序、比例、范围等多个方面设置壁垒、门槛，使得农民工备受歧视。即使勉强就业，农民工群体也多集中在劳动密集型企业，稳定性差，少有劳动合同的保障，而且工资水平普遍偏低，不少地方把当地的最低工资标准当作实际支付标准；尽管不尽如人意，而一旦企业、市场情形有变，首当其冲被裁员的，毫无疑问，落在农民工头上。至于拖欠工资的情况，更属常例，农民工为讨要欠薪，被逼无奈，走向极端的事，每到快过年时，时有发生，屡屡见诸报端。

城市管理当局也没有尽力接纳农民工，他们基本上享受不到城市的公共服务，其子女在就学等方面，同样深受歧视之苦，进入不了公立学校，即使入读民办学校，也要交纳较高的学费。在医疗、

① 文章网址：http://news.sina.com.cn/c/2011-12-04/064023571423.shtml

② 相关论述，参见陆学艺主编《当代中国社会结构》，社会科学文献出版社，2010年，第158—162页。

社会保险、居住环境、文化休闲等诸多领域，农民工基本上被排斥在外。他们虽在城市中，为城市的发展贡献良多，但无法分享城市的发展成果。

农民工阶层的出现始于上世纪90年代初，至今将近二十年了，大约形成了1.5亿人的规模。与其他社会阶层开始自我复制一样，第二代农民工也出现了。他们初、高中一毕业就奔赴城市打工，比父辈们更容易习惯城市的现代生活方式，更在意以及愿意争取必要的待遇、权利、保障，也更渴求城市的接纳和认同，但缺乏父辈们吃苦、忍耐、坚韧与节俭的精神，也不像父辈们那样对生养他们的农村始终怀有眷恋、回归之心。他们多半不准备回去，也回不去了。但与父辈们相同的是，都背负着农民工的印记，作为零权利者，漂泊于城市中。

社会并没有给予农民工阶层相对公平的国民待遇，农民工普遍有被视作“二等公民”的自卑感，生存的焦灼感，以及贫富差距对比后的失衡感，对社会有一定的抵制、愤怒和仇视的情绪倾向。

3.产业工人

三十多年的改革历程，对工人阶层的影响尤为巨大。在计划经济体制下，工人阶层的社会地位相对而言，是比较高的。工人是国家的领导阶级，其职业声望、福利待遇、政治地位，都非其他阶层所能比拟。工人阶层也有晋升的通道，一般流向管理阶层。总之，工人阶层拥有过一段比较光荣、自豪的时期。

即使是步入改革开放的新时代，一开始工人阶层也多有受益。由于计划经济体制的逐渐松动，企业拥有了一定程度的经营自主权，经济效益渐好，工人收入也随之增加，并且工人的各项福利待遇稳定，享受着国家的充分保障。所以当时工人这个职业，尚有“铁饭碗”一说，意即生计不愁，旱涝保收，比上不足，比下有余。但是，这种无就业压力、风险的工作境况，也造就了工人阶层普遍性的无竞争意识、技能。而这种状况，在经济体制加速转轨后，被急遽放大，工人阶层承担了改革的成本，也体验到了改革的阵痛。

自上世纪 90 年代后，市场化的步骤加速，国企改革，工人阶层的发展趋向开始下行。下岗、失业大面积地出现，据估算，从 1997—2002 年，国有企业总数减少 47%，就业人数减少 39%。总计减少 4145 万职工，到 2003 年总计减少 4800 万，同期集体企业也减少了 1000 万。两项相加共计 6000 万[①]。尽管国企有诸如人浮于事、效率低下、资源配置不合理等诸多弊病，因而进行改制、转卖等产权改革，但是工人阶层在改革中的遭遇不尽公平。在计划经济体制下，工人以低工资的形式提供国有产业资本，为积累国有资产做出了巨大贡献；而在产权改革中，他们下岗、失业，被推入再就业市场去自谋其业、自食其力，付出了很高的成本、代价，但并没有获得与之对等的利益及机会。无疑，工人阶层还承担了社会的不公平。

而且，对于失业工人来说，他们技能单一，年龄偏大，学历不高，即使经过相关就业培训，也很难有机会进入社会中新兴的，更有利的职业体系。他们收入微薄，生活水准下降，保障渐少；再加上诸如住房、医疗、就业、子女教育等一系列问题重叠交错，使得他们追随不上社会的变化，也很难适应社会的变化，于艰难中度日，境遇可叹。

所以，工人阶层的“情态”也发生逆转，早已无昔日的荣光，早已无主人翁的自豪感，更多的是社会转型过程中的失落感、挫折感、无奈感、卑屈感，以及相对被剥夺感，特别是强烈的不公平感。对社会的不满情绪在不断增加、累积。

① 数据转见孙立平《守卫底线》，社会科学文献出版社，2007年，第83页。

（二）中 间 阶 层

上世纪80年代末，由于社会转型，市场初兴，为一部分社会下层人士的迅速积累、致富提供了契机。同时，党政机关中的办事人员，经商者，还有三资企业中的技术、管理人员以及研究机构、各类学校中的知识分子等，社会地位和职业声望随之而起，我把这部分人定义为社会的中间阶层。

1.都市白领

都市白领，一般受过高等教育，有较高的文化素质和专业技能，也有积极向上的精神气质以及较高的职业期许。他们的工作范围，多集中在金融、高科技、时尚、管理等业界，有着不错的收入，良好的工作环境，职业声望尚佳，是众多青年向往的职业状态。但，根据近几年的社会情况来看，白领身上的光环在逐渐消退，一些情绪性的因素，从光鲜的职业背后渐渐浮出水面。

一是工作压力偏大。白领们大多身处竞争激烈、工作节奏较快的领域，为个人的职业生涯、前途计，故而压力普遍偏大。加班加点是常态，带薪休假很少使用，因为忙不过来，工作呈现出高度紧张的态势。最近，社交类网站“人人网”发布了《2012年度白领冷漠度调研报告》[①]，据统计，有91.6%的受访者在工作中感到困倦、疲劳。此外，从媒体上还时常可见二十多岁的年轻白领在工作中猝死的悲剧。

二是经济负担过重。白领集中在大中城市，尤其是所谓一线城市。而这些城市的生活成本高昂，特别是不断上扬的房价，成为压

---

① 文章网址：http://finance.chinanews.com/cj/2012/09-06/4162348.shtml

在众多白领头上的大山。白领们收入尽管不错，但想要买房，依然遥不可及。所以有“一套房子消灭一个中产”的说法。这种情况下，许多白领选择“逃离北上广”，即从一线城市撤到二三线城市，希望有个安宁、轻松和幸福的生活状态。但是，这仍然不足以解决问题。

三是职业发展的两难处境。二三线城市尽管竞争不强，工作和生活节奏不快，但社会发展程度落后于北京、广州、上海等发达城市，可供白领们一展身手的机会不多，而且人情、关系等非能力性、非竞争性因素，越是在欠发达地区，所起的作用越是大。而在发达城市中，机遇良多，资源丰富，竞争公平，人际关系相对单纯，社会相对公正，这又是中西部众多中小城市所无法比拟的优势，这些地方还不足以真正吸引人才成规模地回流。

所以，白领职业发展过程中的两难处境，究其实质，还是我们的社会公平性远远不够所致。都市的白领阶层，本应着社会转型的脉络而生，可也体验着转型的艰难。对于社会的不公，尽管他们也有许多怨气和不满，总的说来，态度与行为还是比较平和的。他们对社会公平，有自觉的期待，更有理性的追求。

2.公务员及事业单位办事人员

这里所指的公务员，不是指那些握有实际权力的官员，而是指党政机关的普通事务性人员。与其类似的，是行政、党群、高校科研院所等事业单位的相关人员。这部分人是我下面要论述与分析的。

近些年，公务员岗位异常热门，众多的大学毕业生把公务员视作最理想的职业。每年的公务员考试，无论国家的，还是各省市的，那些热门职位，录用与报考人数的比例高得惊人。公务员考试是高淘汰率的，尽管如此，考生们仍然趋之若鹜，甚至还有毕业后不工作、一年年考下去的情况[①]。有人说这是中国社会的退化，优秀人才拼命往官场挤，把做官当作人生的至高追求，强化了官本位的思想，这与科举时代的读书人又有何区别！还有人认为，公务员考试热度灼人，是考生们非理性情绪的爆发。

我们认为，恰好相反，人们是相当理性的。现在尽人皆知，国家占据和统领着大部分社会稀缺资源，尽管竞争激烈，毕竟深入体制中方有更多的向上流通的机会；再者，即使一般的公务员，其社会声望，尤其是福利待遇，乃非其类者所无法想见和分享的。仅举一例：眼下食品安全已成社会的心腹大患，人言啧啧，各种有毒、有害食品充斥各地，令人防不胜防。有好事者特意调查京城里中央各大部委的食堂，发现各个食堂情形优异，干净、整洁、卫生、品丰、价廉，在对本部门工作人员的后勤保障与服务上，下足了工夫。这是公务员及与之类似的事业单位受热捧的原因。

但是，公务员及事业单位办事人员队伍也不是没有问题，不是没有遭遇到公平的困惑和彷徨。在庞大的官僚体系中处于末端的众多工作人员，最系心的必定是晋升渠道和上升空间。其薪酬、待遇、地位和声望，与职位紧紧绑在一起。而在一个成正金字塔形的官僚体系中，越往上走，晋升通道必定狭窄；何况近些年，国家加大了机构改革的力度，以改变机构臃肿、人浮于事、效率低下、推诿成风的弊端，这意味着可供基层人员腾挪的空间相对紧缩；而且，眈眈于此的竞争者更是环伺在侧，再加上官僚体系中一直存在着的晋升规则不透明、不公正的情况，使得众多基层人员有命运不可测、前途不可握的惶惑感，还有不甘于现状又不能不安于现状的无力感。

与体制外的人相比，这一群体分享着体制的优越性；而身处体

---

① 见《南方周末》文章《年轻人，到“体制内”去》，文章网址：http://www.infzm.com/content/55585

制内，对于体制本身所带来的不公，无能为力，而又欲罢不能。进取既无望，告别又不舍，这些因素便转化为消极性的情绪，自然而然地把工作变成了敷衍塞责，随波逐流。

3.自由职业者

自由职业者，是改革开放后随着社会经济的发展而出现的新兴职业。一般接受过良好教育，有专长，从事脑力劳动，职业多为撰稿人、音乐人、策划人、设计师等。他们不隶属于任何社会组织，不与任何组织建立长期的、固定的契约关系，仅仅依靠自身的专业技能为社会提供服务以获取报酬。

自由职业者，中文名容易望文生义，把“自由”理解成无拘无束，随兴而作；它的英文名 Self-employed，则比较明显地指出了这种职业的本质特征——自己雇佣自己，自己为自己找活干。自由职业者作为单独的个体而活动，在接受企业的任务、服务外包上，有极大的便利性、灵活性和创造性；而在互联网发达的高科技背景下，自由职业者更可以轻易突破工作场所的局限性，有了更大的空间。

但自由职业者也不是没有苦楚。

其一，自由职业者的收入不具备稳定性。虽然自由职业者的收入一般较为可观，但脱离了社会组织，没有任何组织作为依托，当然也就失去了组织所提供的可靠保障，享受不到组织化的优势。所以自由职业者大多有不安全感。

其二，自由职业者的社会权利也无法得到足够的尊重、满足。自由职业者生活于城市之中，但由于他们的高度流动性，目前城市的教育、医疗、住房、养老等各种福利制度还难以把自由职业者作为整体，纳入考虑和统筹的范围。所以，他们虽人在城市，却很难被确认为城市的一分子，其漂泊感是很强烈的。

（三）精英阶层

精英（elite）一词，指地位优越的社会集团。现代社会精英理论的创始人帕雷多把“精英阶级”定义成“在各自活动领域中获得最高指数的人”[①]。这个定义也是我们认同的。中国当下社会，当然也形成了精英阶层，主要是掌握着一定经济资源的民营企业家，掌握着文化、知识资源的知识精英，以及掌握着权力资源的国家、社会的管理者。

1.企业家

企业家阶层是市场经济下的新生群体。在计划经济体制下，企业缺乏经营自主权，企业的管理者秉承上级指令，以政府经济计划的执行者的面目出现，而非作为市场竞争主体的企业家。我们可以说，计划经济没有企业家，也不需要企业家。

当今的企业家按性质大致上划分为两类：民企的企业家，国企的企业家。

先说民营企业家。

从1956年私营工商业的社会主义改造完成，到1978年的改革，其间二十多年的时间，中国基本上没有了私营企业。改革，是一个政府释放出资源以及资源开始自由流通的过程。有一批特别敏感且富于经营才华的人，把握住了市场提供的机会，脱颖而出，逐渐致富。不过当时民营企业及民营企业家的地位、形象整体上欠佳。

民营企业真正赢得发展的契机，是1990年代的事了。当时国企已然衰败，亏损严重，难以扶起，乃至变成国家急欲甩脱的包袱；

---

① 巴特摩尔《平等还是精英》尤卫军译，辽宁教育出版社，1998年，第2页。

同时，建设社会主义市场经济体制已是蓄势待发，在此情况下，私营企业终于等来了壮大的空间，并且逐渐得到了国家的认同。有一大批体制内人士借此契机离开体制，下海经商，其中有许多已经成为如今企业界的中坚、成为标志性的人物。这部分精英人士提升了民营企业家群体的素质，也改变了民营企业的社会形象，更使民营企业作为一股新生的力量浮现于社会中。

尽管民营企业对中国经济增长、社会发展的作用、贡献有目共睹，也不是没有遭遇困境。尤其是最近几年，受国内外经济形势的影响，说民企度日维艰，也不算太过分。我想，困扰民企的，在经营上是成本增加，招工难，特别是融资难和税负过重等。国家并未给予民企以有力的扶持、救助，这与对待国企截然两样。一边是雪中无炭，一边是锦上有花，不公尽显。

再者，民营企业家还普遍怀有危机意识。举个比较典型的例子，陕北榆林，煤炭资源储量丰厚，更以出产豪奢、阔气的“煤老板”著称。他们的子弟，千方百计想挤入当地政府机关，尤其是司法系统；甚至不惜造假，也要弄身“制服”穿上，并不管这身“制服”有没有太大的权力含金量[①]。显然，榆林“煤老板”们的心态，不是想能拥有权力，只是去依傍权力。一句话，他们想以这种方式获得一定程度的“安全感”。2011 年一家研究机构发布了《2011 中国私人财富管理白皮书》。该白皮书显示，在受访的 18 个重点城市的 980 位资产超过千万的高净值群体中，有 14% 目前已移民，或者在申请移民当中；此外，还有近一半在考虑移民[②]。他们也不全都是民营企业家，移民的原因也定然是多重的，但其中一点不容否认是向往更公

① 见《经济观察报》2012年8月28日刊载的文章《西北煤二代热衷做官，弄身制服比啥都重要》。

② 文章网址：http://news.ifeng.com/gundong/detail_2011_11/01/10308961_0.shtml

平、更安全、更有保障的社会生活。以上两例，一是依傍权力，一个是移民外国，从两个不同的方向揭示当下民营企业家群体性的不安意识。

这种危机感也是一种情绪，不满意于社会的不公平。可见，只有从制度上予以真切的保护，予以公平的待遇，民营企业家群体性的危机感和不安感才能消除，也由此才能为中国经济与社会做出更有力的贡献。

再说国企的企业家。

自 2003 年国企改革初步完成后，国企与过去那种亏损、低效、臃肿、困窘的形象有天壤之别，如今甩掉了包袱，精简了人员，理顺了关系，引入了现代企业制度，在各自核心领域内维持了垄断地位，财雄而势大。但国企的高管们，同样遭遇着他们在这个层面上的不公平问题，有委屈感。

问题核心还是利益分配。相对于普通人，相对于各自企业的普通职工，相对于同级别的行政官员，国企高管们拿着不菲的收入。但还是有声音，认为目前的薪酬标准尚不足以体现他们的贡献和价值。武钢集团总经理邓崎琳的话比较典型："我一年税后工资是 40 多万，你会信吗？美国 GE 等大公司年薪是千万美元，民营企业就更不用说了。央企绝对不可能有这种高工资。这个矛盾怎么解决？个人的看法是，中国社会主义市场经济不断发展和完善，随着企业职工的收入不断增加，老百姓的生活水平不断提高，应该按经济规律走市场化、国际化的道路，'高管高薪'。"[①]

一句话，大众嫌目前国企企业家们的收入过高，而当事人则认

① 见2012年5月1日凤凰网文章《国企高管收入：利益失衡 分配改革在于国企改革》，来源于《南风窗》。文章网址：http://finance.ifeng.com/news/corporate/20120501/6397837.shtml

为过低，社会大众对他们的指责是不公平的。因为国企的企业家们视野已与“国际接轨”了，是从国际同类情况来比较、看待他们的薪酬待遇。参照标准既然不同，感受自然不一。说到底，国企高管的情绪，还是由国企自身的特殊性质所决定的。国企所承担的政治与经济的二重职能，使其高管们在身份上也有二重性：政治体系中的官员、市场竞争中的企业家。制度的复杂性决定了国企的高管们难求他们认为公平的分配。国企企业家群体的情绪，只能从制度上去寻求原因。

2.知识精英

知识精英，我在这里并非定义为一般型的知识分子，而特指那些能在社会政治、经济及文化等资源的分配上享有较多部分，并且非常活跃、有着广泛社会影响力的知识分子。知识精英，伴随着市场化导向的深入以及社会利益格局的固化，逐渐成型。

知识分子在近三十年的改革过程中，伴随社会利益多元化格局的行程，自身也有影响的演化。上世纪 80 年代，是人文类知识分子大行其道的年代。这里面有多重原因，我不做详细分析。有文史哲背景的知识者们，热衷于探讨中西文化、人性等比较宏大的话题，抱有理想的情怀，使命感很强，力图推进中国现代化的进程。在物质利益上，知识分子也有过一段比较黯淡的时光，清贫寒陋，当时流传有种种情绪性的说法，如“脑体倒挂”、“造导弹的不如卖茶叶蛋的”。进入 90 年代后，知识分子作为群体开始演化了。

其一，是学术自身的演化。在领风骚于一时的文史哲等传统人文学科外，与社会发展进程联系更为紧密的社会科学，诸如法学、经济学、政治学、社会学等学科相继兴起，盛于一时，至今不衰，使得知识精英们对于中国社会现实的剖析，有了更强大的理论能力、更精准的发言工具。

于是，带来第二种形式的演化：即知识精英们自身的学院化，以及与之相反的市场化。我在第二章讲儒商时，做过一点粗略的分析，作为现代知识精英原型的古代士人，有一个立身处世的根本立足点，即超然利益之外的价值关怀。而随着中国市场化的进程逐渐深入，一部分知识精英选择扎根学院，不问外事，倾力于纯粹的学术；一部分知识精英选择走出学院，拥抱市场，和社会强势利益群体发生更紧密的联系，为其立言、说法、献策，提供知识与智力的支持，获取更多的实际利益。这就使得知识精英阶层从两个方面出现褪去传统士人精神的现象。

特别是后一类知识精英，成功地把文化资源与权力、经济等资源相结合，有的成为新锐的“学者型官员”，有的成为煊赫的上市公司“独立董事”等等，不一而足。总之，在社会日益成型、固化的利益格局中牢牢占据了一席之地。这部分知识精英，是以依附的姿态切入市场与权力体系，较难保持完整而独立的人格，也有情绪。

3.国家和社会的管理者

这一阶层，主要是指党政事业单位及金融等行业中有管理实权的领导干部，当前中国的政治体制决定了这一阶层在社会结构中占据着顶端的位置，掌握着最关键、最核心的政治权力和经济资源，对中国社会的发展、变革起着不可替代的主导作用。近一二十年中国社会发展飞速，经济建设成就不凡，社会的管理者们理所当然受益较大。

但是社会的管理者们也落入了社会不公的窠臼里，普遍性的不公平氛围影响着处在社会顶尖层面上的管理者阶层的心态。

如果说一般民众因为社会不公而变得激愤，如“仇富”、“仇官”，那么，管理者们则是“爱富”、“嫌贫”。2006年，央行副行长项俊波在一个金融论坛上表示，中国的金融机构应当摒弃嫌贫爱富观，对经济发展中相对落后又亟须金融支持的行业、地区和群体给予必要的、应有的支持①。足见嫌贫爱富的倾向已经在某些官员中扎下了根。

再者，不安全感、不确定感也在这一群体、阶层中出现。一个显著的事实，是迷信思想流行于部分管理者的头脑中。由于迷信作祟，种种匪夷所思、夸张可笑的花样都浮现出来。2009年被查处的内蒙古赤峰市市长，在家里摆放神龛、金佛等法器，每收到贿赂，都要放在神龛下一段时间，乞求神灵的庇佑。山西省某县数十名党政官员，在县委书记、县长的带领下，夜深人静时，齐跪于设在县委大院的香案前，虔诚埋下“镇邪物”和“升官符”，乞求腾达。有些官员特别关注他们办公楼、办公室的朝向、布局等风水因素，2010年，重庆一区委书记就以“影响政府办公楼的风水”为由，断然要求当地一个合法在建项目停工。

当社会原有的相对公平的状态遭到严重破坏，而新的公平机制又未建立起来，在这么一个混乱的时期内，投机性、私利性的实用主义必然大行其道。像上面几个事例看到的，嫌贫爱富是出于实用，求神拜佛同样出于实用，风水迷信还是出于实用。而实用主义反映到心态上，就是不安全感和不确定感在增强。利益的获取，既然相当一部分原因在于社会的不公平，那么它的安全性、稳定性必成悬疑。既然不存在着一个有效的、现实的公平机制保障安全，那就只有乞灵于怪力乱神，迷信于是乎兴起。

从对以上社会各阶层的简略分析中可以看到，在近一二十年我国经济与社会的高速发展中，有获益者，有失意者，有受现有制度、政策特殊眷顾者，也有部分人群相对身处在制度的盲区；但情绪化

① 文章网址：http://news.sina.com.cn/c/2006-12-27/041911893223.shtml

是普遍性的，不安感、不确定感几乎弥漫于整个社会中，无论是处在这个社会的顶峰还是它的底端。似乎可以这样说，在社会不公平的态势已然成型的情势下，事实上不可能存在真正的受益者。

那么，消除不安、化解情绪的途径，只能是重建社会公平。

三、重建社会公平：增加情感、弱化情绪、消除仇恨

从前面对社会各阶层的简略分析即可看到，当今我国社会的阶层已经充分分化了，多元化的社会利益格局业已形成。相互之间的利益有冲突，是常态，无足为虑。关键是要有直面冲突的勇气，不否认、不掩饰、不压制冲突的真诚，以及在此形势下，提供解决冲突的公平路径。

而首先，须有妥协精神，有包容的态度。

（一）以妥协成就共赢

妥协，也就是我在上一章所讲的——作为儒者行为模式的“中庸之道”。在此有必要解释一下妥协的意义，妥协并非无原则的后退，也非丧失立场。我想说的是，唯有强者才能妥协，唯有强者才有必要妥协。所谓妥协，就是“不为已甚”，不要得理不饶人、得利不让人，把自己的立场、利益尽量扩大而不给别人机会。妥协，就是既保全自己的利益，也保全别人的利益。

1.理解妥协

以市场经济为主导的社会，人与人之间的基础关系便是个利益交换的关系，是互利、互惠的，没有一方能够脱离另一方而独享、专有利益。如资方离不开劳方，劳方也离不开资方。彼此尽管相互

对立，但也相互依赖，形成了一个“你中有我、我中有你”的态势。

NBA 是世界上最赚钱的体育组织，2010 年 NBA 官方公布球员的平均年薪达到 500 万美元，而每隔上几年 NBA 就要停摆一下，劳方和资方关起门来为各自利益讨价还价。每逢停摆，开始时放出的消息是形势岌岌可危，前景黯淡，球迷为之操心不已，生怕下个赛季无球可看，球星流散。但协议总会在适当的时候如愿达成，因为停摆对双方都不利。道理摆在那里，双方都懂得一方面要据理力争，另一方面更知道适可而止；总之，都了解妥协的必要性，都是能玩转妥协之道的行家里手。

调停、化解利益冲突的最佳方式是妥协。有些人厌恶妥协，害怕妥协，认为妥协就是放弃原则、委屈了自己，或者妥协就是示弱，妥协的结果是放纵了不该放纵的人，树立了坏的例子。其实真正善于坚守原则、真正的强者，恰恰是懂得妥协的人。能够适机妥协，这应该是古往今来无数成功者的成功经验所在，也是古往今来无数失败者的失败教训所在。美国立国之初，十三个州对参院名额分配各持己见，为维护自己核心利益各不相让，形成僵局。所幸的是那些开国元勋们富于妥协的精神为达成一致、建立联邦、立定宪法开辟了道路，后人津津乐道于此段故实，还称之为“伟大的妥协”。正是有了这种妥协，才成就了美国日后的平稳发展，成就了美国的辉煌，同时也成就了各个州的繁荣。

近代英国的形成也是一个妥协的过程。英伦三岛民族成分复杂，有英格兰、苏格拉、威尔士、爱尔兰等族，还有较早的盎格鲁 - 撒克逊人。这些民族聚居在孤悬海外的岛屿上，除了相互包容、谦让，便无他法生存。几代英国国王都是从外国迎立的，并非国内的强势者。迎立外人为本国国王，这本身就是国内各种势力妥协后的产物。正因为善于妥协，没有把力量用于内耗，保持了一个相对安定的社会政治局面，英国率先实现了工业化，一举奠定了富强的基础。毛泽东也注意到这一点，1957 年他在省市自治区的党委书记会议上提到："英国资产阶级历来老奸巨猾，是最善于在适当的时候做出妥协的一个阶级。"[①]当然此话不无贬损，而如果不考虑具体语境，抽象来看，所谓"老奸巨猾"，无非在说英国人比较理智，不那么固执和盲目，懂得适时掉头和转向，更好地争取和保护自身的利益。

正确理解妥协，还有一点，也要注意。妥协有方向、有目的，目的是为了利益分配的均衡化、公平化。抱此目的，必须注意避免不公平所产生的情绪、仇恨。

当然，这样的妥协是一个利益关系不断调整、重新适应的过程，同时决定了妥协的渐变性。

2.妥协与渐变

妥协之道，不是安于现状、拒绝改变，而是一种渐进式的改变。妥协，并不否认革新，只是否认革新所采用的激进、裂变的方式。

我们看戊戌变法，1898 年光绪帝在清帝国面临的内忧外患中接受康有为等人提出的变法主张，在短短的一百多天内，颁布一系列政策，涉及范围从经济、军事、政治到文化等各个层面，可以说，这是对社会的大整顿、大改组，是全面性、整体性的社会变革。革新的力度既然如此之大，所遭受的反弹必然与之对等，于是制造了更大范围的对立，激发起更多的情绪、敌视，乃至仇恨。因此，最终以悲剧性的结局收场，理不足怪。然而吊诡的是，被视作保守派首脑的慈禧太后，在辛丑条约签订后，却接过变法的旗帜，把光绪皇帝想做却止步于摇篮中的改革事业推行得更加彻底。这就说明没有谁在不断变化的形势前一贯冥顽不灵、头脑僵化，也根本不是社

---

① 《毛泽东文集》第7卷，人民出版社，2009年，第187页。

会不接受变革，而是不接受激进的变革方式。

变法还只是政策的调整，制度的创新，以及人事的更迭，尽管激进,还未彻底撼动社会基础。革命则不同了,它的激进是全局性的。革命行动，充分动员民众，以疾雷迅风般的威力迅速革新现状，以朝理想的社会形态迈进。但我们都知道，革命对社会造成剧烈的动荡，成本极大，而收效则很难满足革命者的预期，整个二十世纪的中国历史证明了这一点。革命者大多抱以崇高的理想，意欲毕其功于一役，不惜牺牲，想全面更新现状，但社会犹如有机体，也有生命，它的新生绝非一蹴而就，只能是渐变。正如拔苗不能助长，变革也难于速成。

妥协不一样，它是缓进的，而非激进；它是渐变的，而非裂变。原因就在于，妥协是退让，是顺应，是以退让的方式顺应事物的变化，因而事物是自化、自成。

3.妥协与共赢

妥协之道，也是保全、保护之道。保护什么呢？保护所有人都有共存的机会，都有共赢的机会。这是公平真正的含义，也是公平真正的作用。

妥协之道，首先纠正的便是“赢者通吃”的逻辑。赢者通吃，好像对赢者有利，实际上，通吃，潜伏着很大的危机。

赢者，不可能建立和拥有足够的安全感。因为他要时刻防止既得利益丧失，一旦丧失，按照“赢者通吃”的逻辑，作为输者，是一输到底，输得精光，什么也没有。所以，他必将使用各种手段保住已拥有的，并是时时以警惕、防范和敌视的心态对待他者。他把自己放在和他者绝对对立的位置上，他为自己堵塞了调和的余地；与此同时，输者，也不可能建立和拥有足够的安全感。因为他得不到赢者的信任，也不可能信任赢者。即使在某些问题上让赢者有所退让，也是惴惴不安，因为害怕秋后算账，害怕遭到报复。

可见在“赢者通吃”的逻辑所支配的社会中，在这样不公平的态势下，不可能有真正的赢者，在此意义上，所有人都是输者。一句话，不公平，对所有人都是不利的。

妥协，便必然成为对各阶层最有利的路径选择。

（二）政府的位置：保持利益中立的超然立场

在改革的起步阶段，由于普遍性的贫乏，政府不得不扮演企业家的角色，以带动经济的发展，这一做法有着相当程度的历史合理性。但在改革三十年之后的今天，市场经济体制已经建立起来，正向着完善的方向前进，政府在经济领域内所扮演的角色不能不予以重新界定。如果政府一仍其旧，继续深度介入经济的内部运作，那么政府事实上就演化成一个利益主体。而政府又拥有着巨大的能量，是别的利益主体所无法比拟和争竞的，由此势必影响到社会资源的公平分配，政府难免成为社会矛盾聚集的焦点，成为民众情绪发泄的对象。

社会利益分化的格局，恰好为政府转变角色、准确定位提供了契机。如同球赛，需要一个超然的、利益中立的裁判以维护比赛秩序一样，社会需要政府成为利益纷争的裁决者、包括经济秩序在内的社会秩序的维护者。

我们的政府在这方面应该有它天然的优势，执政党一向以代表和维护社会的整体利益为己任。能代表社会整体利益，即不能偏向于任何利益主体，政府与社会上的任一利益主体应保持等距离，如同裁判与比赛双方保持等距离一样。

1.脱敏

什么是“脱敏”？即去敏感化、脱离敏感化，防止过于敏感。

许多社会问题，看似挺大挺复杂，其实质就是不同阶层之间的利益纠纷、冲突。有的人、有的群体，感受到不公平待遇，向政府讨要一个明确的说法，希望政府出面，能给予公平的矫正。即使群而聚之，情绪激昂、沸腾，也只是个经济问题，而非政治问题；是个利益问题，而非意识形态问题。所以，政府在面对此类问题时，不应对利益诉求者的情绪过于敏感、过分紧张，不必以究疑的态度去“深挖”诉求背后的因素。

任何一个社会，都包含有各式各样的矛盾，诸如宗教的矛盾，意识形态的矛盾，政治的矛盾等，当然更常见的是利益的矛盾。在以上种种矛盾中，其实利益的矛盾最为理性。当然，最理性，并不意味着最容易解决，但至少，它的诉求是明确的，解决路径也是清晰的，即利益矛盾是非意识形态化的，非情感化的，它只要求合理对待而且公平解决。

2011 年岁末的广东“乌坎事件”，就很明显。乌坎村民长期以来对村干部不满，事关全体村民切身利益的征地情况一直不透明，村民全然不知情，也没得到过补偿。村民情绪被点燃后，事情就闹开了，而且不断升级。值得称道的是，广东当局采取了比较开明、务实的态度和做法。所谓开明、务实，是没有把事件上纲上线，定性为政治问题，而是紧紧地限定在利益冲突的范围内，这就向乌坎村民发出了信号，稳定住情绪，为进一步的协商留下了足够的空间，最终事件得以平和解决。

其实，政府是足够强大的，而在政治、在意识形态上过分敏感，同样会激发出来情绪，情绪将影响判断的准确性，在误判后采取激烈的措施，只会扩大、升级事态的严重性，对政府反倒不利。

2.放利

在本书第二章中我们提出“**不平等产生情感**”，认为“让利”是增加情感的有效路径。其实，在政府和群众之间的关系上，也可如此为之。“让利”发生在商人与客户之间，因为商人毕竟还要求利。政府则不然，有的方面完全可做到放弃利益。

2012 年 2 月 28 日，世界银行行长佐利克在北京举行的记者会上，向中国政府决策层进言，提了六条改革建议，其中一条是“重新界定国有部门和私营部门的作用，完成向市场经济的转型”。其实，他所说的就是政府从竞争性领域中整体退出来，避免与民争利。这对政府在市场经济的环境下重新建立与民众的关系，是极为有利的。

近些年我国社会矛盾频发，焦点集中于政府。政府既是个火药桶，还要拿着灭火器自个儿来灭火，政府也叫屈，也有情绪。实际上，大多数矛盾源自政府的职能定位失当。现在很多地方的政府，越来越不像一个政府的样子，越来越趋利化，极像个汲汲牟利的超级大企业。正因为如此，不可避免地把自己投入与民争利的矛盾漩涡中。

所以，政府要从矛盾中超脱出来，在民众中备受拥护，有信任感，必须退出能够退出的经营领域，把凡能由市场自我调控的交还给市场，顺其自然。这样，从具体的利害关系中退出来，政府就可以站在比较超然的立场上，以平等、公正的态度裁决各种利益纠纷。“不平等”是可以产生情感的，在某些地方放弃利益，予利于民，表面上看政府好像有所损失，而结果是获得民众的情感，于政府而言，这可能是更大的、更重要的利益。

3.定则

市场经济条件下的社会，实际上要求着权力与市场分离、脱钩，即由权力为导向的政治型社会转变为以市场为导向的经济型社会，使各项经济因素能够“公平而自由的交换”[①]。既然市场能自行调节，那么政府的作用又在何处呢？

我以为，政府的作用是制定和维护规则。“定则”，包含着两层意思：一、制定规则；二、在市场交易各方、不同利益主体发生冲突而需要公正调节的时候，政府出面仲裁，执行规则的权威性，以化解冲突，排除情绪，稳定局面，各足所需。所以定则，就是制定规则，并用规则稳定市场、社会。

规则比人更重要。坏的规则，不仅是让“坏人”变得更“坏”，甚至让好人不敢为善、假装为恶。好的规则，则既不至于降低人的道德水准，又能保障人的正当利益。18世纪时候，大英帝国把他们的殖民地澳大利亚作为国内犯人的流放地。政府雇佣私人船只运送犯人，按上船时交付的人头数付酬。船主们为获取高利，降低运送成本，伙食、医疗等环境都较差，犯人的死亡率很高。政府为解决这个问题，派官员全程监督，但有官员不明不白中途落海。政府没办法，对船主进行道德教育，激发他们的良知，向他们宣讲开发澳洲的伟大历史意义，死亡率还是居高不下。最后有人想出办法，改变付酬方式，由上船时的人头数改为抵达后的人头数。于是，船主们不得不尽心全程悉心照料犯人，犯人的死活在这种制度环境下，与他们的利益紧紧绑在一起了。

（三）建立利益“公享”机制

“公享”是我创造的一个概念，即“公平分享”。社会发展的成果，对于其成员来说，不但是公共的，而且是公平的。即，都有权利分享，

① 借用黄仁宇先生惯用的语汇。

只不过是公平的分享。

1.保障利益诉求的权利，提供利益诉求的渠道

政府维护和保障民众的合法权益的前提是允许民众表达合法的利益诉求。恩格斯说过一句很俏皮的话："火地岛的居民没有达到进行大规模生产和世界贸易的程度，也没有达到出现票据投机或交易所破产的程度。"[①] 我们总是羡慕田园、乡村生活的简单纯朴，没有复杂的利益纠纷，那是因为可争的利益还没有出现。

现代市场经济已经充分发育出了不同的利益主体，相互之间产生冲突，在所难免。如 2011 年美国爆发的"攻占华尔街"事件：华尔街是美国以金融资本为核心的社会精英阶层的象征，普通民众之所以聚集起来，发起"攻占华尔街"的运动，其实质还是争取自身利益的一种表达形式，借此抗议社会的严重不公。华尔街的金融精英们因他们的贪婪制造出了金融危机，令普通民众利益受损，但华尔街"绑架"了政府，迫使政府动用纳税人的钱来救市，而这些危机的制造者们一仍其旧，照往年的做法，继续分享着高额的分红、奖金，丝毫不为危机而歉疚、担责；这种景象强烈地刺激了民众，心生不满，情绪爆发，不胜其怒，终于走上街头，发起了声势浩大的抗议运动。这次事件，便是阶层之间围绕着社会不公平而爆发的冲突。

利益冲突当然危及社会的稳定，引发振荡。但要注意，振荡往往是利益表达被压制、被堵塞后的产物。犹如没有合适的泄洪渠道，洪水泛滥，成汪洋一片。所以，最重要的是提供正当的机制、通道，供利益相关者以平和、理性、可控的方式来表达其诉求。

富者愈富、贫者愈贫的"马太效应"之能出现，很大程度上缘

---

① 恩格斯《反杜林论》，人民出版社，2005年，第152页。

于贫穷者、弱势者的利益缺乏有效的表达机制，以致无法参与到利益博弈的进程中，也就无法通过正当的方式争取自身的利益，逐步改善自身的处境。如第11届全国人大的2987名代表中，才首次诞生了3名农民工代表，而我国目前农民工总人数在1.5亿左右。由此可见，农民工这一数量巨大的利益群体在全国人大的政治平台上没有足够的利益代表者来表达他们的合理诉求。在当前第12届全国人大，工农代表人数一共401名，占总人数的13.42%[①]。尽管比上届有所增加，但相对于庞大的工农群体来说，还显不足。为社会上相对弱势的群体提供更多的参与公共政策协商的机会，让其利益诉求有更多的流动渠道、有更大的展示平台，既维护、保障其合法权益，又增强其利益博弈能力，有助于社会利益格局的均衡化。

2.少取与多予

在利益分配上针对不同阶层分别采取少取和多予的政策。2013年1月18日国家统计局局长马建堂公布了全国居民收入的基尼系数：2003年是0.479，2004年是0.473，2005年0.485，2006年0.487，2007年0.484，2008年0.491。然后逐步回落，2009年0.490，2010年0.481，2011年0.477，2012年0.474[②]。这是自2000年后官方首次公布中国的基尼系数。此次数据甫以公布，即在社会上引起较大争议，不认同者很多，认为比实际数据要低。不管如何，即使以官方数据为基准，我国社会的贫富差距也是相当大的。

因此，社会财富的再分配对于调节贫富差距，降低社会不平等的

① 见2013年2月27日新华网文章《肩负起人民的重托——十二届全国人大代表构成特色分析》。网址是http://news.ifeng.com/mainland/special/2013lianghui/content-3/detail_2013_02/27/22549269_0.shtml?_from_ralated

② 文章网址：http://finance.ifeng.com/news/special/data201212/20130118/7574994.shtml

程度，减少利益受损阶层的情绪，是很关键的。针对不同收入人群，政府在政策制定上应该有所倾斜和侧重，区别对待。对于高收入群体，应该发挥税收的再调节作用；至于中低收入阶层，应有所改变。

对于中等收入群体，重点在“少取”。现在很多中等收入阶层的人，抱怨税收负担过重。尽管个税的起征点确实一再提高，可对于这部分人群来说，压力仍大。这说明在税制的设计上仍不合理，不但没有发挥税收的收入调节作用，甚至还逆转了调节方向，加重社会不公平的态势。所以要挽回和平息中等收入阶层的情绪，须改进税制，真正做到“少取”。

对于社会中的低收入阶层，重点就不再是“取”了，而是“予”、“多予”，在社会财富的再分配中，适当地偏向低收入阶层，给予更多的、更切实的保障。据国家统计局的调查数据：2011 年末全国参加城镇职工基本养老保险人数 28392 万人，参加城镇基本医疗保险的人数 47291 万人，参加失业保险的人数 14317 万人①。而 2011 年末我国就业人员总量已达到 76420 万人，其中城镇就业人员总量是 35914 万人。还是有相当一部分就业人员在社会保障的覆盖之外。最近几年，我国在农村也启动了养老保险和合作医疗制度，但是距离农民的切实需要还有不小的距离。完善社会保障体系，等于是为社会设置“减压阀”，缓解低收入阶层的生存焦虑，释放这部分人群对于社会的抵触和反感情绪，善莫大焉。总之，在“多予”上，国家还有一定的调整空间。也就是说，国家对于民众，还有很大的情感增加空间。

3.增加幸福感

现在很多研究者设法制定了“幸福指数”，希望找到一个比较合

---

① 文章网址：http://money.163.com/12/0222/10/7QS2A62200252G50.html

理的参照系，用以评估和检验大众的幸福程度。许多地方政府把“幸福感”作为新的施政理念，用以取代屡遭诟病的 GDP 发展导向。这说明，对社会大众的情感关怀逐渐快成为我们国家和社会的管理者们的共识了。

我以为，“幸福感”既然为一种主观感受，一种情感反应，那么就很难打分数，把它量化出来。但“幸福感”也不是完全不可捉摸，可以归结到：情感的最大化和情绪的最小化，即**幸福感＝情感／情绪**。

在增进情感方面，主要有安全感、参与感与荣誉感三种。如果一个社会能够满足大众的三种感受，庶几可为“幸福社会”。

（1）建立法治，满足安全感

在前面所做的社会各阶层“情态”分析中，可见当下各阶层普遍怀有不安全感。尤其是许多社会精英人士纷纷向海外移民，把资产转走，其中一个重要动机，乃向往更安全、更可靠的生活、事业环境。这是一个风向标，显示出社会中坚力量的信心不足。

安全感不足的原因又何在呢？我认为，是法律的权威性、公正性未能从根本上建立起来，公民享有的合法权利还未能从制度上得到切实的维护、尊重和保障。2011 年的时候，有外交部发言人当众发出惊世之语——“不要拿法律当挡箭牌”[①]。

我理解该发言人，这番话有具体语境，而且其本意是法律不能沦为别有用心者“为非作歹”的工具。但法律确乎是个“挡箭牌”，保护公民的合法权利免受不法侵扰，甚至是“坏人”的合法权利。如果法律当不了“挡箭牌”，公民的权益又靠什么来保障呢？该发言人的话，隐隐约约传达了官方对待法律的某些真实心态。

---

① 见外交部网址：http://www.fmprc.gov.cn/mfa_chn/wjdt_611265/fyrbt_611275/t803799.shtml

真正建立法律的权威性和公正性，把法律作为公民合法权利的“挡箭牌”、“保护伞”，才足以提升全社会的安全感。

（2）开放社会，满足参与感

社会治理不能单向化，也就是说政府不能是个神经反应系统的末梢，社会机体上的问题都必须回馈到政府这里统一调度和解决。这种治理模式，对于政府是不利的，它迫使政府解决超出它职能范围的问题，效率低下不说，分散资源不说，能不能解决得好不说；还使社会过度依赖政府，无法让大众积极参与公共事务。公民社会，怎么也发育不出来。

政府要重视社会的自治与自组织，唯有大众充分参与社会治理，才能应对政府和市场的有限性，让社会良序运作。在此基础上，才能催生和培育大众的公民意识。只有作为公民而非作为被治者的民众，对于他生存的社会，才有真切的关怀。他才不会有被排斥感，而有参与感和归属感。

开放社会，还意味着民众有更多的机会可供选择，这也能够减少因机会不等所产生的不良情绪。近几年，国家公务员考试受社会热捧，有的热门职位几乎是数千人竞争一个位置。我们不必谴责什么官本位思想还有市场，不必感叹报考者不理性、一头非往公务员队伍里挤、罔顾学非所用；实际上，是社会提供的有充裕保障的机会不多，这才造成屈指可数的机会被报考者挤爆。假如是一个开放的社会格局，民众有相对自由地选择适宜于他们专业、兴趣、才能的机会，这样的社会自有活力，也不会造成人才分布不平衡的情况。

（3）化解对立，满足价值感

社会不公平，造成社会各阶层间的对立，除引发不良情绪外，还有一大严重的后果，是使得整个社会不再有令人倍感珍惜、崇尚的价值，是使得社会彻底消解了崇高感和荣誉感。因受损于不公平而怨恨者，以及因受惠于不公平而惶恐者，双方关系是敌视与提防，是愤怒与傲慢。如弱势群体对强势群体不满与愤恨，强势群体对弱势群体不屑与霸道；强势群体的专为已甚，弱势群体的铤而走险。

在敌对者的眼中，当然没有什么正义之言，公道之说。很简单的例子，专家、学者，所谓知识分子，本应扮演着社会良心的角色，本应以其操守和专业获得很高的社会认同度。可是，近些年知识分子群体分化比较严重，一些人与强势者结盟，成为利益共同体，利用自身的专业素养，为强势者造势、解释、宣传、游说、立论等，结果弄得这一群体声名日下。

时下对此类人物，大众抱以极深的戒心。我们只要随便从网上看一看，但凡社会热点产生，专家登台评论，网上留言总是骂声一片，乃至把“专家”称为“砖家”，把“教授”称为“叫兽”。斯文扫地，完全丧失了公信力。这种现象，不能简单归结为公众的误解，或者传媒为制造新闻而故意曲解专家的言论以哗众取宠，它有更深刻的社会心理背景。即，严重的不公平以及强势者的蛮横，扭曲了正常的是非。强势者用是非来掩饰利害，其后果是大众也鄙弃这种被严重混淆了的是非观。社会不公消解了大众对价值的珍视和崇敬，整个社会弥漫的是怀疑、嘲讽、戏谑和玩世不恭的论调，这就是价值上的虚无。事实上，即使强势群体也不可能幸免于此，如本章第二节所分析的国家和社会管理者们的情态。

贯穿于本书始终的一个观点是“不公平产生情绪、仇恨”，对于内心充满着强烈仇恨的人来说：没有什么道理好讲，因为道理被霸占了；没有什么是非好讲，因为是非被扭曲了；没什么信仰好讲，因为信仰被玷污了。他不再相信社会还存有正义。在公平和正义迷失的状态中，美好的价值、高尚的理想被解构，最后就只剩下彻彻底底的实用主义与享乐主义。

所以，我们非常迫切希望我们新一届的政府以积极的举措促进、维护公平，化解各阶层的对立，恢复大众心中的价值理想。有价值、合乎理想的生活，方为幸福。如其不然，不公平所引发、聚集起来的情绪和仇恨，必将带来无法想象的后果。

儒家政治思想主张治国平天下。本来“国”与“天下”在传统社会中有其特定的指向，“天下”更具有普适性。我们在此借用这两个概念稍作调整和更改：治国需要公平，尤其是制度的公正性，让全社会在尽可能平等的机会分享社会发展的成果，不能让民众产生情绪；而治天下则更进一步，在公平的前提下注重情感的建设，要让民众有情可感。

结　语

行文至此，本书对“情商”的探讨暂时告一段落。简单来说，“情商”就是老百姓常说的“交情”。情感加深“交情”，情绪破坏“交情”。

我本人在多年的企业经营中，深深感受到情绪的危害性以及情感的“正能量”。做企业，牵涉到方方面面的关系。这些关系犹如蚕丝包裹着企业,包裹着我本人。种种关系全都微妙而脆弱,禁不起“情绪”的折腾。

让合作伙伴有情绪了，合作定难持续下去，没合作伙伴，单靠自己的力量能走得多远？要是让客户有情绪了，成天有牵扯不清的纠纷，叫人心力交瘁，疲于应付，还能剩下多少时间和精力去做更有价值的事？让政府有情绪了，后果很严重；如果让老百姓有情绪了，社会也不太平;至于企业内部，要是管理团队中有人情绪不好了，有可能就是失和的征兆；乃至家庭生活中，家人闹情绪了，自此耳根难清净。情绪问题没有处理好，自己就成为这些情绪的目标，要承担着这些情绪一浪高过一浪的冲击，其结果是自己也有情绪，于是心累，于是腻烦，于是厌倦……

我曾多次对人说，如果当初知道下海是这个样子的，打死我也不下海，宁愿还是当我的编辑，组稿写诗，喝酒论文；如果知道干房地产是这个样子的，打死我也不进入地产行业，宁愿还是干我的广告公司。这绝非戏言，而是苦涩的经验。越是复杂的行业，所遭遇的情绪越多，所承受的情绪越重。情绪的累积和泛滥，情绪的纠结和折磨，不仅仅是对健康的摧残，进而更让人怀疑奋斗的价值，怀疑生命的意义。

对不能回头的东西，记忆和怀念很美，可是无力。所以我们需要用“情商”来有力地解决生存过程中随时可能遭遇的情绪。

一

解决情绪，首先要认识到情绪产生的缘由。依我个人的经验和思考，我得出一个结论：**不公平产生情绪**。不公平，是情绪的由来。当然我不否认情绪还有别的来源，单纯气候的变化就有可能引发那些多愁善感者的情绪。但我所关注的，是人们社会交往过程中因互动不当而引发的这类情绪，如不满、委屈、牢骚、怨气、仇恨等，此类情绪则与不公平密切相关。

公平，源自人对于自身利益的关切。但是个人利益的伸张与实现，是有边界、有限度的，它止步于公平。公平规范了人们满足利益需求的方式，即人们为了得到应得的，就必须付出应付出的。回报与付出具有等值性，这就是公平的基本含义。以权利与义务来说，权利是人们应得的利益，义务是人们必须付出的利益，人们用应尽的义务来交换应得的权利，两者均衡、等值，如此才是公平合理。换个角度来说，公平是人们在进行利益交换时遵循的法则。

本书认为利益是人的基本需要。马克思也讲过：“人们奋斗所争取的一切,都同他们的利益有关。”[①]但利益的满足不能不依赖于交换，交换又不能不是公平的。利益交换如果不能公平地展开，欺诈和强

---

① 《马克思恩格斯全集》第1卷，人民出版社，1956年，第82页。

力势必取代公平法则而使人们陷入恶性争斗的循环中，于是就有了弱肉强食的丛林世界，在这样的世界中，没人是安全的。

甚至在人与自然之间，也存在着利益的公平交换关系。当然人与自然还有非功利性的审美关系，不过这一点暂时略过。从生存角度来说，人离不开自然，人也是自然的一部分。而人要是对自然资源的索取、开发和利用过度，却没有对等的保护和补偿，自然同样会报复人。这不也是公平的么！

这个道理通俗地讲：好比天地之间有杆秤，这秤就是公平。这秤同样在每个关切着自身利益的人的心里，随时被用来比较、计算、权衡和检验他们的利害得失。

如果人们判定他受到了不公平待遇，正常的心理反应是不服，是有“气”。“气”会令他气急败坏，令他恼羞成怒，令他愤懑不平，令他牢骚满腹，令他抱恨于心，令他口吐怨言，令他气不打一处来，令他想报复，要补偿，找平衡，于是制造矛盾，破坏和谐，煽起仇恨，影响团结，拆散关系，沮丧人心……这种种样态就是情绪及情绪化的后果。

情绪是被不公平刺激出来的，它就是不公感，由此我们把情绪的源头追溯到了不公平上。进一步从社会层面来观察大众心理，如果社会不公成为常态，机会不平等，法律不公正，政策有偏向，利益受损者自然要产生情绪，情绪的累积是仇恨，仇恨是动荡的导火索。

孔子说：“有国有家者，不患寡而患不均，不患贫而患不安。”如果把“均”理解成公平而非平均，那么造成国家动乱的，不在于财富的多寡，而取决于分配是否公平。贫穷或许不是最可虑的，最可虑的是人因为不公而不安。不安，即我们在这本书里所定义的“情绪”。

追求公平的意义就在于化解情绪。以公平来化解情绪，是全世界普遍的一个认识。

二

追求公平，是为了满足人的现实的利益需求，分配好利益，安定人心，不生情绪。这只是人之生存活动的一面；此外，人也有超越功利的一面。

人的情感活动就是非功利性的。譬如人们常说：金钱可以买来婚姻，但买不来爱情。就是这个意思。爱情的确不可以用金钱交换，但不意味着爱情不可以交换，只不过是另一种交换形式——情感交换。也就是说，爱只能用爱来交换，情只能用情来交换。

正如宗教中人与神的关系，人若要获得神的同情，须以人对神的虔敬为代价。此即为人与神的情感交换。固然人为敬神的缘故，会奉上丰盛的祭品，但如单以祭品为求神的条件，那仅仅是贿赂神，还是与神在进行利益上的交换，而非情感交换。这样人与神之间是实用性的利益关系，而非超实用的情感关系①。宗教所需的是信仰，信仰之信全在于情感的付出、投入。人之所以信神，不可否认有实际利益上的考虑，如灵魂的得救，苦难的救赎，来生的幸福，生命的不朽等等。但这只是人神情感互动后的副产品，并不是目的本身。况且神不过是人的本质的异化，是大写的人；人与神的关系因此可以还原成人与人的关系。说到底宗教的功能是以神为中介把人际关系塑造、固化成情感性的关系。建立人际关系，即建立情感交换。

① 《左传》里有则著名的故事“曹刿论战”。曹刿是春秋时鲁国人，当鲁国面临齐国的大军压境时挺身而出，为鲁国出力。他问国君迎敌备战的条件，国君说：“祭神所用的祭品，我从来不敢虚报，必对神说实话。”曹参却说：“这是小的信用，不能被信任，神是不会保佑你的。”这个故事恰好可以说明，在人神关系中，带根本性的是情，情不能等同于作为祭品的物。情唯有用情来交换。

情，既是用情来交换；那么，情感就是在不断的交换中才变得深厚、诚挚。情感交换有什么特性呢？本书提出一个观点：**不平等产生情感**。

经济交换以公平为原则，要求所换利益的等值。情感交换恰好相反，是不等值的。原因很简单：我们说过情感是非功利的，情感交换若要正常进行,必须借助于“利益”同时又不能完全等同于“利益”。这一点我们中国人体会得相当深刻。俗话说，“受人滴水之恩，当以涌泉相报”、“人敬我一尺，我敬人一丈”等等。以“涌泉”回报“滴水”，以“丈”回报“尺”，所换之物在价值量上的不平等，正好说明了交换的不是“物”，而是“情”。如果受人“滴水”之恩也以“滴水”相报，那是在“还账”而非“还情”。

我们中国人把“还账”和“还情”区分得很清楚:前者是经济性的，后者是情感性的。“还账”好办，一还两清，很公道，从此可以不再发生关系；但“还情”不一样，“情”是越还越多，越还越有，绵绵不绝。情感交换的目的是使关系得以延续、稳定。公平的经济交换，带来的是“善”——互惠互利，各取所需；不平等的情感交换，带来的是“美”——情感共鸣后的充实和愉悦。

不容否认，中国人在日常生活中往往把两者混淆在一起，“情”、“人情”也“利益化”了，也成为一笔账——“人情账”，以至于“还情”变成不堪承受的负累。但情感因素与利益因素剪不断、理还乱的微妙联系，同时又有判然有别的性质差异，一个成熟的中国人均能有所领会，并自如应对。

正因为情感交换的不平等性，传统文化的价值观还有意剔除情感交换中的利益成分。有个叫史搢臣的清朝人说过:“父慈、子孝、兄友、弟恭纵到极尽处，只是合当如此，着不得一毫感激居功念头。

如施者视为德，受者视为恩，便是路人，便成市道矣。”[①] 所谓“市道”，就是一般性的经济利益交换。像父子、兄弟这样的关系，首要原则是情感。既然讲究情感，即使为对方付出很多，也只是视作理当如此，而不应该有感激、居功的想法。一这样想——施者自居为有德，受者自认要报恩，双方的关系便不再基于情感，而是进行利益交换的陌生人。而人际关系的陌生、冷漠、完全理性化，正是传统文化的价值观所无法接受的。

情感交换既然是不平等的，那种念情的、讲感情的人，其待人风格是处处时时皆保持退让之势。严格说来，退与让有区别，而且区别还很大。退是被动的，譬如逼退；让是主动的，譬如谦让。退，既为被动，难免落下情绪；让，既为主动，乃因心存情感。有情绪，那么退的目的是为了能在有利的时候进；有情感，那么让就是基于对人的体贴和善念。退，很有可能制造更多的情绪；让，则可能换回更多的理解和认同。

重情势必贵让。传统中国社会以人情为本位，调节冲突的原则是各让一步，保持和气。这不是利益博弈的妥协，而是维护关系的善意。因此不大愿意去严格追究事情的是非曲直，保障制度的公平公正。这或许是中国人在观念上对公平重视不够、导致公平的相对缺乏的一个原因吧。

三

传统中国是个关系本位、人情本位的社会。这种社会模式，当然有其弊端，诸如徇情枉法、公私不分、是非难明等负面效应，早

---

① 转引自金耀基《人际关系中人情之分析》，见杨国枢主编《中国人的心理》，江苏教育出版社，2007年，第70页。

已为世人熟知、批判，甚至被认为是中国实现现代化的一大障碍。

现代社会，随着工业化、城市化的大规模、集中性铺开，地域、血缘等因素的限制被打破，个体的独立性、自由性，社会分工更趋专业、细密，以及社会竞争的剧烈，使得经济利益取代情感成为现代人首要关注的生存问题。

按照本书的观点，经济交换与情感交换，遵循不同的原则而运作。一是“公平”，一是“不平等”。经济利益既然取代人际情感成为现代人关注的焦点，显而易见“公平”势必取代“不平等”成为社会良性运转的基石，“竞争”势必取代“谦让”成为现代社会的基本性格，“双赢”势必取代“施予”成为现代人的理性追求，法律的强制势必取代人情的自觉成为规范和调整现代人际关系的主轴。

以市场经济为主导模式的现代社会，社会各个领域的公平性均能得以较好的实现，所以我们看到在发达国家中，普通民众的情绪较少。前两年的欧洲金融危机中，比利时在长达五百多天的时间内陷入无政府状态中，然而社会稳定，民众安然，没有失控。这其中的一大原因是社会总体上比较公平，民众自无情绪的压抑，暴戾之气无从产生，社会便缺少大规模骚乱的动因。

公平可以消解情绪，但不足以产生情感[1]，不足以使人际关系亲密、醇厚。一个公平的领导者，能使人信服，未必能使人悦服；能使人跟从，未必能使人乐从。一个现代都市社区，其成员可能出于良好的教养而富于公德、遵守规则、彬彬有礼，却未必有传统乡村自发性的守望相助、恤孤怜贫、嘘寒问暖的情感氛围。就社会整体来说，亦是如此。缺乏情感的尺度，社会越是理性，越是井然有序，

① 不容否认“公平”也能成为人们的一种内心感受，一种情感，即公平感。但本书主要是把情感定位在人与人之间愉悦的、亲密的感觉这个范围中。

可能越显得压抑而机械。

哲学家李泽厚先生有言："社会纯以理性和契约来维持，并未见得完美无缺。……如何为人类未来寻找一条比纯粹理性来支撑的社会架构和秩序更为圆满幸福的道路，焦灼地开放在人们面前。"[①] 李泽厚先生认为这条路就是情感之路，儒学传统所重视的"情"——"人情"在今后的社会法律制度建构中仍可扮演某种建设性的角色。

把增加情感作为今后社会建设的用力方向，这一前景值得期待。是不是就意味着回归传统的人情本位呢？我想，应是在更高层次上的回归吧，即充分注意到公平性不足所造成的情绪的泛滥，在社会公平发育成熟后再多一些超越公平、增进情感的考虑。

再把话题归拢，我们认识清楚了情绪、情感产生的来由，这就为我们化解情绪、增进情感提供了依据。而化解情绪、增进情感的修养和能力以及敏感性，就是我们理解的"情商"，就是我们中国人的"情商"。北宋理学家程颢说："吾学虽有所受，天理二字却是自家体贴出来。"[②] 我亦有同感。"情商"二字也是我从自己的生命历程中体贴出来的。但是"情商"实在不好讲，尽管我用了一整本书来论述，仍然显得宽泛而不够细致。可能对"情商"的理解更依赖于每个人的生命体验，而非文字论述。禅宗把证悟后的境界比喻为"如人饮水，冷暖自知"，我想这个比喻放在"情商"上也是适合的吧！

---

① 李泽厚《历史本体论·乙卯五说》（增订本），三联书店，2006年，第212、213页。

②《二程集》，中华书局，2006年，第424页。

参 考 书 目

《管子校注》，中华书局，2004 年。

《盐铁论校注》，中华书局，1992 年。

《二程遗书》，上海古籍出版社，2000 年。

《四书集注》，凤凰出版社，2005 年。

《叶适集》，中华书局，2010 年。

《王阳明全集》，上海古籍出版社，2011 年。

《传家宝》，岳麓书社，2002 年。

《松窗梦语》，中华书局，1997 年。

《渑水燕谈录》，中华书局，1981 年。

《智囊全集》，中华书局，2008 年。

《老老恒言》，人民卫生出版社，2006 年。

《三十国春秋辑本》，天津古籍出版社，2009 年。

吴宓《吴宓日记》（1917—1924），三联书店，1998 年。

苏维民《杨尚昆谈新中国若干历史问题》，四川人民出版社，2010 年。

梁漱溟《中国文化要义》，上海人民出版社，2003 年。

冯友兰《三松堂全集》第 4 卷，河南人民出版社，2001 年。

章君穀《杜月笙传》，中国大百科全书出版社，2011 年。

高宗武《高宗武回忆录》，中国大百科全书出版社，2009 年。

李亦园《李亦园自选集》，上海教育出版社，2002 年。

杨国枢《中国人的心理》，江苏教育出版社，2006 年。

何友晖、彭泗清、赵志裕《世道人心：对中国人心理的探索》，北京大学出版社，2007 年。

杨联陞《中国文化中的“报”、“保”、“包”之意义》，贵州人民出版社，2009 年。

彭林《儒家礼乐文明讲演录》，广西师范大学出版社，2008 年。

余英时《士与中国文化》，上海人民出版社，2003 年。

费孝通《乡土中国》，北京大学出版社，2003 年。

赵珩《老饕漫笔》，三联书店，2001 年。

钱穆《中华文化十二讲》，九州出版社，2011 年。

彭信威《中国货币史》，上海人民出版社，2007 年。

傅衣凌《明清时代商人及商业资本》，中华书局，2007 年。

王尔敏《明清社会文化生态》，广西师范大学出版社，2009 年。

徐梓《家训——父祖的叮咛》，中央民族大学出版社，1996 年。

黄仁宇《资本主义与二十一世纪》，三联书店，2006 年。

南怀瑾《论语别裁》，复旦大学出版社，1990 年。

孙立平《守卫底线》，社会科学文献出版社，2007 年。

陆学艺《当代中国社会结构》，社会科学文献出版社，2010 年。

王家声《决策与较量——看国民党如何败亡大陆》，世界知识出版社，2012 年。

倪乐雄《文明的转型与中国海权》，新华出版社，2010 年。

项保华《战略管理——艺术实务》，复旦大学出版社，2007 年。

项保华《决策管理：疑难与破解》，华夏出版社，2011 年。

张维迎《市场的逻辑》，上海人民出版社，2012 年。

陈志武《金融的逻辑》，五洲传播出版社，2011 年。

徐彦平《知音文化管理五讲》，复旦大学出版社，2011 年。

吴晓波《吴敬琏传》，中信出版社，2010 年。

〔德〕马克思《1844 年经济学哲学手稿》，人民出版社，2000 年。

〔德〕马克思《资本论》第 1 卷，人民出版社，2002 年。

〔德〕恩格斯《反杜林论》，人民出版社，2005 年。

〔英〕穆勒《功用主义》，商务印书馆，1957 年。

〔英〕亚当·斯密《国民财富的性质和原因的研究》，商务印书馆，2008 年。

〔英〕亚当·斯密《道德情操论》，商务印书馆，2008 年。

〔德〕黑格尔《法哲学原理》，商务印书馆，1979 年。

〔英〕霍布豪斯《自由主义》，商务印书馆，1996 年。

〔法〕霍尔巴赫《自然政治论》，商务印书馆，1994 年。

〔法〕托克维尔《旧制度与大革命》，商务印书馆，1992 年。

〔法〕托克维尔《论美国的民主》，商务印书馆，1988 年。

〔德〕韦伯《新教伦理与资本主义精神》，广西师范大学出版社，2007 年。

〔日〕涩泽荣一《人生十论——〈论语〉中的处世之道》，华东师范大学出版社，2012 年。

〔美〕本尼迪克特《文化模式》，浙江人民出版社，1988 年。

〔德〕齐美尔《齐美尔社会学文选》，广西师范大学出版社，2002 年。

〔法〕爱米尔·涂尔干《宗教生活的基本形式》，商务印书馆，2011 年。

〔美〕彼得·M·布劳《社会生活中的交换与权力》，商务印书馆，2008 年。

〔美〕理查德·C·休士曼、约翰·哈特菲尔德《管理与运用公平因素》，北京经济学院出版社，1989 年。

〔美〕罗伯特·艾克斯罗德《对策中的制胜之道——合作中的进化》，上海人民出版社，1996 年。

后　记

2011年，我在复旦大学出版社出版了个人管理著作《知音文化管理五讲》，该书以我的硕士学位论文为基础，并糅进多年来我在企业管理过程中的一些心得和思索。不敢奢望成一家之言，当时所设想的，是通过系统写作，让自己形成管理理论上的自觉意识。本以为完成后，便可与理论的研讨告一段落，好抽出精力，回到纯粹的商人角色中，以经营为本位，争取踩准改革开放的节点，把企业做好。

谁知书虽如期出版，但意有未惬。我发觉，还有些更为核心的问题没有点透，没有说清楚，心里痒痒的，非欲吐之而后快。于是再度上阵，用一年多的时间，把管理公平和运用公平的逻辑表述出来。这里要感谢梁扶摇小朋友，他的问题我一直放在心里，从未忘却。本书也是在他的问题的基础上拓展、延伸的结果。因此，此书也是献给梁扶摇小朋友的。

本书在写法上和《知音文化管理五讲》不同，后者比较单纯，立足于知音文化来讲具体的管理方法；至于本书，是以公平和平等、以利益和情感的关系为核心，看看这一层关系如何潜伏在人们社会生活的各类现象中，如何影响和支配着人们的心态，从而能有意识地去消除情绪、增加情感，把我们的生活，把我们的生命管好，当然我也希望把我们的企业管好。

生命是个悖论，到如今我看得更加分明。我出生于重庆酉阳，酉阳是个山区，是土家族、苗族居住地，很宁静，很淳朴，也很落后。我从小就尝够了穷的滋味，所以才义无反顾地从穷山中走出来，在这个喧闹不已的世界里追逐着一点小小的梦想，把肚子填饱。现在我还在发展，财富对于个人吃饭来说早已不是忧事儿。于是多有人善意地劝我应该歇歇了，要那多钱干什么。我也清楚地知道财富再多也是身外之物，幸福终归还是要转向内心。但要是对财富的认识有误，惶惑反而不断。自己的以及身边人的生命就常被种种莫名的情绪冲击着，失去了应有的稳定和从容，有的人甚至因此而身陷囹圄，失去自由。这些都是我所身受目睹的，每一念及，心常常会阵痛不已。

托马斯·艾略特有诗句：

我们追求探索的尽头，
总是要达到我们原初的开头，
而对它有初度的了悟。

从内心走出来，追逐外物，再度折回内心，在这个悖论式的循环往复中，或许我们对生命能有更多的了悟吧。

附　录

徐彦平印象

徐彦平者，蜀地酉阳人。隅处西南，钟灵毓秀。虽土苗杂居之邦，却也诗书相传之地。自古养匪也养学士也。

彦平尝自况：吾乃军人、诗人、商人。余则谓其乃文人也。

彦平出身大山中，家世贫寒，但唯其困顿，则自幼思变。及弱冠之年，着戎装，入行武，变身份，锻炼意志，自壮筋骨。蓬勃而富生机，初阅人生壮丽之色！

脱去军装时，恰逢国中文艺思潮迎来复兴之日。彦平源自乡关山水滋润，油然所生之诗情勃发，自赴使命，跻身文学青年大军之中，终日诗酒论天下，激辩不休，汹汹涌涌，大有挥斥方遒、指点江山之势。其间，游走于大江南北，涉足于黄河两岸。激情四射，背负青天。仿佛八九点的太阳已然肩负起如日中天的责任。实可贵，实可莞尔之一族也！

然而现实坚硬而冷峻，性情冲动之徐彦平，未几已感到生活之多艰！饱腹后之清谈只能持续数小时；与文友胝足而眠之后总有新的一天要开始！诗文可赏而不可餐，激情可燃而必须节制！

卖文不足以养家、养己、养生活。他自谓：缺钱。

于是，涉足商圈，以易获利。顿觉如入灵台仙境，满眼无限风光，遂心中窃喜！呵呵，原捉襟见肘之状遂变为恣意豪壮之态。酉阳山民后代之随性挥洒烙印与经济社会速跑现实相叠加，瞬时春风乍起，面容丰润。自此，一发而不可收，加入房地产之行列，确定商业为己任。收敛诗情豪义，精心开疆拓土。

十余年前，徐彦平孑然踏入关中古长安，为谋某地块而来探风，不想深为厚重城邦与灿烂文明遗存所震慑。周秦汉唐四部大戏之舞台，历代文物随手可触！地望绝佳：南有秦岭，北有渭水，四季分明，气候宜人。而秦地世居者，直朴厚憨；间有历代帝妇血缘散落民间，街头美女也举目便是。徐自谓：此地甚好！无京中之攘，少京中之风，免京中之官多，但却可保心中之静！于是，力搏开拓，立脚生根。一生二，二生三，今已稳坐长安矣。

徐彦平虽时时高喧吾商人也，但却时时刻刻强迫自己接受现代管理学之理念。北上北大，南下复旦，倾心吸纳新见之髓，深思打造团队之法。间以文心不泯，诗情时发，结合其管理公司之实践，复燃起其建立崭新管理理论之豪情。每谈起，复现出他少年时怪叫大笑且手舞足蹈之兴奋状。令人想起蜀地之说唱俑；又仿佛是在作一出诗剧的编导演。

“高山流水”，古曲也；徐彦平据此精髓立命，求其“知音”之谓也。此名此曲，其经典性自不待言。其中人性光辉至深至真。不唯是一段佳话，实则为一种精神。徐彦平爱之甚。抽其“知音”关系，推演扩大，号令麾下公司员工处处以求知音、爱知音、护知音为主旨，并借此处理各人上下左右之关系……据此言，收效甚好！

徐彦平每言此，我则笑之。这便是以诗人文人情怀与现代商业管理柔和之举也。

徐彦平敏锐，善决断，天生具备管理者之潜质，加之多年来不断学习，能瞬间接纳一闪即过的思想亮点，自然日益自信、自强、或还有几分自负，所以才有了这本《情商中国》。

是为小跋。

陈云岗

图书在版编目（CIP）数据

情商中国/徐彦平著.—上海:复旦大学出版社，2013.9
ISBN 978-7-309-09657-6

Ⅰ.①情… Ⅱ.①徐… Ⅲ.①商业文化－研究－中国 Ⅳ.①F72

中国版本图书馆CIP数据核字（2013）第077185号

情商中国
徐彦平　著
责任编辑/宋文涛

复旦大学出版社有限公司出版发行
上海市国权路579号　邮编：200433
网址：fupnet@fudanpress.com　http://www.fudanpress.com
门市零售：86-21-65642857　团体订购：86-21-65118853
外埠邮购：86-21-65109143
三河市祥达印装厂

开本787×960　1/16　印张19.25　字数230千
2013年9月第1版第1次印刷
印数1-12000

ISBN 978-7-309-09657-6/F.1925
定价：38.80元

如有印装质量问题，请向复旦大学出版社有限公司发行部调换。
版权所有　侵权必究